아이들과
철학하는 삶

어린이철학의 아버지 매튜 립맨의 자서전

아이들과
철학하는 삶

초판 1쇄 인쇄 2024년 8월 15일
초판 1쇄 발행 2024년 8월 23일

지은이 매튜 립맨
옮긴이 김회용·박상욱
펴낸이 김승희
펴낸곳 도서출판 살림터

기획 정광일
편집 이희연·조현주·송승호
북디자인 꼬리별

인쇄·제본 (주)신화프린팅
종이 (주)명동지류

주소 서울시 양천구 목동동로 293, 2215-1호
전화 02-3141-6553
팩스 02-3141-6555
출판등록 2008년 3월 18일 제313-1990-12호
이메일 gwang80@hanmail.net
블로그 http://blog.naver.com/dkffk1020
한국교육연구네트워크 www.kednetwork.or.kr

IAPC측은 한국어 번역 출판을 승인하게 되어 매우 기쁩니다.
저희는 이 책의 한국어판의 수정 권한을 역자와 살림터에 위임합니다.

ISBN 979-11-5930-287-9 03370

아이들과 철학하는 삶

어린이철학의 아버지 매튜 립맨의 자서전

매튜 립맨 지음 | 김회용·박상욱 옮김

감사의 말

원고를 준비하는 과정에서 잘못될 수 있는 경우는 매우 많다. 그런 면에서 이 책도 예외는 아니다. 나와 IAPC의 부소장인 조앤 매코스키Joanne Matkowski는 원고를 준비하는 과정에서 일반적으로 겪을 수 있는 세 가지 어려움을 마주했다. 그것은 비일관성과 비정합성 그리고 비판적이지 않은 구태의연함이다. 이 책에서 볼 수 있는 다소 엉뚱한 구성과 표현은 전적으로 필자의 책임이다. 필자는 이 책이 비판적으로 수용될 수 있도록 비일관성을 꾸준히 수정하려고 노력했다. 이 책이 충분한 일관성을 갖추고 있다면 그것은 조앤Joanne 덕분이다. 그에게 고마움을 전하고 싶다. 줄리 위너드Julie Winyard는 분석적이고 비판적인 작업을 통해 문법적인 오류와 문제점들을 발견하고 바로잡는 데 도움을 주었다. 이 책을 최종적으로 편집하는 데 도움을 준 스타일매터스StyleMatters의 재능, 끈기 및 친절함에 대해서도 특별한 고마움을 전한다. 마지막으로 이 모든 분들께 감사를 전하고 싶다. 더불어 어린이철학 운동에 참여한 모든 분들께 깊은 감사를 전한다.

성 마가릿 리트릿 하우스

앤 마거릿 샤프와 매튜 립맨

IAPC 건물

2003년 멘담 워크숍 당시 매튜 립맨

매튜 립맨

차례

1.
어린 시절과 마을 생활

"어쩌면 내 생각 속에서만 하늘을 날 수 있는 건지도 몰라.

아니면 오직 내 꿈에서만…"

이 책에서 나는 삶의 이야기, 즉 생각함을 가르치는 교육에 헌신한 내 삶에 관해 이야기하려고 한다. 이렇게 특이한 삶의 이야기를 시작할 때 어린 시절의 기억을 떠올리는 것만큼 좋은 방법이 있을까?

계단 꼭대기에 서서 아래층을 바라보았던 일을 아직도 생생히 기억하고 있다. 계단에는 카펫이 깔려 있었고, 그 아래에는 유리문으로 된 책장이 있었다. 나는 계단 가장자리 끝에 서 있었다. 발을 조금 앞으로 내밀었다. 곧 앞으로 미끄러지기 시작했다. 한 손으로 난간을 잡고 앞으로 나아갔다. 균형을 유지하려고 노력했지만, 결국 앞으로 넘어지고 말았다. 나는 좌절감에 울부짖으며 계단 아래로 굴렀다. 내 실험은 실패했다. 나는 날지 못했다! 아버지가 서녁을 먹기 위해 집에 도착했을 때, 어머니는 내가 부순 책장 문을 아버지께 보여주며 나를 혼냈다. 아버지는 조용히 책장 문을 고쳤다.

나는 세발자전거를 타고 하늘을 나는 꿈을 자주 꾸었다. 꿈에서는 모두가 감탄하며 나를 올려다봤다. 나는 곧 3살이 된다!

나의 학창 시절은 유치원에서 시작되었다. 그에 대한 유일한 기억은 교사가 등을 돌리고 있으면, 다들 둥글게 앉아서 서로를 가능한 세게 꼬집는 놀이를 하는 것이었다. 2학년 때, 나는 종이가 널브러져 있는 방이 "폼페이의 폐허"처럼 보인다고 말했다. 이 말은 선생님의 관심을 끌었고, 그 결과 '조지 워싱턴'과 '나폴레옹'에 관한 두 연극의 각본을 쓰고 연출을 맡을 수 있었다. 나는 만화책에 있는 농담을 곁들여서 가능한 한 재미있게 연극을 만들기 위해 노력했다. 3학년 때 담임 선생님은 내가 비상계단으로 향하는 2층 창문으로 탈출을 시도하는 것을 보고 혼비백산하기도 했다. 나는 담임 선생님의 도움으로 4학년을 무사히 넘길 수 있었다.

하지만 5학년 때에 이르러 변화가 있었다. 선생님은 우리에게 진부한 감동만을 주는 책들 대신에 몇 권의 다른 책을 읽어주었다. 그중 하나는 학대받는 말에 대한 가슴 아픈 이야기를 말이 화자가 되어 직접 들려주는 『블랙 뷰티Black Beauty』라는 이야기였다. 다른 하나는 더 감상적인 내용이었는데 『소공자』라는 책이었다. 이것들은 풍부한 의미를 지닌 진짜 책들이었다.

그러나 그 흥분은 오래가지 못했다. 그다음 몇 학년은 다시 익숙하고 지루한 생활로 돌아갔다. 학교생활은 점점 더 지루해져서 8학년이 되었을 때는 바닥을 쳤다. 나에게 학교생활보다 지루하지 않은 것은 없었다. 몇 년이 지나고서야 학교가 달라질 수 있는지에 관해 의문을 품기 시작했다. 어린 나이에도 불구하고 어느 순간부터 내 학업 경험에 무언가가 빠져 있다는 것을 조금씩 느끼고 있었다.

*　　　*　　　*

나는 1923년 8월 24일 뉴저지주에 있는 바인랜드의 한 병원에서 태어났다. 필라델피아에서 보낸 내 인생의 첫 2년을 제외하고 어린 시절은 뉴욕(언젠가 내가 철학을 가르치게 되는 곳)에서 200마일도 채 떨어지지 않은 뉴저지주의 우드바인이라는 마을에서 지냈다. 외부인들은 잘 모르는 뉴저지의 목가적인 남부 지역에 위치한 우드바인은 1891년 파리에 기반을 둔 '바론 드 허쉬 기금Baron de Hirsch Fund'[1]에 의해 러시아 이민자들이 농부로 새로운 삶을 시작하기 위한 도시로 조성된 곳이었다. 이 지역은 농사에 적합했기에 농부로서 삶에 이상적인 곳이었다. 기금에 의해 세워진 이 마을은 기금의 수석 이론가인 사브소비치Dr. Sabsovitch 박사가 고안한 교육 요소를 포함하고 있었다. 그의 딸 헬렌은 '모험적인 이상주의Adventurous Idealism'라는 책에서 보조금의 목표를 제시했다. 그녀는

---

1. 허쉬(Hirsch)가 1891년 러시아 유대인들이 미국으로 이민 오는 것과 그들이 재정착을 수월히 하도록 돕는 것을 목표로 하여 만든 재단. 뉴욕시에 설립되었다. (역주)

그 책의 한 장을 남부 뉴저지에 정착한 러시아 이민자 중 가장 전형적인 것으로 생각되는 가문의 이야기에 할애했다. 이 가문은 립맨 가문이었다.

그 가문에 속한 아버지의 가족은 세기의 전환기에 아버지의 어머니 즉 "바바Baba"의 주도하에 미국으로 건너왔다. 난 그 가문의 직계 자손이었다. 친할머니인 바바에 대한 기억은 희미하지만, 양떼를 몰고 독일(아버지가 태어난 곳)에서 서부 시베리아를 거쳐 미국으로 건너올 만큼 의지가 강인한 여인이라는 인상은 남아 있다.

아버지 울프 립맨에게는 일곱 명의 형제자매가 있었는데, 그 중 다섯 명이 농업과 관련된 일을 했다. 두 명은 미국에서 성공한 농부가 되었고, 세 번째 형제는 농학자와 결혼했으며, 다른 한 명은 럿거스 농업 학교의 교장이 되었다. 또 다른 한 명은 버클리에 있는 캘리포니아 대학교의 토양화학과 교수이자 대학원 학장이 되었다. 형제들과는 달리, 아버지는 러시아 오렌부르크에 있는 학교에서 기계공 훈련을 받았다. 아버지는 발명을 좋아했고 자랑스럽게도 많은 특허를 소유하고 있었다. 우리 세대에는 농업에 관심 있는 사람이 거의 없었다. 대신에 우리는 다른 분야에서 일을 하고 싶어했다. 나는 철학을 가르치는 일을 했고 내 형제 헤롤드는 영화를 제작하는 일을 했다. 내 사촌인 그레고리 핀커스는 알약의 형태가 발명될 당시 실험생물학을 연구했던 우스터 재단의 이사였다.

내가 알기로 어머니의 가족은 리투아니아에서 왔지만, 어머니 소피 케닌은 필라델피아에서 태어나고 자랐다. 어머니는 8학년을 마친 후, 다른 많은 이민 여성들과 함께 의류 공장에서 일했다. 그 당시 이민 여성들에게는 더 의미 있는 일을 추구할 기회가 거의 없었다. 우리가 태어난 후에 어머니는 일을 그만두셨다. 어머니는 나와 형제들에게는 영어로 말했지만, 할아버지, 할머니와 대화할 때는 이디시어Yiddish[2]를 사용했다. 어머니의 영어 발음에는 이디시어의 흔적이 거의 없었다. 그녀는 다른 사람들과 소통할 때는 영어를 사용했지만, 자신의 생각이나 감정을 표현할 때는 이디시어를 사용하셨던 것 같다. 아마도 그것은 관습적인 표현으로 나타내기 위해서 그런 것이 아닐까 한다. 감정적, 역사적 연관성이 풍부한 상황에서 영어로 '그가 편히 쉬기를' 또는 '난 불행해'라며 자신의 감정을 나타낼 사람은 거의 없을 것이다.

내가 세 살이 되던 해, 우리 가족은 필라델피아에서 우드바인으로 이사했다. 뉴저지의 최남단에 있는 우드바인에는 약 2,000명의 주민이 살고 있었다. 실제로 그 마을은 펜실베이니아의 남쪽 경계와 맞닿아 있었는데, 보통 메이슨-딕슨 라인Mason-Dixon, 19세기에 남부와 북부를 분리한 경계선으로 받아들여졌다. 내가 이 사실을 설명하는 이유는 그 당시 뉴저지에 살았던 많은 사람이 가지고 있던 사회적, 정치적 태도와 신념을 설명하는 데 도움이 될 수 있기 때문이다.

뉴저지 남부 내륙의 대부분은 "소나무 불모지Pine Barrens"[3]로

---

2. 중부 및 동부 유럽 출신 유대인이 사용하는 언어로 세계에서 가장 넓은 지역에 분포되어 있는 언어 가운데 하나이다. 19세기에 이르러서는 유대인이 살고 있는 거의 모든 나라에서 찾아볼 수 있게 되었다. (역주)
3. 이 지역은 모래가 많고 산성이며 영양분이 부족한 토양이 대부분이다. 그래서 유럽 정착민들은 이곳에서 친숙한 작물을 재배하는 데 많은 어려움을 겪었다고 한다. (역주)

알려져 있었다. 그러한 이유로 이 지역에 살았던 사람들은 "파이니 Pineys"[4]로 불렸다. 1890년대에 이들은 이 지역에 정착하기 시작한 러시아 이민자들에 의해 "짐꾼"[5]이라고 비하하는 의미로 불리기도 하였다. 몇 년 후, 스탠퍼드 대학교에서 생태학 과정을 수강하는 동안, 나는 수업 교재에서 남부 뉴저지의 주민들이 삼나무 채굴(늪에서 나무줄기를 뽑아 목재로 파는 것)을 통해 불안정한 생활을 하고 있었다는 사실을 알게 되었다. 교재의 저자인 화이트 박사는 그 지역에 고립된 주민들의 성적 타락과 근친상간의 비율이 지나치게 높다고 덧붙였다. 어쨌든, 원주민과 최근 정착민 사이에는 계급에 대한 편견 때문에 소통이 거의 이루어지지 않았다.

처음부터 우드바인 지역은 확고한 계급과 신분이 나뉜 구조를 가진 지역이었다. 예를 들어, 시장, 우체국장, 이발사[6]와 같은 사회의 중요한 직책은 대부분 러시아 유대인으로 채워졌다. 그리고 많은 장인과 기술자들은 폴란드와 이탈리아 이민자였다. 비숙련 노동자와 가사 노동자들은 대부분 아프리카계 미국인이었으며, 소수 민족 간에는 공동체 의식이 거의 없었다. 그들은 우드바인에서 맨손으로 생계를 일구어 가고 있었다.

우드바인에 만연한 인종적, 계급적 편견에도 불구하고, 나의

---

4. 주로 뉴저지 파인 배런 지역에 사는 사람들을 경멸하는 용어로 사용되었다. (역주)
5. 이디시어의 속어로 '무거운 것을 들고 다니는 사람'이라는 뜻이다. (역주)
6. 유대교에서 이발사는 유대교의 의례나 관례를 수행하는 데 있어 종교적인 활동을 수행하는 존재이다. 따라서 유대교 공동체에서 이발사는 중요한 위치를 차지한다고 한다. (역주)

어머니는 아프리카계 미국인이 직면하는 어려움에 대해 깊은 동정심을 지니고 있었다. 그녀는 그들을 위해 더 많은 일을 할 수 없다는 것에 대해 좌절감을 자주 드러냈다. 어머니는 지역 사회의 다른 유대인 여성들과 함께 우드바인에 사는 아프리카계 미국인에게 옷, 음식 및 그 밖의 물질적 필수품을 기부하곤 했다. 또한 어머니는 도움이 필요한 아프리카계 미국인을 위한 교육 지원과 의료 서비스를 찾는 데 도움이 될 수 있는 더 많은 일을 하고 싶어 했다. 하지만 불행하게도, 남편들 대부분은 최근 정착한 육체노동자들을 위하여 여성이 할 수 있는 일에 선을 그었다. 이러한 일은 사회에서 성공하기 위해 고군분투하는 이민자 집단과 소수 민족 사이에서 종종 일어나는 권력 투쟁의 일부라고 생각한다.

어느 날, 그동안 고조되어 왔던 갈등은 인종 폭동을 일으켰다. 폭동은 우드바인과 다른 지역 학교인 케이프 메이 코트 하우스 간의 축구 경기에서 시작되었다. 아마도 케이프 메이 선수들 입장에서 우드바인 측 심판의 지나치게 편파적인 판정에 불만이 있었던 것 같다. 경기가 진행되는 도중에 케이프 메이 코트 하우스 팀의 선수가 심판의 배를 때렸다. 순식간에 양 팀의 선수들이 뒤섞이며 싸우기 시작했다. 그러자 관중들까지 싸움에 휘말리게 되었다. 나는 구경꾼에 불과했는데도, 갑자기 어떤 사람이 한 손으로 내 손을 잡고 무방비 상태인 나를 때리려고 했다. 하지만 나를 직접적으로 때리지는 못했다. 그때 누군가가 파이프 조각을 발견했고 곧 주변에 많은 피가 흘렀다. 나중에 집으로 돌아오는 길에 나는 마을 의사인 모노센 박사의 병원을 지나치게 되었다. 그곳에는 많은 사람이 줄을 서서 치료를 기다리고 있었다. 어떤 사람들은 매우 화가 나 있었고, 꽤 다친 것처럼 보였다. 그들 모두는 흑인이었다.

남북전쟁이 끝나고 대규모의 중앙 유럽 출신 이민자들이 미국에 유입되는 데 걸린 시간은 고작 한 세대에 불과했다. 그 당시 가난하지 않았던 러시아 이민자들 중 상당수는 유대인과 여타 집단들을 대상으로 테러와 협박을 가했던 포그롬pogroms[7]을 피해 도망친 사람들이었다. 이민자들이 남부 뉴저지에 도착했을 때, '바론 드 허시 기금'은 그들에게 지원을 해주었고, 그로 인해 이민자들은 비교적 무난하게 정착할 수 있었다. 처음 몇 년 동안, 그들은 살아남기 위해 함께 노력했다. 그들에게 익숙하지 않은 일이 있을 때는 가난한 이탈리아와 폴란드 이민자들이 유입되어 모자란 인력을 대신 채웠다. 그리고 가장 힘든 일은 노스캐롤라이나와 메릴랜드에서 들어온 흑인들이 맡았다. 그들은 비록 변두리에 있는 허름한 집에 살았지만, 그들의 아이들은 남쪽에서 경험한 차별보다는 좀 덜한 차별이 있는 상황에서 우드바인에 있는 학교에 다닐 수 있었다.

1920년대 우드바인의 경제는 호황기였다. 제1차 세계대전의 결과로 농업과 제조업이 모두 발달할 수 있었기 때문이다. 철도 선로 반대편에 생긴 공장에서는 처음에는 남성용 모자와 기타 남성복을 생산했으며 나중에 제2차 세계대전이 임박하자 군복을 생산

---

7. 포그롬이란 특정한 민족집단(특히 유대인)에 대하여 일어나는 학살과 약탈을 수반하는 군중 폭동을 가리키는 말이다. (역주)

하기 시작했다. 그 시기 기계공이었던 아버지는 공장에 납품하는 일을 했다. 아버지의 일은 한동안 꽤 번창했다. 또한, 그의 발명품 판매도 가족 수입에 추가되었다. 그러나 곧 경제 대공황이 발생했다. 그 결과, 공장들은 문을 닫았고 아버지의 기계 납품 주문은 현저히 줄어들기 시작했다.

공장이 문을 닫으면서 빈 창고는 환경 보호 및 재건을 위한 거대한 정부 프로젝트인 민간자원보존단Civilian Conservation Corp, CCC에 등록된 실직 퇴역 군인들의 막사가 되었다. 나는 11살, 12살 남자아이들이었던 우리가 민간자원보존단의 막사로 개조된 우드바인의 공장 건물에 가서 그곳에서 지내던 젊은 사람들과 이야기를 나누곤 했던 것을 기억한다. 그들 중 많은 사람이 실업에서 구제되었고(루스벨트의 뉴딜 정책이 이루어 낸 많은 성과 중 하나), 대부분 숲과 늪을 청소하면서 하루를 보냈다. 그런 일은 1930년대 경기 침체 속에서 실직한 사람들이 사회적으로 유용한 일을 할 수 있도록 한다는 면에서 합리적으로 보였다.

이미 이야기했듯이 나는 미 육군에서 복무했던 민간자원보존단의 사람들과 종종 이야기를 나누었던 것을 기억한다. 특히 모험과 여행에 관한 이야기를 좋아했다. 비록 의무로 했던 군 복무였지만, 그들은 복무 경험을 잘 표현했다. 그들은 슬퍼하거나 불평하지 않고 낭만적으로 자신들의 경험을 말해주었다. 하지만 결국 민간자원보존단이 무너졌고 이는 우드바인의 높은 실업률로 이어졌다. 어디에서나 그렇듯이 젊은 사람들은 도시로 떠났고, 우드바인은 유령도시가 되었다. 그 영향은 오늘날까지도 남아 있다.

우드바인에는 지립적인 문화나 지적인 생활을 향유할 만한 요소가 없었다. 필라델피아나 뉴욕과 지리적으로 가까웠시만, 이들 도시가 지니는 환경적 이점을 공유하지는 못했다. 우리는 물론 필라델피아 신문인 '불러튼Bulletin'을 볼 수 있었다. 그리고 라디오를 통해 탐정 이야기, 미스터리, 버라이어티 쇼 등을 들었다. 도시에서 누릴 수 있는 다양한 경험들이 우리에게는 제한적이었지만 그래도 라디오를 통해 많은 사회 경험을 할 수 있었다. 그리고 애틀랜틱 시티의 영화관에는 좋은 영화들이 상영되곤 했다. 우드바인에도 성인 교육 프로그램이 있었다. 나는 어머니가 음악 감상 과정을 마치고 집으로 돌아오면서 스메타나의 '몰다우'[8]를 듣고 매우 감격해하던 모습을 기억한다. 그러나 누구도 '철학'이라는 단어를 언급하지는 않았다. 나는 19살이 되기 전까지 철학의 의미를 알지 못했다. 다만 '심리학'과 유사하게 소수만 이해할 수 있는 난해한 용어라고 생각했다.

저녁이 되면 동생 미키와 나, 그리고 부모님은 라디오 해설자들이 진행하는 '뉴스 분석'을 듣기 위해 자리를 잡았다. 어머니는 항상 흔들의자에 앉아 양말을 바느질하면서 뉴스 분석을 함께 들었다. 에드워드 R. 머로우, 윌리엄 L. 샤이어 및 기타 여러 연사들은 그날의 비극적 사건과 그 사건이 우리의 미래에 어떠한 영향을 줄 것인지에 대해 해석해 주었다.

---

8. 베드르지흐 스메타나(Bedrich Smetana)의 필생의 역작이자 조국 체코를 향한 애국심으로 완성한 6부작의 연작 교향곡으로, 가장 인기가 높은 제2곡 블타바(Vltava)는 독일명인 몰다우(Moldau)로 더 잘 알려져 있다. 도도히 흐르는 블타바강과 그 주변의 경관을 묘사하는 곡이다. (역주)

시간이 흐르고 나는 고등학교 때 만코위츠 선생님의 영문학 수업에서 나만의 문화적 깨달음을 얻을 수 있었다. 만코위츠 선생님이 『맥베스』를 낭독하는 것을 듣고 있으면 그 무엇과도 비교할 수 없는 감동이 밀려왔다. 그 외에도 회당Synagogue[9]에서는 매주 금요일 저녁마다 길고 사색적인 설교가 포함된 예배가 열렸는데, 나는 예배가 끝난 후 주말 동안 그 설교에 관한 생각에 잠기곤 했다. 랍비 켈너는 지적이고 교육을 잘 받은 젊은 사람이었다. 켈너는 청중이 도덕적 비판에 굶주려 있다는 것을 잘 알고 있었다. 예배가 끝나면 차와 케이크를 먹기도 했다. 4마일이나 떨어진 집으로 돌아갈 때는 특별히 서두르지 않았다. 나는 아버지의 시가 냄새를 맡으며 걷는 그 시간을 즐겼다.

나는 금요일 저녁 예배를 매우 기다렸고 열심히 참석했다. 유대교의 성인식bar mitzvah을 준비하기 위해 매주 방과 후마다 가야 했던 히브리어 학교의 경우에는 상황이 달랐다. 나는 반에서 가장 어렸지만, 장난꾸러기였다. 어느 날, 나는 1층 교실 창문에서 밖으로 나가려고 하다가 창틀에 "꽝"하고 큰 소리를 내며 머리를 부딪혔다. 나는 큰 상처 없이 킥킥 웃으면서 집으로 돌아갔다. 하지만 당연히 랍비는 크게 화를 냈다.

토라Torah[10]를 큰 소리로 읽을 수 있는지 확인하는 자리에서는 단지 내 읽기 능력만을 확인했다. 내용을 제대로 이해하고 있는

---

9. 유대인들이 율법을 가르치는 기관이자 모임 장소. (역주)
10. 히브리어로 '가르침'을 뜻하며, 기독교에서는 구약성경 앞부분의 5권인 창세기, 출애굽기, 레위기, 민수기, 신명기를 일컫는다. (역주)

지에 관해서는 큰 관심을 보이지 않았다. 그래서 히브리어 학교의 수업은 히브리어 읽기만 가르쳤을 뿐 히브리어의 의미는 가르치지 않았다. 그래서 나는 그 수업에 흥미를 느끼지 못했다(아마 의미를 가르쳐 주었다면 더 좋아했을지도 모르겠다). 그래서 부모님과 나는 타협점을 찾았다. 성인식을 치르기 위해 해야 할 일은 하되, 그 이후의 종교 생활은 전적으로 내가 알아서 하기로 했다. 부모님은 정확히 그 약속을 지켰다.

부모님은 적어도 신앙에 관한 한 특별히 종교적이지는 않았다. 하지만 종교 생활의 의식적인 측면은 중요하게 생각했는데, 이는 종교 생활이 그들의 삶에 신비로움과 우아함을 더해주었기 때문이었다. 나는 아직도 금요일 밤에 아버지가 만든 놋쇠 촛대인 메노라에 촛불을 켜는 어머니의 모습을 기억한다. 그때 어머니의 얼굴은 마치 드 라 투르[11]의 그림처럼 어둠 속에서 아래로부터 불빛이 비치어 어느 때보다 아름답게 느껴졌다.

아버지와 어머니는 대부분 세속적이었고 루스벨트 대통령과 뉴딜에 대해 열렬한 찬사를 보냈지만, 히틀러와 나치에 대해서는 깊은 혐오감을 느꼈다. 히틀러가 대화에 등장하면 어머니는 "콜레라나 걸려라!" 하고 투덜거리곤 했다. 그 당시 우리는 홀로코스트에 대해 전혀 알지 못했다(우리가 그것에 대해 들었다면, 히틀러에 대한 우리의 분노는 훨씬 커졌을 것이다). 하지만 어머니와 달리 아버지는 표정에 큰 변화가 없었던 것으로 기억한다.

---

11. 조르주 드 라 투르(Georges de La Tour, 1593~1652)는 17세기 프랑스의 화가이다. (역주)

내가 듣기에 적절하지 못한 내용이라고 생각되면 어머니와 이모는 이디시어로 대화했다. 나는 당시 어머니와 패니 이모 사이의 대화를 잘 이해하지 못했기 때문에 우리 가족이나 우드바인 사람들의 종교적 신념에 대해서는 잘 알지 못했다. 물론 우리 동네에는 소년들만을 위한 히브리 학교도 있었다. 그러나 대부분은 히브리어 발음을 배우는 데 집중했다. 그럼에도 불구하고 공립학교에서 부족했던 유대인의 역사와 전통에 대한 관심을 채워주는 데에는 도움이 되었을지도 모른다.

러시아 정착민들의 종교 생활은 여성들을 위한 발코니가 있는 멋지고 위엄있는 상자 모양의 유대인 회당에서 이루어졌다(이 회당은 예루살렘의 고대 신전을 모티브로 설계되었다고 한다). 그러나 내가 생각하기에 대부분의 가정은 세속적인 삶을 받아들이고 종교적이거나 철학적 성격의 대화에는 참여하지 않았다. 그런 문제에 대해 큰 의미나 문제를 느끼지 않았기 때문일 것이다. 그 결과 러시아 정착민들은 자연스럽게 미국 문화에 동화되어 갔다. 즉, 다채롭고 호화로운 축제를 유지하면서 가능한 한 빨리 미국화되려는 열망이 나타난 것이다(이것은 또한 은식기와 접시를 꺼내놓을 수 있는 기회이기도 했다).

어린 시절에 나는 공부보다 놀이를 더 좋아했고 그만큼 놀 기회도 많았다. 저녁에는 고등학생들끼리 큰 길거리나 현관 계단에서 수다를 떨고 마을 뒤뜰에서 게임을 하면서 놀았다. 우리는 팀을 나누어 술래잡기, 깡통 차기, 숨바꼭질, 말뚝박기, 카우보이 게임과 같은 놀이를 했다. 마을 주민들은 어두운 밤에 정원을 시끄럽게 뛰이다니는 아이들을 썩 달갑지 않아 했지만, 딱히 훈계를 들은 기억은 없다. 우리는 겨울과 여름, 밤낮으로 야외에서 놀았다. 귀가 시간은 비공식적으로 밤 10시였다.

우드바인 너머의 세계 즉, 뉴욕은 마을과 가까웠고, 시골에서 자란 사람들은 뉴욕에 대해 마법 같은 매력을 느끼고 있었다. 하지만 아이들이 뉴욕에서 시간을 보내기에 그곳은 너무 멀었다. 가정이나 학교에서 도시 생활이 대화의 주제가 되면, 항상 나오는 이야기는 도덕적, 미적 차이에 대한 도시의 관용적 태도였다.

*   *   *

부모가 멀리 일하러 나가서 오후 늦게 집에 오는 가정과 부모 중 한 명이 집 근처에서 일하는 가정에서 자라는 것에는 큰 차이가 있다고 생각한다. 아버지가 플로리스트[12]였던 시어도어 로스케[13]라는 시인은 아버지의 온실에서 자랐는데 그때의 풍경과 냄새는 그의 글에 지울 수 없는 흔적을 남겼다. 나도 마찬가지였다.

학교가 끝나면 저녁때까지 아버지의 기계 공장에서 놀기 위해 숙제와 집안일을 최대한 빨리 끝냈다. 기계 공장은 길이가 약 100피트, 너비가 40피트인 1층 벽돌 건물이었다. 거대한 전기 모터가

---

12. 꽃을 재배하고 가꿀 뿐만 아니라 꽃의 다양한 용도(목적)를 연구하고 판매하여 상업적 이득을 내거나 부가가치를 창출하는 사람. (역주)
13. 시어도어 로스케(Theodore Roethke, 1908~1963)는 미국 시인이다. 그의 작품에는 지적인 분위기를 풍기는 정형시와 초현실주의 경향을 띤 자유시가 있다. 주요 시집으로는 『오픈 하우스』, 『잃어버린 아들과 그 밖의 시』, 『각성』, 『바람의 말』 등이 있다. (역주)

천장 높이의 샤프트와 바퀴에 동력을 공급했고, 이 샤프트와 바퀴는 가죽 벨트로 개별 기계에 연결되어 있었다. 그곳에는 금속에 구멍을 뚫는 드릴 프레스와 금속을 자르는 절삭기를 비롯한 다양한 기계들이 있었다. 나는 이러한 절삭기에서 파랗고 뜨거운 금속이 회전하는 것을 바라보는 일에 매혹되곤 했다.

기계공이 되는 것은 쉬운 일이 절대 아니었다. 우드바인의 공장은 부품 파손에 매우 취약했다. 보통 새 부품을 주문하면 도착할 때까지 매우 오래 걸렸다. 그래서 그동안 공장을 폐쇄해야 하는 경우도 많았다. 아버지는 때때로 부품을 즉시 만들어 달라는 요청을 받기도 했다. 그 요청은 금속 조각을 복제하는 것만큼 매우 복잡한 작업이었다.

기계 공장 뒤쪽에는 대장간과 모루가 있었다. 아버지는 금속 조각을 망치로 두드려 최종 형태로 만든 다음 하얗게 달궈진 코크스[14]에 넣어 가열한 뒤 물통에 담아 담금질하였다. 아버지가 일하는 동안 나는 더러워질 걱정 없이 행복하게 놀곤 했다. 대장간 옆에는 언제든 씻을 수 있는 싱크대가 있었기 때문이다. 다행히도 기계 공장에는 펌프가 있었는데, 적절히 펌프질을 하면 안정적으로 물이 나왔다. (아버지와 그의 직원들은 우물을 직접 팠다. 대서양에서 불과 12마일 떨어진 우드바인의 지하수 지층은 지면과 상당히 가까웠기 때문이다.)

나는 아버지에 대해 상반된 두 가지 이미지를 가지고 있다. 집

---

14. 화석 연료를 정제하여 특별히 고탄소화한 것을 지칭한다. 나무로 숯 또는 목탄을 만들듯, 석탄으로 코크스를 만든다. (역주)

에서의 아버지는 항상 온화하고 유머러스했다. 공장에서 기계공으로서의 아버지는 강하고 매우 실용적인 사람이었다. 그가 대장간에서 금속 조각을 가열한 다음 모루에서 무거운 망치로 두드려서 어떤 모양을 만드는 모습은 인상적이었다. 고야의 작품인 '대장간 The Forge'을 처음 봤을 때, 나는 화가가 아버지의 일할 때의 모습을 그대로 포착한 것 같은 경이로움을 느꼈다.

나는 다양한 스프링, 볼트, 섬유, 드릴 등이 있는 기계 공장에서 고무줄로 움직이는 작은 보트와 조잡하지만 직접 만든 장난감을 만들며 놀고 싶다고 생각하곤 했다. 부모님은 숙제와 집안일을 마치면 방과 후에 언제든지 기계 공장에 갈 수 있도록 허락해 주셨다. 한번은 집안일도 다 하지 않았으면서 라디오를 들으려고 집에 머무른 적이 있었다. 그날 (내 행동은) 아버지 같은 무한한 인내심이 없었던 어머니를 짜증 나게 했고, 아버지와 어머니가 심하게 싸우셨다. 화가 난 어머니는 나에게 아버지와 어머니 중 한 명을 선택해야 한다고 말했다. 물론 우리는 심각한 상황까지는 아니라는 것을 알고 있었다. 나는 어머니가 허세를 부리고 있다고 생각했다.

"아버지요" 나는 약간 떨리는 목소리로 말했다.

"좋아! 너 좋을 대로 하렴!" 상기된 채로 어머니가 대답했다.

그러나 더 이상 심각한 상황으로는 진전되지 않았고, 저녁 식사 시간이 되자 그 문제는 자연스럽게 잊혔다.

아버지가 도구, 기계, 모터의 세계에 살았기에, 나 역시 무의식적으로 공허하고 무미건조한 이론보다는 원칙적이고 실용적인 세계를 선호하게 되었던 것 같다. 시간이 꽤 지난 지금도, 나는 이론보다 실천을 선호하는 경향이 있다.

*　　　*　　　*

유년 시절이 지나면서 시작된 걱정 중 하나는 점점 눈이 나빠지는 것이었다. 나빠진 시력으로 인해 나는 독서에 제한을 두게 되었다. 그렇지만 스스로 만든 규칙의 허점을 신중하게 파고들었다. 그 규칙을 따르면 집에 있는 책들은 마음껏 읽을 수 있었기 때문에 마크 트웨인과 에드거 앨런 포 전집 10권 세트를 반복해서 읽었다. 또한, 내 책뿐 아니라 어머니가 읽었던 헨리 애덤스의 『교육』이나 『바람과 함께 사라지다』와 같은 책도 볼 수 있었다. 어머니는 애덤스의 책을 많이 읽지 않았지만(그것은 어머니의 생일 선물이었다), 나는 그 책을 다섯 번 이상 읽었다.

시력에 대한 작은 걱정을 제외하고는 우드바인에서 보낸 시간은 행복한 기억으로 남아 있다. 부모님께서 나를 체벌했던 기억은 없다. 단지 부적절한 행동을 했을 때, 어머니께 훈계를 들었던 기억은 있다. 아버지는 저녁 식사 후 농담하는 것을 좋아했다. 특히 수많은 형제자매와 사촌, 사돈들이 모였을 때 농담을 즐겨 했다. 하지만 할머니의 장례식 행렬에서 사촌들이 서로 농담을 주고받으며 낄낄거리기 시작했을 때는 그 당시 어린 나조차도 신성 모독을 당한 기분이 들었던 적이 있었다. 나는 그들이 어떻게 감히 그런 상황에서조차 농담을 할 수 있는지 이해할 수 없었다. 바바는 그만큼 훌륭하신 분이었다.

　그리고 아버지와 친구들이 우드바인에 오는 방문객들에게 했던 장난도 기억한다. 그들은 방문자의 차를 땅에서 약간 들어 올리고 차축 아래에 나무 소다수 상자를 넣어 바퀴가 헛돌도록 장난을 치곤 했다. 이런 이야기를 꾸준히 듣다 보니 나 역시 자연스럽게 부모님에게 비교적 가벼운 장난을 자주 치게 되었다. 만일 부모님께서 우리를 혼냈다면, 다시는 그런 장난을 하지 않았겠지만, 부모님은 우리를 혼내지 않았다. 가벼운 장난은 그 시절 문화의 특징이기도 했다.

　삼촌은 마을에서 유일한 영화관을 운영하고 있었다. 그래서 마을 아이들은 론 채니가 주연한 '오페라의 유령'처럼 무서운 영화를 보거나, 해롤드 로이드가 높은 곳에서 빠르게 움직이는 대형 시계의 분침에 매달려 있는 것처럼 끔찍한 장면을 보곤 했다(분명 그 당시 나에게는 끔찍한 장면이었다). 그런 끔찍한 장면을 볼 때는 양모 모자로 눈을 가리거나 동생의 등 뒤로 숨었다. 높은 곳에 대한 경험은 나에게는 완전히 떨쳐낼 수 없는 두려움이었다.

　어린 시절에 철학적 토론을 통해 많은 도움을 얻은 적이 있었다. 비록 철학에 대한 공식적인 교육을 받은 적은 없었지만, 그럼에도 불구하고 인생의 철학적 질문들은 나를 찾아왔다. 철학적 질문에 대한 첫 번째 기억은 7살 무렵이다. 혼자서 책을 읽을 수 있게 된 지 얼마 되지 않은 때였다. 이날은 특별히 『잭과 콩나무』를 읽고 있었다. 나는 그 책을 다 읽고, 평소와 같이 옷을 다림질하고 있는 어머니에게 달려갔다. 숨을 몰아쉬며 나는 어머니에게 책의 줄거리를 이야기했다. 어머니의 얼굴에는 근심 어린 표정이 교차했다. "정말로 그렇게 믿는 것은 아니지 매튜?" 어머니가 물었다. 어머니의 이 한마디에 나는 충격을 받았다. 나는 중얼거리면서 물러날 수밖에 없었다. 그 당시까지 나는 내가 쏟아낸 놀라운 이야기를 믿거나 믿지 않을 수 있다는 생각은 한 번도 해본 적이 없었다. 거인이나 트롤[15]같은 생명체를 믿었던 것은 아니었지만, 더 이상 그것들이 존재하지 않는다는 것을 인정할 수밖에 없었다. 그러나 "너는 정말 그것을 믿니?"라는 책망은 나의 안일한 지적 기준에 당혹감을 불러일으켰다. 나는 실제로 믿는 것, 진짜는 아니지만 믿는 것, 의심하는 것, 완전히 믿지 않는 것 같은 것보다 성숙한 수준의 지적 체계를 받아들여야 할 필요성을 어렴풋이 느꼈을지도 모른다. 내 세상의 근간이 흔들리고 있었다.

당분간은 불확실성과의 투쟁에 참여해야 할 터였다. 그 당시 어머니가 나에게 철학에 대해 그 자리에서 바로 설명을 해주었다면, 큰 도움이 되었을지도 모른다. 그 이후 어머니는 내가 완전히 회의론을 받아들일 거라고 결론을 내렸을 것이다. 어머니는 나를 종종 'epikairisse'라고 불렀다. 이는 영어 단어 '쾌락주의자 Epicurean'[16]에 해당하는 이디시어였는데, 이 말을 할 때면, 웃으시곤 하셨다. 어머니는 할아버지를 현실에 큰 도움이 되지 않는 학자

---

15. 북유럽 신화와 스칸디나비아, 스코틀랜드 전설 속에 등장하는 거대한 괴물. (역주)

16. 향락주의자 또는 쾌락주의자. 원래는 그리스의 철학자 에피쿠로스의 사상을 신봉하는 정신적 쾌락주의자를 가리키는 말이었으나, 오늘날에 와서는 원뜻을 떠나, 널리 관능적·찰나적인 쾌락을 추구하는 사람을 말한다. (역주)

라고 여겼다. 하지만 나는 별생각 없이 할아버지를 그저 따랐다.

　당시 내 믿음 체계는 모호했다. 나는 어머니의 어휘 중에 내가 좋아하는 '하나님'이라는 단어에 대해 더 설명할 필요가 있다고 느꼈다. 나는 신이 모든 것을 볼 수는 있지만, 모든 것을 알지는 못한다고 생각했다. 예를 들어, 신은 내 몸은 볼 수 있지만 내 마음속의 생각은 알지 못하는 것처럼 말이다. 사실, 이에 대해 나는 단순한 추측이 아니라 실제로 그럴 것이라고 확신했다. 마치 어머니의 그 질문으로 인해 나는 믿음의 수준에서 확실성과 가능성을 구분하는 긴 여정을 시작하게 된 것 같다. 그 이후로 나는 한동안 지적으로 안정되었기 때문에 다시 믿음의 문제로 힘들어하지는 않았다.

*　　　*　　　*

　1920년대에 아버지는 배수구의 막힌 곳을 뚫고, 자동차의 찌그러진 부분을 펼 수 있는 유용한 기계를 설계하고 제조했다. 그것은 효율적일 뿐만 아니라, 황동, 청동, 구리 및 가죽으로 만들어져 멋있게 보였다. 꽤 인기 있는 상품이 되었고, 가시적으로 우리 가족에게 재정적인 성공을 안겨주었다. 그러나 이러한 행복은 오래가지 않았다. 곧 대공황이 다가왔고, 공장 수입은 현격히 줄어들었다. 우드바인 시는 우리의 새집을 압류했다. 게다가 30대 후반의 아버지가 갑자기 심장마비를 일으켰고, 상황은 더욱 악화되었다. 갑자기 우리 가족은 수입이 없어지는 상황에 놓였다.

　하지만 다행스럽게도 뉴저지주 워싱턴 크로싱에서 큰 농장(복숭아, 곡물, 닭)을 운영하던 아버지의 형제 아이작 립맨이 아버지가 회복되어 다시 돈을 벌 수 있을 때까지 작고 오래된 집을 빌려주었다. 1939년 여름부터 1940년 여름까지 나는 양계장에서 일했고, 형 미키는 근처의 사탕 공장에서 일했다. 그리고 아버지는 상품이 될 만한 것을 발명하기 위해 농장 운영을 연구하기 시작했다.

사실, 나는 고등학교를 마치기 위해 우드바인에 더 머물러야 했기 때문에, 가족이 먼저 농장으로 가 있었다. 농장으로 가기 전 몇 달 동안 나는 어머니의 여동생 패니 이모와 함께 살았다. 이모는 나를 잘 돌봐주었다. 참 좋은 분이었다. 하지만 불행하게도, 나는 그 시기에 너무 많은 장난과 사고를 쳤고, 고등학교 교장인 폴리 선생님은 나를 반항적이고 비협조적인 학생이라고 생각했다. 결국, 교장 선생님은 졸업을 고작 3주 앞두고 나를 퇴학시켜 버렸다. 부모님은 이 기간 동안 농장에 가 있었고 곧 졸업식에 참석할 예정이었기 때문에 이 사건에 대해 전혀 알지 못했다. 패니 이모와 사촌 글래디스가 몰래 교장 선생님께 간청을 드린 덕에 나는 겨우 반 친구들과 함께 졸업장을 받을 수 있었다. 1939년 여름이 끝나갈 무렵 나는 라디오에서 나치가 폴란드를 침공했으며 전쟁이 선포되었다는 발표를 들었다. 집안일이나 세상일이나 어느 것 하나 잘 풀리는 것이 없었다.

아버지는 양계장 운영에 관심을 가졌다. 전쟁이 임박한 상황에서 식량을 조달하는 일은 꽤 유망해 보였다. 가능한 한 적은 인원으로 닭 농장에 물과 사료를 공급해야 했다. 삼촌의 농장에서는 식수가 얼지 않도록 온수기가 달린 통을 통해 물을 공급받고 있었다. 그러나 온수기는 비용이 많이 들고, 비효율적이며 자주 고장이 났다. 삼촌은 종종 수도 밸브를 조정하여 물이 각각의 물통에 천천히 흐르도록 조절했다. 물이 계속 흘렀기 때문에 얼지는 않았다. '온수기를 완전히 없애는 게 어떨까?' 하고 아버지는 생각했다. '물이 계속 흐르게 하는 기계를 만들어 보면 어떨까? 확실히 에너지 비용을 줄일 수 있을 거야.' 겨울 동안 아버지는 이 아이디어를 구현하기 위해 연구에 몰두하였고, 1940년 봄이 되자 새로운 발명품을 가지고 다시금 사업을 시작할 준비를 마칠 수 있었다. 부모님은 뉴저지주 바인랜드에 위치한 큰 양계장이 있는 곳으로 이사를 결정했지만, 사업은 당연히 소규모로 운영해야 했다.

또한 워싱턴 크로싱에 있는 삼촌의 농장 부지에는 사촌 조와 에블린 아이작슨이 소유한 여름 별장이 있었는데, 이들은 일 년 중 대부분은 뉴욕에 있는 아파트에서 살았다. 에블린은 학교에서 교사로 일하고 있었고, 조는 아이들의 옷을 만드는 집안 사업을 돕고 있었다. 에블린과 조는 그들이 뉴욕에 있을 때는 흔쾌히 내가 별장에 머물도록 허락해 주었다. 나는 그곳에서 클래식 음악을 들으며 호사를 누렸다. LP가 많지는 않았지만, 나는 특히 모차르트 바이올린 협주곡 5번을 중심으로 LP를 반복해서 들었다. 다른 음악은 기억이 잘 나지 않는다. 내가 좋아하는 협주곡의 화음들과는 달랐기 때문이다.

립맨, 아이작슨, 핀커스, 버크한스 가문의 많은 가족들은 아이작슨을 통해 어떤 식으로든 연결되었다. 그중에서 에블린은 안부 편지를 잊지 않았고, 항상 도움의 손길을 주는 천사 같은 존재였다. 조는 나의 말을 잘 들어주고, 지혜로운 조언도 많이 해주었다. 나는 늘 장난스러운 강아지처럼 조의 주변을 따라다녔다. 나는 조와 항상 교양 있고 수준 높은 대화를 나누고 싶었다. 그 당시 나는 내 영혼이 항상 메마르고 공허하다고 생각했다. 하지만 조와 에블린이 이를 채워줄 수 있을 것이라고 생각했다. 조가 물건을 사러 마을로 내려가야 할 때는, 나는 쫓아가서 조와 대화를 하곤 했다. 당시 나누었던 대화 중에, 달리[17]의 작품에 관한 토론은 지금도 뚜렷이 기억에 남아 있다. 조는 나에게 달리의 작품을 왜 낮게 평가하는지 물었다. 나는 나의 평가가 매우 허술한 토대를 갖고 있다는 것을 깨달았다. 왜냐하면, 달리의 그림에 대해 아는 게 없었기 때문이다. 나는 다른 사람의 의견에 대한 이유를 묻는 것에 익숙하지 않았다. "그냥 그가 미치광이니까!" 나는 결국 아무 말이나 내뱉고 말았다.

조는 차분히 말했다.

"왜 그런 식으로 말해?" 조가 계속 물었다.

나는 점점 더 피상적이고 모순적인 생각에 얽매이게 되었다. 곧 나는 조가 달리를 변호하는 게 아니라는 것을 깨달았다. 단지 조는 달리의 작업에 대해 이해하려는 노력 없이 그를 비판하는 것이 무책임하다고 생각했던 것이다.

이러한 대화를 통해, 내 안에서 조를 훌륭한 탐구자로 인정하는 생각이 점점 더 분명해졌다. 이는 부분적으로는 그의 단순한

---

17. 살바도르 달리(1904~1989)는 무의식을 탐구한 초현실주의 화가로 20세기 미술에 큰 족적을 남겼다. (역주)

호기심에 따른 것이었고, 또 다른 일부는 인격, 대화 기술에 대한 조의 노력에 의한 것이었다. 조는 무엇을 하든 잘 해내려고 노력했다. 나는 몇 가지 연관성을 보기 시작했다. 조는 소년용 스포츠 셔츠 제작에 주력하는 집안 사업의 홍보를 담당했다. 광고는 항상 셔츠처럼 우아하고 세련된 느낌을 주었다. 아이들의 옷을 만들기 위해서는 우선 아이들에 대해 배워야 했다. 아마도 그래서 조는 어린이 연구 이사회의 회원이 되었을 것이다. 그 이후로 조의 관심은 아이들의 그림으로 이어졌으며 이는 이후 그의 어린이 예술 비평의 토대가 되었다.

집안 사업에서 조는 없어서는 안 될 존재였기 때문에, 그는 대학에 가지 않았다. 그렇지만 조는 창조적인 작업을 원했고, 결국, 그는 사진작가의 길을 선택했다. 18살 무렵, 조는 훌륭한 프로 사진작가이자 스승인 라비노비치가 가르치는 사진 수업을 수강했다. 라비노비치의 작품은 종종 스트이첸[18]의 작품과 비교되었는데, 심지어 스티글리츠[19]의 작품과 비교되기도 했다. 조는 프로 사진작가가 되지는 못했다. 하지만 그는 이렇게 생각했다.

"훌륭한 아마추어 작가와 경쟁하려면 훌륭한 프로 사진작가가 필요할 거야."

그가 만약 교육대학에 들어갔다면, 그는 훌륭한 철학 교사가

---

18. 에드워드 스트이첸(Edward Jean Steichen)은 룩셈부르크계 미국인 사진가, 화가 및 큐레이터로, 사진 역사상 가장 많은 작품을 내고 가장 영향력 있는 인물 중 한 명으로 알려져 있다. (역주)
19. 알프레드 스티글리츠(Alfred Stieglitz, 1864~1946)는 미국 근대 사진의 개척자로 불리며, 사진을 독자적인 하나의 예술 형태로 격상시킨 사진가이다. (역주)

되었을 것이다. 조는 전문적이고 학술적인 어휘와 개념, 형식 논리를 습득하지는 못했지만, 조보다 더 진심으로 '성찰하는 삶'을 위해 노력한 사람은 찾기 힘들 것이다.

에블린은 교사였고, 나는 학생이었기에, 조는 교육에 관한 복잡한 문제에 관해 토론하지 않을 도리가 없었다. 한번 시작하면 토론은 멈추지 않았다. 나중에 내가 제2차 세계대전이 끝나고 돌아와 컬럼비아 대학교에서 공부를 시작했을 때, 나는 가끔 뉴욕 파운드 라지에 있는 조와 애블린의 집에 찾아갔다. 어떻게 대화를 시작하든 우리는 항상 현재의 교육에 무엇이 잘못되었는지, 그리고 이를 개선하기 위해 무엇을 할 수 있는지에 관해 토론했다. 나는 종종 조의 입장이 존 듀이[20]의 생각과 매우 비슷하다고 말했다. 만약 조가 듀이를 읽어보았다면, 그에 대한 사실을 숨기지 않을 것이다. 듀이에게는 조처럼 독학한 사람들이 매력을 느끼는 "상식주의 common-sensism"가 강하게 자리 잡고 있다.

나는 교육에 관한 초기 저술의 세부적인 내용에 대해 조와 논의한 적이 없으며, 책이 출판된 이후에도 그에 대해 조와 많은 논의를 한 기억이 없다. 하지만 나는 조가 내 글이 조금 이해하기가 어렵다고 생각해도, 그래도 전체적인 글의 내용에 대해서는 인정해 주는 것처럼 느꼈다. 나는 내가 쓴 모든 글을 조에게 보냈다. 조는 나의 글에 대한 답장이나 심지어 세부적인 내용에 대해 비평조차 하지 않았다. 하지만 나는 언제나 그가 내가 쓴 글의 방향에 동의

---

20. 존 듀이(John Dewey, 1859~1952)는 미국의 철학자, 심리학자, 교육학자다. (역주)

하고 있다는 것을 알고 있었다.

조는 나의 교육 프로그램(어린이를 위한 철학교육 프로그램)에 직접적인 관여는 하지 않았지만, 그것을 개발하는 데 많은 영감을 주었다. 내가 어린이 예술, 어린이 교육, 나아가 궁극적으로 어린이의 존재 그 자체에 관심을 가지게 한 것은 바로 조의 영향이었다. 어린이에 대한 그의 통찰은 인상적이었다. 결국 내가 어린이의 관점에서 글을 쓰도록 이끌어 준 것은 그의 뛰어난 통찰이라고 할 수 있다.

*   *   *

고등학교 졸업이 가까워지면서 진로를 결정하는 문제가 중요해졌다. 어릴 때부터 어머니는 자신과 아버지가 나에게 갖고 있는 희망들을 이야기하곤 했다. 내가 어렸을 때 어머니는 내가 음악이나 춤과 같은 예술 분야로 나아가기를 소망했다. 그래서 그녀는 내가 피아노 레슨을 받기를 원했다. 하지만 재정적인 이유로 형인 미키에게만 그러한 기회가 주어졌다. 결국, 부모님은 내가 학자의 길을 가기를 기대했다. 교수라는 이름으로 사회의 존경을 받으며 잘 살기를 바랐다. 당시에 나는 독서 교육에 관심이 있었지만 학생들과 대화를 나누면서 그들을 가르치는 일을 좋아하게 될 것이라고는 생각하지 않았다.

나의 두 형은 농업을 천직으로 여기지 않았다. 나보다 10살이 많은 헤롤드는 애니메이션 제작 쪽에서 일하기 위해 엔지니어 훈련 과정에 지원했고, 미키는 사업가가 되었다. 나는 특별히 선호하는 직업이 없었다. 그러자 헤롤드는 나에게 수학에 관심이 많은 것 같으니 기계 공학을 고려해 보라고 조언했다. 헤롤드 형은 나를 뉴저지주 호보킨에 있는 스티븐스 연구소의 진로 연구실에 데려갔다. 연구소에서 나는 몇 번의 시험을 치렀다. 비록 삼차원 입체 시력검사에서 좋은 결과를 받지는 못했지만, 그곳에서 공학 공부가 적성에 맞다는 이야기를 들었다.

연구소에서 적극적으로 나에게 권유한 것은 아니었지만, 그보다 더 나은 대안이 없었기 때문에 나는 그 권유를 기꺼이 받아들였다. 나는 미시간 주립대학교에 지원하라는 조언을 받았다. 이후 합격은 했지만, 기하학과 삼각법을 1년 더 공부해야 한다는 조건이 있었다. 나는 뉴저지주 바인랜드에 있는 고등학교에서 대학의 요청에 따른 1년간의 추가 과정을 이수하였고, 최선을 다하여 모든 과목에서 A를 받았다. 다시 미시간 주립대학교에 지원했을 때, 합격은 했지만, 결국 등록금을 감당할 수 없어 등록은 하지 못했다.

대학에 가기 위해 럿거스 대학에도 지원했지만, 고등학교 성적 때문에 거절당했다. 대학 학위가 없으면 취업 기회가 제한되었기 때문에 부모님의 바람대로 대학에 가고 싶었지만, 뜻대로 잘되지 않았다. 경제적인 것을 포함한 다양한 이유로 인해 대학은 나에게 선택지가 될 수 없었다. 그래서 나는 워싱턴 크로싱에 있는 삼촌의 농장에서 일을 하거나 바인랜드에 있는 가족의 양계장 장비 판매 사업에서 일하는 등 다양한 직업을 전전했다. 그러면서 내가 진정으로 바라는 미래를 맞이하기 위한 길을 찾기 위해 노력했다.

나는 아버지나 니의 형제들처럼 불행에 크게 연연하지 않았다. 대학에 떨어졌을 때도 좌절하거나 울지 않았다. 단지 사람들이 모차르트를 듣고, 플라톤의 국가를 읽으며, 정치와 예술, 책에 관해 토론하는 뉴욕에 내 미래가 있다는 확신이 점점 커져 갔다. 나는 뉴욕에서 최고의 문화를 향유하는 삶을 살고 싶었다. 결국 나는 그러한 기회를 얻게 될 것이지만, 그로부터 5년간은 기회가 오지 않았다. 그 시점에 내 운명은 다른 곳에 있었기 때문이다. 1943년, 나는 군대에 입대했다.

2.

기초 훈련

1939년 초가을, 세계는 제2차 세계대전이라고 불리는 공포의 문턱에 서 있었고, 우리는 여전히 그것을 '가짜 전쟁'이라고 부르고 있었다. 독일은 전쟁 설계의 마무리 작업을 하고 있었으며, 벨기에와 프랑스를 침공할 준비가 되지 않은 상태였기 때문이다. 당시 학업이나 진로와 같은 나의 개인적 상황들은 내가 원했던 것에 비해 낙관적이지 않았다. 하지만 내 개인사의 사소한 것들과 비교했을 때, 나는 적어도 세계가 점점 재앙으로 치닫는 중에 있는 불안한 상태라는 것은 충분히 느끼고 있었다.

　　나와 형 미키는 1940년 여름부터 1943년까지 부모님이 운영하던 작은 통신 판매 사업을 돕다가, 공군에 지원했다. 하지만 나는 시력이 좋지 못해 탈락했다. 심장 질환을 가진 아버지가 걱정되었기 때문에 집에서 떠나고 싶지 않았지만, 결국 입대를 결정하게 되었다. 헤롤드와 미키는 1942년에 입대했고, 나는 1943년에 입대했다. 우리는 모두 보병 부대에 배속되었다.

　　군대에서의 처음 몇 달 동안은 정말로 좋은 군인이 되기 위해 노력했다. 예를 들어, 중대 본부 앞에서 보초를 설 때는 마치 버킹엄 궁전을 지키는 것처럼 소총을 정확한 각도로 똑바로 들고 좌우도 보지 않은 채 오직 앞뒤로만 걸었다. 온타리오 부대에서 첫 기본 훈련을 받을 때였다.

모순적이지만, 나에게 대학 공부의 기회를 처음으로 제공한 것은 군대였다. 군 복무 중 대학에 진학할 수 있는 육군 전문 교육 프로그램ASTP이라는 군대 내 프로그램을 알게 된 나는 이에 지원해서 합격하였다. 원래 4주에서 6주간의 기초 훈련을 마친 후, 나는 뉴욕 시립대학에 가기로 되어 있었다. 하지만 행정 절차에 중대한 착오가 생겨 캘리포니아에 있는 스탠퍼드 대학교로 보내졌고, 그곳에서 두 학기 동안 재학했다.

기대했던 대로 뉴욕에서 공부하지 못해 아쉬웠지만, 스탠퍼드 대학교에 진학한 덕분에 다른 곳에서는 얻을 수 없었을 다양한 기회를 얻을 수 있었다. 또한 육군 전문 교육 프로그램을 통해 뉴욕에서 공부하고 어학연수를 떠났던 많은 동료들이 처한 운명에서 벗어날 수 있었다. 집안 배경 때문에 나는 러시아어를 공부해서, 통역을 맡게 되었을 것이다. 그러나 이 프로그램으로 각지에 어학연수를 떠난 사람들은 연수 기간 동안 비참한 생활환경에 처하게 된다.

스탠퍼드 대학교의 강의는 대규모로 이루어졌다. 내가 진심으로 좋아했던 유일한 강의는 칼 토마스 교수의 영어 강좌였다. 매일 아침 가벼운 발걸음으로 강의실로 들어오던 토마스 교수의 모습이 아직도 눈에 선하다. 그가 들어오면, 아침 안개처럼 흐릿했던 내 정신이 맑아졌다. 우리는 매주 글을 써야 했다. 나는 최선을 다해 정치에 관한 논문을 준비했다. 그런데 성적을 받을 수 없다는 소식을 들었다. 나는 깜짝 놀랄 수밖에 없었다. 담당 교수는 나에게 자신의 연구실로 오라고 했다. 내가 토마스 교수(영리하고, 빨간 머리에 젊은 남자였던)를 만나러 갔을 때, 그는 나를 매우 냉정하게 대했다. "어디에서 이 논문을 표절했나요?" 이윽고 토마스 교수가 물었다. 나는 깜짝 놀라면서 어디에서도 표절한 적이 없다고 더듬거렸다. 나는 스스로 직접 썼다고 말했다. 토마스 교수는 〈타임지〉 같은 잡지에서 본 글일 수도 있을 거라고 말했다. 솔직히 글쓰기에 대한 전문가가 내 글과 〈타임지〉의 글을 혼동한다는 것은 과찬에 가깝다고 생각했다. 물론 나는 그에게 표절하지 않았다고 계속 설득해야 했다. 계속된 설득 끝에, 교수는 나에게 A 학점을 주었다. 그 이후도 나는 A보다 더 나은 점수를 받지는 못했다. 하지만 토마스 교수에게 어떤 유감도 품지 않았다. 오히려 논문에 대한 그의 조언을 간절히 기다렸다. 한번은 토마스 교수가 여백에 이렇게 써 주었다. "아리스토텔레스, 흄과 같은 '훌륭한 사고가'들은 자신들의 생각에 대한 구체적인 근거가 필요하다는 것을 인정했습니다." 그의 이 코멘트는 나에게 마법 같은 영향을 주었다. 이 코멘트가 나에게 구체적인 근거를 요구해서도 아니고, '아리스토텔레스'와 함께 논의되는 '흄'을 처음으로 맞닥뜨렸기 때문도 아니었다. 중요한 것은 그 코멘트가 그들을 '훌륭한 사고가great thinkers'로 분류한다는 점이었다. 물론 모든 사람이 어떤 의미에서 사고가라는 것을 알고 있었지만, 어떤 사람들은 '훌륭한 사고가'로 분류될 만큼 잘 생각한다는 사실을 미처 알지 못했다. 이것은 나에게 숨이 멎을 듯한 놀라운 발견의 순간이었다. '철학'이라는 단어가 언급되지는 않았지만, 아마도 그것은 좋은 것일 거라고 생각했다. 하지만 그 시기에 나는 심리학과 철학을 여전히 혼동하고 있었다.

학기가 끝날 무렵, 전쟁 지역에서 들려오는 소식은 우울하기만 했다. 유럽에서 미군의 전선은 좋지 않은 상황이었고, 새로운 병력을 계속 요구했다. 우리는 대학에 남아 의대 학위를 받기 위해 공부를 계속할 것인지 아니면 보병대에 다시 입대해서 전쟁 지역 The Bulge[21]으로 갈 것이냐는 질문을 들었다. 나는 이 질문에 대해 큰 글씨로 '아니오'라고 썼다. 일종의 나의 신념이었던 것 같다. 나는 의사가 되기를 원한 적이 없었다. 그래서 전쟁터를 선택했다. 의사가 되기 싫었던 이유는 단순히 피를 보는 것을 싫어했기 때문이다. 하지만 군대도 크게 다르지는 않았다.

마지막 강의 주간에 토마스 교수는 학교 카페테리아에서 커피 한 잔을 사 주었다. 그는 나에게 전쟁이 끝난 후의 계획을 물었다. 나는 기술 관련 일을 생각하고 있다고 대답했다.

"왜 기술자를 생각하고 있죠?" 토마스 교수가 물었다.

"사업을 싫어하기 때문입니다."

"왜요?"

"남은 인생을 돈을 버는 데에만 쓰고 싶지 않아서요."

---

21. 벌지(Bulge) 전투: 제2차 세계대전 중인 1944년 12월 16일부터 1945년 1월 25일까지 서부 전선에서 이루어진 독일 국방군의 겨울 대공세로 벌어진 일련의 전투다. (역주)

"그럼, 기술자가 되면 사업 문제는 생각할 필요가 없다고 생각하는 건가요?"

토마스 교수는 기술자가 생각해야 하는 사업적인 측면을 설명해 주었다. 그동안 나는 의자에서 불안하게 몸을 움직이기 시작했다. 나는 그의 상대가 되지 못했다. 하시만 행복했다. 그동안 미처 발견하지 못했던 기술자가 되지 말아야 하는 이유를 그가 제시해 주었기 때문이다. 토마스 교수가 나에게 던진 여러 질문으로 인해 기술자라는 나의 선택이 잘못되었다는 것을 깨달을 수 있었다. 나는 단지 기술자가 가진 창의적이고 상상적인 측면에만 흥미가 있었던 것이다. 토마스 교수는 기술자의 삶이 심미적인 부분에 있어서는 한계가 있다는 것을 깨닫게 해주었다.

카페테리아에서 일어나려고 준비하고 있을 때, 그는 나에게 컬럼비아 대학교 교수인 어윈 에드먼이 쓴 작은 문고판 책 두 권을 선물로 주었다. 한 권은 『철학자의 휴일Philosopher's Holiday』이었고, 다른 한 권은 『철학자의 탐구Philosopher's Quest』였다. 두 책의 중심인물은 에드먼의 스승이자 컬럼비아 대학교의 교수였던 존 듀이였다. 특히 나를 흥분시켰던 것은 언젠가 듀이가 가르쳤던 컬럼비아 대학에 갈 수 있다는 희망이었다. 그때부터 컬럼비아 대학교는 내가 원하는 목적지가 되었고, 철학은 나를 그곳으로 인도하는 낯선 길이었다.

스탠퍼드 대학교를 떠날 준비를 하던 20살의 군인이자 학생이었던 내가 철학을 전공으로 정하게 된 계기는 그렇게 만들어진 것이다. 그 당시 나는 철학 공부가 무엇인지에 대한 이해도 거의 없었디. 하지만 컬럼비아 대학교에서 철학을 배울 수 있다는 희망에 푹 빠져 있었다. 왜냐하면 컬럼비아 대학교는 뉴욕에 있었고 뉴욕은 오랫동안 내가 가장 가고 싶었던 곳이었기 때문이다.

철학은 읽기-쓰기, 말하기-듣기와 관련이 있을까? 나는 그 답을 알지 못했다. 대학에서 철학을 배우고 싶다는 꿈과 목표가 현실이 되려면, 우선 전쟁이 끝나야 했다. 컬럼비아 대학교에서 온 스탠퍼드의 동료 학생들은 컬럼비아 대학교의 학생 생활에 관해 이야기해 주었다. 이 이야기들은 컬럼비아 대학교에서 공부하고 싶다는 내 열정을 더욱 자극했다. 그들은 나에게 컬럼비아 대학교의 캠퍼스 중앙에 위치한 버틀러 도서관에 관하여 많은 이야기를 해주었다. 도서관의 처마 장식에는 문명에 기여한 주요 인물들의 이름이 새겨져 있고, 정중앙에는 플라톤과 아리스토텔레스의 이름이 새겨져 있다고 했다. 내게는 더할 나위 없는 자극제였다!

*   *   *

스탠퍼드 의대 대신 전쟁터를 선택한 우리는 어느 가을 저녁 캘리포니아의 산속 야영지로 향했다. 그곳에 모인 우리는 모닥불 주위에 둘러앉아 이야기하며 서로의 인상과 소감을 나누었다. 우리는 모두 보병이었고 다음 날부터 기본 훈련이 시작된다는 것을 알고 있었다. 누군가는 예외가 있을 수 있다고 말했고, 다른 누군가는 우편 서기병이라는 직책이 있다는 것을 들었다고 덧붙였다. 그리고 중대 서기병이라는 직책도 있을 가능성을 열어두었다. 우리는 이 문제가 중요하다는 데 동의했고 다음 날 아침 그에 대해 먼저 알아보기로 했다.

나는 텐트로 돌아오면서 연대의 중대본부 역할을 하는 큰 텐트를 지나갔다. 제14보병연대 제2대대 E중대였다. 그곳에 들러서 J.B. 오웬스 상사에게 나에 대해 소개했다. 나는 군대에서 보직이 어떻게 배정되는지, 작성해야 하는 양식이 있는지, 비공식적인 대화를 통해 지원할 수 있는지 등에 대해 전혀 몰랐다. 나는 오웬스 상사에게 우편 서기 보직에 관심이 있다고 말했으며, 내가 그 보직에 적격이라는 말도 덧붙였다(그 직책에 필요한 능력은 타자 실력과 읽기 능력뿐이었기 때문에 분명히 능력이 있다고 생각했다). 다음 날 나는 우편 서기병 보직에 배정되었으며 시간이 지나면 중대 서기병 보직으로 승진할 것이라는 말도 들었다. 내 팔에는 T/5(기술 상병)임을 나타내는 명찰이 부착되었다. 솔직히 계급이 바뀌었다는 사실이 자랑스러웠다는 사실을 부인할 수 없었다.

그전까지 나는 숲에서 캠핑을 해본 적이 없었는데, 야영은 신나는 경험이었다. 아침에 일어나면, 주니페로 세라 산의 꼭대기 위로 떠오르는 태양을 볼 수 있었다. 나는 야영장 바로 옆 개울에서 낚싯대로 잡은 싱싱한 산천어를 좋아했다. 대부분의 사람들이 로스앤젤레스로 떠나는 주말에도 우리는 그곳에 있었다.

시간이 지나면서 버마[22] 상륙작전에 참여하기 위해 훈련하는 것이 우리의 임무라는 것을 알게 되었다. 우리 부대는 산악/정글

---

22. 오늘날의 미얀마. (역주)

부대가 되었다(나는 수영을 배우지 않은 것을 후회했다). 매일 산양처럼 언덕을 기어오르는 등 훈련은 점점 더 격렬해졌다. 어느날 우리는 고된 아침 훈련을 마치고 돌아왔다. 오후는 비교적 여유로울 것이라고 예상했다. 그런데 야전 취사장에서 점심을 먹고(시럽을 듬뿍 넣은 디저트 과일샐러드를 조금 먹었던 기억이 있다) 야영지 근처의 높은 절벽을 오르는 강제 행군을 위해 다시 모였다.

깎아지듯 가파른 절벽에는 좁은 길이 나 있었고, 대대는 한 줄로 줄지어 그 길을 올라갔다. 숨쉬기가 힘들어졌을 때, 나는 너무 많이 먹었다는 사실을 깨달았다. 배낭끈이 가슴을 조여왔다. 앞뒤로 최대한 멀리 보아도 오직 한 줄의 행렬밖에 보이지 않았다. 잠시 쉬려고 해도 멈출 방법은 없었다. 계속 오르거나 절벽 밑으로 뛰어내리는 선택지밖에 없었다. 누군가가 나를 절벽 밑으로 미는 듯한 느낌을 받았다. 하지만 뛰어내리지는 않았다. 내가 어떻게 정상까지 갔는지 기억이 나지 않았다. 등산은 나에게 맞지 않는다고 스스로에게 말했다. 그런 점에서 군인은 나에게 맞지 않았다. 그 일은 최악의 경험이었다.

책 서두에서 언급한 대로 어렸을 때 계단에서 굴러떨어진 일은 그저 단순히 높은 곳에서 떨어진 문제가 아니었다. 그 이후의 여러 후속 경험과 연관되어 있다는 점에서 일종의 결정적인 사건이라고 할 수 있었다. 내가 왜 이러한 경험과 계속 연관되는지는 잘 모르겠다. 그래도 복잡한 요인들 중 하나는 내가 높은 벼랑 끝에 서기로 한 결정을 잊거나 억누르는 경향이 있다는 것이었다. 나는 사실상 자신을 버리기 위해 스스로에게 도전하거나 저항하고 있었다. 지금도 산악인들이 높은 산의 가장자리를 걷고 있다는 뉴스를 들으면 혹시나 그들이 미끄러져 넘어질까 봐 손바닥에 식은 땀이 난다.

그 두려움에는 단순히 나 자신에 대한 두려움뿐만 아니라 전우들에 대한 두려움도 있었다. 켈리포니아 산악 지대에서 일어난 사건이 대표적이다. 그곳에서 내가 특히 불안했던 것은 절벽을 따라 닳아 없어진 길을 천천히 걸어가면서 동료 병사들에게 큰 불편을 끼치고 있다는 것이었다. 내가 몸을 던지기만 하면 문제가 사라질 것이라는 생각마저 들었다.

우리는 백병전 훈련을 받았다. 우리 소대의 교관인 라이스 하사는 개인적으로 매우 친절하며 자신의 임무를 분명히 알고 있는 사람이었다. 그가 이오지마[23]에 국기를 게양한 병사 중 한 명이라는 소문이 돌고 있었다. 어느 주말에 스탠퍼드 대학교에서 온 6~8명의 대학생으로 구성된 작은 파견대는 나와 친구인 짐 맥카운과 함께 샌프란시스코로 히치하이크를 떠났다. 구체적인 계획은 없었지만 오페라 하우스 앞에 도착했을 때 한 젊은 여성으로부터 극장 안내원들이 매년 티켓을 두 장씩 구입해 공연을 보기 위해 도착하는 첫 두 명의 군인에게 무료로 나눠준다는 말을 들었다. 우리가 그에 해당했다. 그래서 우리는 정말 운이 좋다고 생각했고, 마음껏 그 공연을 즐겼다. 호로비츠[24]가 공연했던 것으로 기억한다. 나중에 도시의 거리를 걸어가다가 매우 가파른 교차로에 도착했다. 그

---

23. 이오지마 전투(1945.2.19.~1945.3.26.)는 태평양 전쟁 말기, 오가사와라 제도의 이오섬에서 벌어진 미군과 일본군 간의 전투를 말한다. (역주)

런데 아래를 내려다보니 거대한 조각용 칼을 들고 있는 남자를 쫓는 시끄러운 군중이 보였다. 쫓기던 남자는 절망적인 표정을 짓고 있었다. 사람들이 소리쳤다.

"그 녀석을 잡아! 잡으라고!"

우리는 칼을 들고 위협하는 사람에게 어떻게 대처해야 하는지 몰랐다. 이러한 경우에 대해 세심하게 설명해 주었던 라이스 상사의 지시는 모두 잊어버린 상태였다. 우리는 깊게 끼어들 일이 아니라고 생각해서, 그를 지나쳐 갔다.

주말에는 로스앤젤레스에도 갔다. 그곳에 있는 서점에 가서 많은 책을 구경했는데, 특히 나는 듀이의 책을 찾는 데 관심이 쏠려 있었다. 마침내 나는 『현대 세계의 지성Intelligence in the Modern World』이라는 제목이 붙은 듀이의 저서 선집을 발견했다. 그 책은 매우 어려웠다. 그렇지만 나는 토마스 교수의 추천을 믿었기에 처음부터 끝까지 최선을 다해 읽어나갔다.

듀이의 책을 발견한 로스앤젤레스 방문은 71보병사단이 캘리포니아에서 갖는 마지막 주말이었다. 그 직후 우리는 조지아주 포트 베닝에 있는 보병 대기 지역으로 떠났다. 나는 로스앤젤레스까지 가는 길에 히치하이크를 했다. 매력적인 여성 운전기사와 오랜 시간 대화를 나누며 즐거운 시간을 보냈다.

나는 포트 베닝에 얼마나 오래 머무르게 될지 알 수 없었다.

---

24. 블라디미르 사모일로비치 호로비츠(Vladimir Samoylovych Horowitz, 1903~1989)는 우크라이나 출신의 미국 피아니스트다. 20세기 가장 위대한 피아니스트 가운데 하나로 평가받고 있다. (역주)

단순히 캘리포니아에서의 마지막 주말이 아니라 미국에서의 마지막 주말이 될지도 모른다는 불안감이 들었다. 야영장으로 복귀할 때는 버스를 탔다. 히치하이크는 변수가 많았기 때문이다. 나는 버스 정류장에 일찍 도착해서 줄을 서서 기다렸고, 통로 중간쯤에 있는 창가 좌석에 앉았다. 잠시 후 내 또래의 젊은 여성이 탔는데, 매우 매력적이었다. 그녀는 잠시 멈춰서 좌석을 살피다가 내 옆자리에 앉았다. 전쟁 중에도 캘리포니아 주민들의 친절한 성격을 여러 번 경험한 적이 있지만, 이번 경험은 예상을 뛰어넘는 것이었다. 우리는 거의 동시에 서로를 바라보고 이야기를 나누었다. 그녀는 나에게 산타바바라에서 내릴 것이라고 했다. 나는 아무 말도 하지 않았다. 버스가 산타바바라에 멈추었을 때, 나는 야영지로 돌아가지 않고 그녀와 함께 버스에서 내리면 어떤 일이 벌어질까에 관해 생각하지 않을 수 없었다.

버스는 산타바바라를 출발했고 나는 책 읽기에 빠져들었다. 이후 포트 베닝으로 전출되었을 때, 나는 포트 베닝에서의 시간 내내 듀이의 책을 가지고 다녔으며, 행군 중 잠시 쉬는 시간에는 책을 읽을 수 있었다. 우리는 몇 달 동안 그곳에 주둔했다. 나중에 프랑스 남부와 독일 남부를 휩쓸고 지나가던 도중 잠시 행군이 중단될 때면 나는 책을 읽기 위한 잠깐의 시간을 확보할 수 있었다.

듀이의 책을 계속 읽어가면서, 나의 관심은 듀이에서 철학이라는 주제로 바뀌었다. 철학은 과학, 교육, 예술, 정치와 관련이 있는 것처럼 보이지만 사실 철학이 다루지 않는 분야는 거의 없다. 하지만, 그것이 정확히 무엇인지는 알 수 없었다. 나는 듀이의 책으로부터 철학이 이론과 실천의 관계에 많이 관련되어 있다는 것을 깨달았다. 듀이는 이 점을 매우 강조했다. 더 나아가 듀이는 이러한 관점을 '실험주의experimentalism'라고 불렀다. 나는 실험주의라는 용어를 좋아한다. 이 용어가 삶의 상상적인 측면과 교육의 창의적인 측면을 잘 보여준다고 생각했기 때문이다.

나는 포트 베닝에 있는 동안 내가 우편 서기병이 되고 싶다고 간청했던 오웬스 상사와 친구가 되었다. 나는 그를 오웬스 상사, 또는 J.B.라고 부르기 시작했다. J.B.는 50세가 넘은 상사이자 직업 군인이었으며 약간 뚱뚱했다. J.B.와 나는 사격장에서 종종 사격 시합을 하기도 했다. 그때 중대장이었던 골드만 대위가 지나가면서 "상사, 저 상병이 자네를 이길 수 있게 놔두지는 않을 거지?"라고 웃으며 J.B.에게 말했던 기억이 떠오른다.

포트 베닝에서의 한 해 동안 특별한 일은 없었다. 그것이 전쟁의 공포 속으로 던져지는 것보다는 나았다. 하지만 우리는 곧 다시 전쟁에 투입될 것이라는 소식을 들었다. 어느 날 짐과 나는 포트 베닝의 깊은 참호에 있었다. 우리는 기관총 사격을 받으면서도 전진할 수 있도록 침투 작전을 훈련했다. 비록 그곳에는 우리를 일어서지 못하게 하는 닭 철조망이 있었지만, 훈련 과정에서 기관총은 실탄을 사용했다.

참호에서 돌격하라는 신호가 떨어졌지만, 그 긴 참호 대열에서 단 한 명도 움직이지 않았다. 또다시 신호를 줬지만, 아무도 움직이지 않았다. 그러자 짐이 소리치는 것을 들었다. "서둘러! 뭘 기다리는 거야?" 짐이 참호에서 기어 나왔을 때에야 나를 포함한 전체 대열이 기관총 사격 아래에서 재빨리 포복으로 기어가기 시작했다. 나는 내 용기와 추진력의 한계에 대해 점점 더 많이 알아가고 있었다. 톰 소여가 허클베리 핀에게 많은 것을 배웠듯이 나도 짐 맥카운에게 많은 것을 배웠다.

군대에서는 다음에 어떤 일이 일어날지 거의 예측할 수 없었다. 짐과 나는 절대로 장교가 되지 않겠다고 서로에게 여러 번 다짐했다. 나의 경우에는 장교가 짊어져야 할 책임을 원하지 않았다. 그러나 어느 날 짐은 나에게 충격을 주었다. 나에게 장교 훈련에 지원하겠다고 말했기 때문이다. 당연히 짐이 지원했으니 나도 해야겠다고 생각했다. 그래서 장교 훈련학교에 지원했지만, 지원서가 처리될 무렵 부대는 유럽으로 이동 중이었고 모든 장교 지원은 중단된 상태였다. 하지만 짐의 지원은 중단되기 직전에 무사히 통과되었다. 그는 다른 부대에 배속되었고, 전쟁 동안 나는 더 이상 짐을 볼 수 없었다. 장교가 되지 못한 것에 대한 실망감은 그다지 크지 않았다. 그 당시 나는 여러 가지 면에서 자신감이 부족했다.

포트 베닝에서의 몇 달이 지나고 마침내 전투를 위해 떠나는 날이 되었다. 우리는 포트 킬머에 모여 프랑스로 향하는 배를 탈 준비를 했다. 어느새 하루가 훌쩍 지나갔다. 얼마 지나지 않아, 우리는 르아브르[25]로 향하는 군함을 타고 있었다.

---

25. 프랑스 서북부, 대서양에 면한 항구도시이다. (역주)

3.

전쟁

우리 부대의 불확실한 앞날에도 불구하고 병사들은 군함에 탑승한 후에도 유머 감각을 잃지 않았다. 군대의 유머는 종종 자기에 대한 농담을 하는 경우가 많았다. 때로는 상황보다 더 심각해지려는 자신을 풀어줄 필요도 있었다. 누군가는 자연의 거대한 힘이나 군대의 비인격적 힘에 맞서 싸우는 자신을 하찮은 존재로 여기기도 했다(미국의 위대한 만화가인 빌 몰딘[26]만이 미국인의 관점에서 끔찍함이 밑바탕에 깔린 유머를 진정성 있게 묘사할 수 있었다).

특히 가장 낮은 6층, 가장 아래쪽 해먹에서 자는 병사들은 매우 비인간적인 대우를 받았다. 대서양으로 이동하기 시작했을 때는 허리케인이라고 들었던 맹렬한 폭풍을 만났다. 배는 흔들리기 시작했고, 뱃머리는 거대한 파도에 파묻혔다가 다시 하늘로 솟구치고, 또다시 물속으로 들어갔다. 뱃머리에 있던 병사들은 다들 다

---

26. 빌 몰딘(Bill Mauldin, 1921~2003)은 미국의 만화가이며 예비역 미국 육군 하사이다. 2차 대전 참전 군인들의 생활상을 다룬 풍자화로 인기를 끌었다. (역주)

양한 자세로 버티고 있있다. 한 명은 "죽을 것 같아!!"라고 신음했고, 다른 한 명은 "운이 좋네!!"라고 대답했다.

프랑스 노르망디 지방의 르아브르에 도착했을 때였다. 우리는 난간으로 사용할 가느다란 줄 외에는 아무것도 없이 매우 낮고, 축축한 미끄러운 나무 경사로를 이용하여 내려가야만 했다. 만약 무거운 짐이 없었다면, 미끄러운 경사로를 좀 더 쉽게 내려갈 수 있었을 것이다. 하지만 한쪽 어깨에는 소총을 매고 다른 쪽 어깨에는 더플백을 매고 있었다. 그리고 배낭(텐트 반쪽, 삽 등)과 타자기를 가슴 끈으로 매달고 있었다. 그 당시 나는 최전방이 미군위문협회 USO, United Service Organizations의 공항 라운지[27]라고 착각을 했었던 것 같다.

어떻게든 선착장까지 무사히 내려왔지만 진흙탕 길을 건너야 했다. 나는 군화가 벗겨질 정도로 프랑스 진흙이 끈적거릴 거라고는 생각하지 못했다. 나는 순간적으로 뒤집힌 장수풍뎅이처럼 팔과 다리를 힘없이 흔들며 엎어져 버렸다. 동료들이 나를 일으켜 세우는 동안 우리 모두 웃었다. TV 시트콤 〈MASH〉[28]의 한 장면 같았다. 그때는 앞으로 어떤 일이 벌어질지 정확히 알지 못했다.

내 더플백에는 소총병이 휴대해야 하는 모든 의복과 장비 외에도 유럽에 있는 동안 읽으려고 넣어 둔 책들이 있었다. 그 책 중

---

27. USO는 미국 군 복무자들이 국가에 복무하는 동안 본인과 가족들에게 복지를 제공하는 미국 최고의 자선단체이다. 미국의 각 공항에는 군인들과 그 가족들이 이용할 수 있는 USO 라운지가 따로 마련되어 있다. (역주)
28. 미국에서 1972년부터 1983년까지 방영된 전쟁 코미디 드라마이다. 한국전쟁 당시 이동식 육군 외과 병원에서 일어나는 에피소드들을 다루었다. (역주)

에는 이미 언급한 듀이 선집, 언터마이어가 편집한 시 선집, 머햄이 편집한 문학 선집, 피츠제럴드의 『위대한 개츠비』(이제 막 나온 문고본), 그리고 6권 정도가 더 있었다. 미국으로 돌아왔을 때도 이 책들은 가지고 있었다. 이 책들과 헤어진다는 생각만으로도 견딜 수 없었다.

독서는 군대라는 불편하고 불쾌한 세상을 견딜 수 있게끔 마음의 위안이 되어 주었다. 문학, 음악, 시를 포함한 모든 예술에 대한 몰입은 나에게 현실에서 잠시 멀어져 살아갈 수 있는 추상적인 세계를 제공해 주었다. 이를 통해 나는 군대 생활의 지루함과 불쾌함으로부터 벗어날 수 있었다. 비록 유머를 찾아보기 힘든 세상이었지만, 나는 웃음을 찾아다녔다. 마치 전쟁의 경험이 가르쳐 줄 비극에 굴복하기 전에 내가 찾을 수 있는 작은 기쁨이라도 누리고자 결심한 것처럼 말이다.

1945년 초, 우리 부대가 작전에 투입되었을 때는 사실상 전쟁의 끝이 보이기 시작했던 시기였다. 남은 독일군은 최대한 빠르게 후퇴하고 있었다. 우리가 속해 있던 패치 장군의 제7군은 라인강을 따라 독일군을 공격하기 위해 알자스로 진격했다. 패튼 장군의 제3군은 라인강을 건너 베를린과 빈 방향으로 독일군을 추격하여 러시아군보다 먼저 그곳에 도착할 준비를 하고 있었다.

라인강을 건너는 주요 교차점은 레마겐이라는 곳이었지만, 그 전에 강을 따라 다른 지점에서 수많은 교란 작전을 수행해야 했다. 우리 부대는 스페이어에서 강 건너편에 잠복하라는 명령을 받았다. 위험한 작전이었음에도 장교들은 더 많은 사상자가 발생하지 않은 것에 대해 놀라워했다. 우리 부대의 일원인 데이비스 중위는 특히 용감했다. 그는 그 공로로 나중에 은성훈장을 받았다. 다행히도 나는 우편 서기병이었기 때문에 작전에 참여하지 않았다.

독일군이 후퇴하고 우리 연대는 라인강을 건넜다. 폐허와 잔해 너머로 올려다보니 스페이어의 교회 첨탑에 둥지를 튼 황새 한 마리가 한쪽 다리로 자세를 취하고 있었다. 그 모습을 보고 깜짝 놀랐던 기억이 아직도 생생하다.

패튼의 부대에 합류한 우리는 바이에른을 가로질러 속도를 내기 시작했다. 몇몇 젊은 독일 여성들이 우리에게 루스벨트가 죽었다는 사실을 알려주었다. 하지만 우리는 말없이 가만히 있었다. 우리에게 너무나도 충격적인 소식이어서 도저히 믿을 수 없기 때문이다. 들판을 가로지르던 우리 부대는 후퇴하는 독일군과 마주쳤다. 그들은 문제를 일으키지 않고 단지 우리를 지나쳐 가기를 원했다. 그런데 헤그니 중위의 소대가 그들을 막으려다 총격전이 벌어졌고, 그 과정에서 나의 어린 친구 지란이 총에 맞았다. 결국 지란은 야전병원으로 가는 지프차 안에서 죽었다. 브루클린 출신의 토니 부자키스는 부상병을 구해냈다. 잠시 후 헤그니 중위는 자리에서 벌떡 일어나 "돌격!"이라고 외치고 나서 곧바로 빗발치는 총탄에 맞아 쓰러졌다. 헤그니 중위는 종종 보스턴에 돌아가면, 시장으로부터 명예 훈장을 받게 될 것이라고 말하곤 했다. 실제로 보스턴으로 돌아갔을 때, 그는 시장으로부터 명예 훈장을 받았다. 우리는 그가 어떤 대가를 치르더라도 자신의 소망을 반드시 실현하겠다고 한 결심에 대해 불만을 가지고 있었다.

포트 베닝에서 기초 훈련을 받는 동안 찰스 패리 지란과 친해졌다. 지란은 나를 형처럼 생각하는 것 같았다. 장병 식당에 있지 않을 때는 음악실에서 클래식 음악을 듣고 아이스크림을 먹으며 많은 이야기를 나누었다. 지란은 아버지가 돌아가신 후 어머니가 재혼한 일, 새아버지를 싫어했던 일, 재혼 전까지 어머니와 얼마나 사이가 좋았는지 등 가족에 대해 많은 이야기를 해주었다. 지란의 말에 따르면 그의 어머니는 존경할 만한 여성이었다.

우리 부대가 전투 지역에 투입된 후 지란과 나는 천처럼 서로 자주 대화를 나누지는 못했다. 그러던 중 해그니 중위의 소대가 후퇴하는 독일군과 마주쳤고, 지란이 부상을 당했다는 사실을 알게 되었다. 야전병원에서 그 이야기를 들었을 때, 나는 해그니 중위가 지란을 죽인 거라고 말했다. 나는 지란의 어머니가 사고 직후 자식의 사망 소식은 들었을 테지만, 자세한 내용을 듣지 못했을 거라고 생각했다. 우리 중대장인 골드만 대위는 지란의 어머니로부터 아들의 죽음에 대해 더 자세히 알려달라는 편지를 받고도 놀라지 않았다. 어머니의 담담한 말 뒤에 감춰진 깊은 슬픔을 어렵지 않게 느낄 수 있었다.

골드만 중대장은 나에게 답장을 써줄 수 있겠냐고 물었고 나는 그러겠다고 대답했다. 부상 입은 지란을 지프차에 태워 야전병원으로 이송했지만, 지프차에 탄 채로 또 총을 맞았고 그 때문에 사망했다는 이야기를 그의 어머니께 전했다. 그게 내가 아는 전부였다. 하지만 만약 내가 더 많이 알았다면 그 소름 끼치는 이야기까지 다 그녀에게 전했을까? 한편으로 내 답장이 너무 냉정하게 보여서 우리의 우정과 지란이 얼마나 좋은 친구였는지에 대해 몇 마디를 덧붙였다. 사실 나는 그 편지가 그녀의 슬픔을 위로해 줄지도 모른다는 생각에 편지를 다듬는 데 꽤 많은 시간을 보냈다. 심지어 내가 외우고 있던 A.E. 하우스먼[29]의 시도 인용했던 것 같다.

> 여기 우리 죽어 누워 있네
> 조국에 부끄러운 행동을 하면서 살고 싶지는 않았기
> 때문에
> 삶은, 확실히, 그렇게 대단한 것은 아니야
> 하지만 젊은이들은 삶이 귀중하다고 생각하지
> 그리고 우리는 젊었었어[30]

놀랍게도 얼마 지나지 않아 지란의 어머니로부터 고맙다는 답장을 받았다. 그녀는 나의 편지를 '예술작품'이라고 표현해 주었다. 그녀의 칭찬은 나를 부끄럽게 만들었다. 얼마 지나지 않아 두 번째 편지를 쓰기 시작했는데, 이제는 사람이 아니라 편지 그 자체가 중심이 되었다. 나는 하우스먼의 시구와 같은 구절을 생각해 내려고 노력했지만, 내가 생각해 낼 수 있는 것은 이것이 전부였다.

----

29. A.E. 하우스먼(A. E. Housman, Alfred Edward Housman, 1859-1936) 영국의 학자, 시인. 영국 출신이며 케임브리지 대학교의 유명한 고전학자로 20세기의 대표적인 학자 시인이다. (역주)

30. A.E. Housman, Here Dead We Lie, from Complete Poems:Centeneail edition, New York: Holt, 1959.

그들의 죽음은 당연한 것이 아니다.

그들은 너무 꿈 없이 죽어갔다.[31]

옳은 일은 아니었다. 나는 그 일이 옳지 않다는 것을 알고 있었다. 그녀는 내 편지에 답장하지 않았다. 아마도 내 편지가 그녀를 우울하게 만들었을 것이다. 그때 나는 편지의 미적인(문학적인) 특성을 윤리적 경험보다 더 중요하게 생각해 버렸던 것 같다.

그즈음 E 중대가 라인강을 몰래 건너기 위해 소대 병사들을 충원받던 밤이 떠올랐다. 그날 병사들이 함께 밤을 보낼 막사는 학교 건물이었다. 지란과 나는 지하실을 탐험하다가 오래된 78rpm(분당 회전수, 녹음의 재생 시간을 결정하는 단위) 레코드를 발견했다. 유일하게 발견한 녹음기는 정상적으로 작동하지 않았다. 하지만 손으로 돌리면 일부 사운드는 들을 수 있었다. 베토벤의 로망스 같은 음악이 희미하게 들렸다. 아침이 되어 그곳을 떠날 때, 나는 그 레코드를 철학책과 시집이 들어있는 내 우편 가방 안에 넣었다. 그중 하나가 브람스의 4번 교향곡이었다. 그날 이후로 이 곡은 나에게 항상 음울하고 장엄하게 들렸다.

군인도 의사처럼 주변의 일에 무감각해지지 않으면, 군인으로서 해야 할 일을 해내기 힘들 거라고 생각한다. 우리는 미학적이 아닌 윤리적 측면으로는 무감각해진 것 같았다. 그리고 삶이 전쟁터나 다름없는 상황이 되면, 타인에 대한 배려로 인한 위험을 감수

---

31. Vachel Lindsay, The Leaden-Eyed, from The Congo and Other Poems. New York: McMillan, 1919[1914].

하기보다는 차갑고 무감각한 태도를 취하는 경향이 있는 것 같다.

*   *   *

우리의 지휘관인 골드만 대위는 젊었으며 링컨 같은 인물이었다. 우리는 그를 존경했고, 어디에서나 그를 따랐다. 골드만 대위는 자신의 부하들을 항상 걱정했다. 어느 저녁 중대 본부에서 포병의 엄호 사격을 더 받을 때까지는 공격에 자신의 병력을 투입하지 않겠다고 버티던 그의 모습을 기억한다. 하지만 소령은 계속 명령을 반복했다. 그러자 골드만 대위는 "제 병사들이 엄호를 더 받기 전까지는 전까지는 안 됩니다, 소령님"이라고 대답했다. 그의 행동은 다행히 항명으로는 여겨지지 않았다.

E 중대의 골드만 대위, J.B. 오웬스 상사 그리고 나는 포트 베닝에서 함께 근무한 적이 있었다. 우리는 계급은 달랐지만 친근한 사이였다. 골드만 대위는 루이지애나의 워터프루프 출신으로 남부 특유의 사투리를 사용했다. 그는 매일 아침, 대규모 군사작전의 도착과 출발, 부상과 사망을 파악할 수 있게 해주는 서류인 아침 보고서를 성실히 정리해서 보고하는 나를 높이 평가한 것 같았다. 또한 대위는 일주일에 한 번 LA의 워터프루프 소인이 찍힌 향기 나는 우편 봉투를 전해주는 것을 고마워했다. 그보다 더 현명하고, 더 정의로우며 병사들의 복지를 생각하는 중대장은 없었다.

그런데 어느 날 나는 J.B.로부터 골드만 대위가 J.B.의 전출을 원했다는 소식을 듣고 충격을 받았다. J.B.는 군인 외에는 다른 삶을 생각해 본 적이 없는 진정한 군인이었다. 그는 안치오 상륙작전[32]을 비롯해 이탈리아의 나머지 작전을 모두 경험했으며 이제 군대에 있는 아들과 유럽 어딘가의 극장에서 재회할 날만을 고대하고 있었다.

다른 소식통으로부터 J.B.와 관련된 일에 대한 대위의 걱정은 사적인 것이 아니라는 것을 알았다. 보병 중대의 부사관으로서 갖춰야 할 힘이나 체력이 부족한 J.B.와 함께 전투에 나가는 것은 문제가 될 수 있었다. 이 새로운 정보로 인해서 두 사람에 대한 나의 전폭적인 신뢰에 갈등이 생겨났다.

대위에게 감히 그 얘기를 직접적으로 꺼낸 적은 없었지만, 나는 나름의 방법으로 그에게 항의했다. 나는 M1 소총에 장전하지 않기로 했다. 어떻게 알게 되었는지는 모르겠지만, 중대장이 이 사실을 알게 되었다. 중대장에게 이 사실을 알리는 것은 의무였기에 J.B.는 이를 중대장에게 보고했을 것이다. 나는 당연히 그럴 것이라고 생각했다. 그 행동은 당시 내가 유일하게 실행할 수 있었던 J.B의 전출에 대한 항의였다. 하지만 너무 순진했던 나는 위험한 게임을 하고 있다는 사실도 깨닫지 못했다. 대위는 나를 다른 소대의 소총수 자리로 즉시 전출시킬 수 있는 권한이 있었기 때문이다.

우리 모두는 J.B. 상사를 좋아했다. 심지어 중대장도 J.B. 상사를 좋아했다. 그는 내가 하는 행동이 단순한 항명이 아니라 J.B. 상

---

32. 안치오 전투는 1944년 1월 22일 제2차 세계대전 중 이탈리아 전선에서 벌어진 중요한 전투였다. 안지오와 네투노 지역의 독일군을 섬멸하기 위한 연합군의 상륙작전이었다. (역주)

사의 전출에 대한 저항의 표시라는 것도 인정해 주었다. 단지 중대장은 이렇게 말했을 뿐이었다.

"상병, 자네는 내가 명령을 내리는 것을 원하지 않겠지?"

"그렇습니다. 중대장님"

나는 대답했다. 나는 장교의 명령에 고의로 불복종했다는 이유로 군법회의에 회부되고 싶지는 않았다.

J.B.는 전출되었고 나는 소총 장전을 다시 시작했지만, 문제는 거기서 끝나지 않았다. 나는 내가 생각했던 것보다 J.B. 오웬스 사건이 훨씬 더 복잡하다는 사실을 깨닫기 시작했다. 나는 소총은 장전했지만, 상황에 관계없이 총을 사용하지 않기로 결심했다. 나역시 이런 자신의 행동이 의아했다. 비록 합격하지 못했지만 나는 공군에 지원했었다. 그리고 다른 병사들과 많은 대화를 나누면서 제2차 세계대전은 예외적인 전쟁, 즉 정의로운 전쟁이었다고 주장했다. 하지만 '정의로운 전쟁' 때문에 사람을 죽이는 것에 대해서는 저항했다. 마침내 나는 내가 할 수 있는 전략을 생각해 냈다. 누군가를 죽이는 것, 특히 나치가 전 세계에 초래한 모든 슬픔에 대해 개인적으로 책임이 없는 사람을 죽이는 것을 제외하고는 지휘관의 명령에 따라 전쟁에 참여하겠다는 것이다. 하지만 이 마음가짐은 오래가지 않았다. 나는 스스로에게 묻기 시작했다. '다른 사람을 살리기 위해 총을 사용하는 것은 정당할까?' 나는 복잡한 도덕적 딜레마에 빠져 총기 사용을 다시 생각하게 되었다. 만약 나의 윤리적 신념을 믿을 수 없다면, 상황에 따라 판단을 내리는 것 외에 무엇이 남을까? 결과적으로 전쟁이 지속되는 동안 나는 아무도 쏘지

않았고, 아무도 나를 쏘지 않았다.

　필라델피아에서 계단 아래로 넘어지려고 했을 때부터 유럽에서 소총 장전을 거부했을 때까지, 나는 종종 스스로에게서 자기 파괴적인 면을 발견할 수 있었다. 나의 이러한 경향을 설명할 수 있는 근본적인 원인을 찾을 수 없었다. 단순히 우울하고 좌절했던 시간과 관련 있는 것 같지는 않았다. 오히려 나는 어떤 일에 성공했지만, 스스로 자격이 없다고 느꼈을 때 이에 대한 공격을 스스로에게 돌리고 싶은 충동을 느꼈던 적은 있었다.

　소총에 관련된 일이 적절한 사례일지도 모르겠다. 나의 관심을 끌었던 한 가지 해석은 그 원인을 플라톤의 초기 대화편에 나오는 소크라테스에게 돌리는 것이었다. 적에 대한 방어를 거부한 소크라테스가 다른 사람을 해치는 것보다 다른 사람에게 해를 입는 것이 낫다는 취지의 명언을 했던 때로 말이다. 내 행동을 이렇게 해석할 때의 문제는 군대에 가기 전에 나는 소크라테스의 그 구절을 읽지 않았을 수도 있다는 것이다. 그래도 내가 가지고 다니는 다른 책을 통해 접했을지도 모른다. 사실 나는 소크라테스의 그 유명한 원칙을 본 기억이 없었다. 하지만 그 원칙이 없다면, 내 행동은 의미가 없어질 것 같았다.

　군인이 소총 장전을 거부하는 것은 결투에 나선 사람이 결투용 권총에서 총알을 몰래 빼는 일에 비유할 수 있다(알렉산더 해밀턴은 에런 버와의 결투 전에 그렇게 했을 수도 있다).[33] 죄책감, 명예, 미덕에 대한 고취감, 자신의 힘에 대한 믿음 등 다양한 심리적 동기가 이러한 행동에 영향을 미쳤을 수 있다. 그러나 보병은 갑자기 그 앞에 나타난 적군이 무장은 했는지, 위험한지 알 수가 없다. 그리고 소총을 사용하지 않기로 한 군인이 비행기에서 폭탄 투하 버튼을 누를 때에는 그러한 억제력이 작용하지 않을 가능성이 항상 열려 있다.

따라서 나는 고소공포증의 이면에 높은 곳에 대한 공포심보다 캘리포니아 절벽을 오를 때 느꼈던 것처럼 두려움에 굴복해 절벽 아래로 몸을 던지고 싶어 하는 유혹이 숨어있다는 것을 합리적으로 확신하기 시작했다. 비행기 안에서는 그런 두려움을 느끼지 않지만, 절벽 밑으로 나를 던지려는 충동과 싸우지 않고서는 스스로를 지탱할 수 없었다.

*　　　*　　　*

나는 우편 서기병이자 중대 서기병이기 때문에 최전방에 배치될 염려는 없었다. 나의 임무는 중대와 대대 본부를 오가며 우편물을 수거 및 배포하고, 아침 보고서를 작성하며 중대장이 서명할 서류를 작성하는 일이었다. 가끔은 지뢰가 묻힌 길을 표시하는 주황색 리본 안을 혼자 걷다가 아름답고 울창한 바이에른의 풍경에 매료되곤 했다. 다른 때는 취사병 C, 보급병 K와 함께 보급 트럭에 타기도 했다.

---

33. 에런 버와 알렉산더 해밀턴의 결투는 1804년 7월 11일에 발생한 미국 역사상 초유의 결투사건으로 서로 사이가 좋지 않았던 미국의 두 정치인인 에런 버와 알렉산더 해밀턴 사이에서 벌어진 일대일 대결이다. (역주)

어느 날 트럭이 기갑사단보다 먼저 리하르트 바그너의 저택과 오페라 하우스로 유명한 바이로이트에 도착했을 때가 기억난다. 그때 우리는 탱크가 먼저 진입해 저항군과 싸우는 동안 마을 밖에서 몇 분간 기다려야 했다. 탱크 대포에서 천둥소리가 몇 번 울려 퍼지고 나서야 우리 부대와 트럭이 화려한 문을 통과하여 마을로 들어섰다. 나는 코끼리 조련사처럼, 다리를 꼬고 중대 식량 꾸러미를 높이 든 채 무릎 위에 소총을 올려놓고 앉아 있었다. 아마도 그때 나는 마을에 남아 있는 저격수들의 표적이 되기 쉬웠을 것이다.

나중에 알게 된 사실이지만, E 중대는 히틀러의 출생지로 유명한 군츠키르헨에서 린츠로 이동하고 있었다. 병사들은 걷고 있었고 트럭은 달팽이 속도로 움직이고 있었다. 그런데 나는 취사 트럭의 식량 더미 위 높은 곳에 앉아 있었다.

갑자기 행군이 멈추었다. 알고 보니 헝가리 및 루마니아 유대인 강제 수용소인 군츠키르헨 라거에 도착한 것이었다. 우리보다 먼저 도착한 기갑부대가 막 수용소를 개방했다. 그때야 해골에 가까울 정도로 초라한 상태였던 수용자들이 나와 식량을 구걸하기 시작했다. 우리는 무엇이 그들을 그렇게 만들었는지 알지 못했다. 수용소를 둘러싸고 있는 울타리 꼭대기에서 미소를 지으며 우리에게 손을 흔드는 두 명의 예쁜 소녀에게 몇 명의 군인들이 손을 흔들었다.

중대 취사병은 윌리엄스 이등병이었는데, 나와 같은 트럭을 타고 있었다. 보통 취사병은 병장이지만 윌리엄스 이병은 이런저런 군 규정 위반으로 인해 계급이 여러 번 강등된 적이 있었다. 그는 술에 취하지 않았을 때는 친절했지만 술에 취하면 비열하고 폭력적이었다. 가끔 술에 취해서 우리 발밑 쪽으로 총도 쏘곤 했다. 다친 사람은 아무도 없었지만 달가운 일은 아니었다. 한번은 어느 집을 약탈한 후 바이올린을 손에 들고나와 벽에 대고 부숴 버린 적도 있었다. 나치 수용소에 대한 훨씬 더 잔혹한 소문을 들었을 때도, 나는 윌리엄스의 비이성적 행동이 더 개탄스럽게 느껴졌다. 그 이유는 나도 잘 모르겠다.

그동안 부대는 또다시 이동할 준비를 했다. 우리는 수용소 생존자들의 식량 요청에도 불구하고 무감각하거나 마비된 것처럼 행동했다. 수용자들은 굶주리고 있었고, 우리는 충분한 음식을 먹고 있었다. 우리는 군대 식량이 민간인에게 배급되어서는 안 된다는 사실을 잘 알고 있었고 윌리엄스 이병이 배급 트럭에서 갑자기 튀어나와 자신이 식량의 관리 책임자라며 따지는 상황도 보고 싶지 않았다. 하지만 실제 그는 사람들에게 "이리 와, 뭘 꾸물거려?"라고 소리치며 다시 트럭 짐칸 위로 올라갔다. 포트 베닝의 침투 훈련에서 기관총 사격 아래서 머뭇거리고 있을 때 짐 맥카운이 외쳤던 말이 갑자기 떠올랐다. 그때 윌리엄스 이병은 최대한 많은 식량을 모아 죽음의 수용소에서 뼈만 앙상하게 남은 생존자들에게 던졌다.

그 후 오랫동안 윌리엄스 이병이 왜 그런 행동을 했는지 궁금했다. 내가 생각해 낸 답은 이것이다. 윌리엄스 이병을 포함한 E 중대의 거의 모든 병사들은 농부 출신으로, 땅을 일구며 겨우 생계를 이어가는 데 익숙했다. 하지만 윌리엄스 이병과 호드슨 이병은 사냥꾼 출신으로 독립적인 사고방식을 갖고 있었다. 호드슨은 포로로 잡힌 독일 병사들을 본부로 호송하는 일에 기꺼이 자원하여 부대 내에서 유명했다. 그런데 그가 모든 포로를 후방의 본부 기지까지 호송하지 못했다는 소문이 돌았다. 호드슨은 항상 탈출을 시도하는 독일 병사들을 상대해야 했다고 보고했다. 반면, 윌리엄스 이병은 완전히 사회화되지 않은 사람으로 보였다. 그는 군대 규정을 준수하는 데 어려움이 많았지만, 여전히 인간의 본능적인 감정을 간직하고 있는 사람으로 보였다. 윌리엄스 이병이 수용소 주민들에게 식량을 던지자 곧바로 나도 동참했다. 하지만 더 이상 아무도 동참하지 않았다. 윌리엄스 이병이 먼저 행동하지 않았다면 나역시 다른 사람들처럼 아무것도 하지 않았을지도 모르겠다.

*   *   *

칼 런딘은 E 중대의 건장한 체격의 병사로, 미네소타 출신이었다. 칼은 매우 지적이라서 나는 그와 이야기하는 것을 좋아했다. 그가 손에 부상을 입고 몇 주 동안 사라졌다가 우리 부대로 돌아왔을 때는 이미 전쟁이 끝난 뒤였다. 칼은 나에게 손에 부상당한 것이 너무 좋았다고 말했다. 큰 부상이 아니었고, 극심한 통증도 없었기 때문이다.

병사들은 종종 자신이 경미한 부상을 당해 야전병원으로 이송되어 휴식을 취하는 상상을 하곤 했다. 사실 전투 지역만 아니라면 어디로 보내지는가는 그다지 중요하지 않았다.

킬은 경미한 부상으로 야전병원에 이송되고 싶었다고 말했다. 우리는 부러운 듯 그에게 동의했다. 그는 나에게 깊은 인상을 남겼다. 나는 저격수들의 확실한 표적이 될 수 있는 식량 트럭 위에 앉아 있을 준비가 되어 있었다. 그리고 그 행동은 이전에 내가 소총을 장전하지 않으려 했던 것과 일치했다. 그것은 명령에 따른 행동이 아니라 태만에 의한 일종의 수동적인 자기 파괴였다. 물론 소총을 장전하지 않아 주변 병사들의 안전이 위협받을 수 있었다는 사실에 죄책감이 들긴 했다. 하지만 누군가가 나를 비난했다면, 나는 부인했을지도 모른다. 나는 이미 충분히 죄책감을 느끼고 있었다. 마찬가지로 나는 강제 수용소 피해자들을 가장 먼저 돕지 않았다는 사실에 대해서도 죄책감을 지니고 있었다. 사실 전쟁 경험의 윤리적 측면보다 심미적 측면에 더 민감하게 반응하는 것도 전혀 도움이 되지 않았다.

전쟁의 마지막 몇 주 동안 우리가 만난 독일 민간인들은 대개 잔인하고 악의적인 사람들이 아니라 당황해하고, 온순했다. 물론 군인 연령대의 남성은 거의 없었고 노인, 여성, 어린이만 있었기 때문에 예상했던 일이었다. 그럼에도 불구하고 미군과 민간인 사이에 간혹 충돌이 발생했고, 군 당국에 보고되면 조치가 취해지기도 했다. 나는 어느 날 저녁 미군들이 징발한 주택 중 한 곳에서 청문회가 열린다는 소식을 듣고 깜짝 놀랐다.

일부 병사들이 독일 농부의 아내와 딸을 강간한 혐의로 기소되었던 것이다. 세 명의 독일인은 그곳에서 병사들을 한 명씩 확인하여 고발할 병사들을 찾아내기 위해 기다리고 있었다. 농부는 한

번에 한 명의 병사를 보고 "예ja" 또는 "아니오nein"라고 말할 수 있도록 문 뒤에 숨어 있었다.

내 차례가 되어 다른 출입구에 서 있는데 "이름!"이라고 외치는 우렁찬 목소리가 들렸다. 나는 크게 내 이름을 외치며 대답했고, 다른 병사들도 그렇게 했다. 그러나 농부는 우리의 이름을 요구하지 않았다. 농부는 단지 슈바벤[34] 사투리로 '아니오'라고 말했을 뿐이었다.[35] 결국 가해자들은 신원이 밝혀져 군법회의에 회부되었다. 나는 전시 규약의 신중한 적용에 놀라면서도 골드만 대위가 이 규약을 발의했다는 사실은 그리 놀랍지 않았다.

한번은 중산층 가정이 사는 마을에서 하룻밤 묵게 된 적이 있었다. 한 젊은 여성이 나를 쳐다보며 이야기 좀 할 수 있겠냐고 물었다. 그녀는 자신의 집으로 나를 데려가서, 남편의 액자 사진을 보여주었다. 남편과 내가 너무 닮아서 놀라웠다.

그녀는 몇 년 동안 남편에 대한 소식을 듣지 못했다고 했다. 그녀의 남편은 동부 전선에서 군인으로 복무하고 있다고 했다. 그녀는 나를 바라보고 엄청난 충격을 받은 것 같았다. 갑자기 명령이 바뀌어서 이동해야 하는 상황이 아니었다면, 좀 더 오래 그곳에 머물고 싶었다. 그곳에서 떠나기 전에, 나는 다시 한번 그 사진을 보았다. 나와 닮은 사람을 본다는 것은 좀 묘한 느낌이었다. 결국 그는 매력적인 젊은 아내와 아이들이 있는 집으로 돌아와 지금, 이

---

34. 독일 남부 슈바엔 지역의 사투리. (역주)
35. 독일어 '아니오(nein)'의 발음을 립맨과 동료들이 '이름(name)'으로 착각해서 벌어진 에피소드이다. (역주)

순간, 회고록을 쓰고 있을지도 모른다.

공식적으로 전쟁이 끝나기 몇 주 전부터 독일군에게 포로로 잡혔다가 풀려났거나 포로수용소에서 탈출한 연합군 병사들이 전선을 가로질러 우리 진영에 나타나곤 했다. 영국군과 오스트레일리아군 외에도 나치에 의해 동유럽에서 포로로 잡혀 독일 공장에서 일하다가 탈출한 '노예 노동자들'도 있었다. 때때로 우리는 독일군에서 탈출한 사람들과 같이 모여 앉아서, 함께 기타를 치며 노래를 부르기도 했다.

유럽에서 전쟁이 끝났을 때 우리는 아직 린츠 외곽에 있었다. 우리는 비 오는 몇 주 동안 판업 텐트(간단하게 펼 수 있는 텐트)에서 딱정벌레 가족들과 함께 지내며 마른 땅을 공유할 수 있는 것에 감사해했다. 그다음에는 폭격이 심했던 고대 도시 울름에서 다뉴브강 건너편으로 이동했다. 그곳에 있는 노이 울름의 독일군 막사로 이동하기 위해서였다.

우리는 전쟁이 어떻게 마무리되고 있는지에 관해 전혀 알 수 없었다. 전투가 멈췄을 때도 생활환경은 크게 나아지지 않았다. 심지어 소문조차도 우리 사이에서 어렵게 퍼졌다. 예를 들어, 스탈린 정부가 독일군에게 붙잡힌 러시아인을 러시아로 데려오기 위해 대규모 추방 명령[36]을 내린 사실도 우리는 몰랐다. 1~2년 전에는 독일군으로부터 포로를 구할 힘이 없었다. 하지만 이제는 연합국 정

---

36. 스탈린의 대이주정책(the huge deportation)은 고려인, 유대인을 포함한 소수 민족 등 다양한 사람들을 강제로 수용소에 보내거나 이주시켰으며 이는 대표적인 소련의 인권침해 사례로 언급되고 있다. 소련은 독일군에 포로로 잡혔던 자국민들도 시베리아 등지로 추방했다. (역주)

부가 포로들을 러시아에 넘기는 것을 막을 수 없었다.

내 기억으로 전쟁이 끝난 지 몇 주 후, 우리 부대는 레겐스부르크 근처 다뉴브강 평야의 어느 장소로 기차를 타고 이동했다. 우리는 유대인이나 다른 소수 민족을 강제 수용소로 데려가거나 독일 병사들이 동부 전선과 서부 전선을 오가는 데 사용했던 "40옴므 오 8쉐보40hommes ou 8chevaux"[37]라는 문구가 새겨진 좁은 박스카에 타고 있었다.

우리는 춥고 바람이 부는 평원에서 하룻밤을 지낸 후 새벽이 밝아오자 러시아 노동자들이 모여 있는 곳으로 행군했다. 그들은 군대에서 탈출하여 고국으로 돌아갈 준비를 해야 한다고 했다. 노동자들의 숙소에 들어섰을 때 우리는 그들의 온화함과 평화로운 분위기에 놀랐다. 그들은 자신들이 러시아로 압송되어 총살당하거나 시베리아로 추방당할 수도 있다는 사실을 알고 있다고 말했다.

우리는 이곳에서 유리창이 깨지거나 자살 시도가 잇따를 것이라고 추측하며 들어왔지만, 오히려 사람들은 온순하고 유머러스했다. 나는 아버지가 가르쳐 주신 러시아어 몇 마디밖에 몰랐지만, 작은 나무 상자를 가리키며 "스코프치크skopchik?"라고 말했다. 이 말에 그들은 큰 소리로 웃으며 언어적 소통을 위한 지점을 찾은 것에 기뻐했다. 한편으로 우리는 간단한 독일어만으로도 그럭저럭 잘 지냈다. 하지만 그들의 예측은 옳았고, 그들 중 상당수는 시베

---

37. 40명 혹은 말 8마리라는 뜻. 미군들은 프랑스산인 이 박스카로 수송되었는데, 평균 박스카 크기의 절반밖에 되지 않은 불편한 교통수단이었다. 전후 참전 미군들에게 전쟁의 의미(단결, 봉사, 공포, 희생)를 나타내는 상징이 되었다. (역주)

리아로 추방되거나 처형당했다.

우리는 여전히 강제 수용소에 대한 신뢰할 만한 정보를 얻지 못했으며 히로시마와 나가사키에 대한 폭격도 아직 일어나지 않은 상태였다. 우리는 독일인과 어울리지 말라는 경고를 들었지만, 그들은 악의가 없어 보였고 우리를 상당히 존중해 주는 것 같았다. 그래서 나는 울름을 밤낮으로 혼자 돌아다니는 것을 주저하지 않았다. 나중에야 미군이 곳곳에 붙인 포스터가 등장하기 시작했는데, 여기에는 강제 수용소 희생자들의 끔찍한 사진과 함께 독일어로 "당신의 잘못입니다!"라는 문구가 적혀 있었다. 그때만 해도 나는 강제 수용소에서 벌어진 비극의 깊이를 제대로 이해하지 못했다. 함께 있던 다른 미국인들도 마찬가지였다.

1945년 5월 유럽에서 제2차 세계대전이 끝났다. 노이 울름에서의 평온한 몇 주가 지나자 육군은 유럽에 미국 대학교를 2개 설립한다고 발표했다. 하나는 프랑스 비아리츠에, 다른 하나는 런던에서 약 60마일 떨어진 공장 도시 스윈던 근처의 작은 마을인 영국 슈리브넘에 설립할 계획이었다. 각 학교에는 미국인 교수들로만 구성된 저명한 교수진이 있었다. 이들은 아직 미국으로 돌아가는 절차를 밟지 않은 병사들에게 학문을 가르치기 위해 비행기를 타고 건너왔다. 나는 슈리브넘에 가기로 했고, 그곳에서 행복한 두 학기를 보냈다.

*　　　*　　　*

슈리븐햄은 초가집 몇 채와 개울이 흐르는 숲이 우거진 작은 마을이었다. 백조 몇 마리가 가끔 멈춰 서서 목을 꼬거나 커다란 날개를 웅장하게 펴고 다가오는 방문객을 위협하곤 했다.

슈리븐햄에 도착하기 전, 그곳의 학술 프로그램이 미 육군의 새로운 인종 통합 정책과 관련되어 있다는 소식을 들었다. 몇몇 군부대에서는 전쟁 기간 내내 백인과 흑인이 서로 분리되어 있었다. 이제 마침내 그 비극을 끝낼 수 있게 되었다. 영국에 있는 미국 대학교의 인종 구성은 엄격한 평등 정책에 의해 결정되었다. 그곳에서 나는 흑인과 백인이 그 어떠한 차별도 없이 캠퍼스를 돌아다니는 것을 볼 수 있었다.

나는 다른 기숙사를 방문했는데, 놀랍게도 모든 병사가 백인이었던 내 기숙사와는 달리 그곳에는 흑인이 있었다. 결국, 완전한 통합이 이루어진 게 아니라 분리하되 평등하게 대우하고자 노력한 것이었다. 그저 흑인과 백인을 분리하는 부대가 줄어든 것뿐이었다.

며칠 동안은 흑인 병사들만 아침 기상 시간에 맞춰 점호에 참석했다. 그 후 그들은 규정이 유명무실하다는 것을 깨닫고, 다른 사람들과 마찬가지로 점호시간에 늦게 참석했다. 1~2일 전의 자신감 넘치던 표정이 사라지고 실망하고 상처받은 표정을 보니, 그들이 다시 한번 예전의 아픔을 떠올렸다는 걸 알 수 있었다. 나는 그들이 스스로 자존감에 심각한 상처를 주고, 백인들에게 거짓된 자존감을 형성하게 하는 사회 구조와 타협하지 않기를 바랐다.

이러한 기억은 전쟁의 영웅도 배신자도 아닌 사람들의 이야기였기 때문에 더욱 인상적이다. 나는 다른 많은 군인처럼 영웅이 아니었다. 다른 부대원들이 피를 흘리는 동안 위험의 한가운데에 있지 않았고 진짜 전투가 벌어지는 곳에도 있지 않았다.

포격이 떨어지더라도 바로 옆이 아니라 약간 가까운 곳이었다. 나는 총탄을 보면서 독립기념일 불꽃놀이를 떠올렸다. 나는 나 자신이 남북전쟁 당시 마크 트웨인의 삼촌과 비슷하다고 생각했다. "부대 바로 뒤에서 노래를 부르고 부대 앞에서 소리를 지르며 나왔던" 바로 그 사람 말이다. 실제로 제2차 세계대전이 발발하기 전에 수십 번이나 읽었던 마크 트웨인의 기분 나쁜 유머가 군인으로서 나의 태도를 형성한 것 같았다. 마크 트웨인에게는 소름 끼치면서도 유머러스한 어떤 초현실주의가 존재했다. 내가 평생을 겪어온 잔인함과 폭력에 대한 공포와 그런 태도 사이에 어떤 연관성이 있다고 해도 놀라운 일은 아니다. 스탠퍼드 대학교에서 의사가 될 기회를 거절했을 때와 마찬가지로, 내가 나에게 부족하다고 느꼈던 것은 바로 육체적 고통을 직접적으로 다루는 능력이었다. 영웅이 되려면, 심지어 평범한 보병이라도 되려면 지금의 나보다 더 엄격한 사람으로 자랐어야 했다.

슈리븐햄의 미국 대학교에서 보낸 두 학기 동안, 나는 런던으로 나가 박물관과 극장에서 최대한 많은 시간을 보냈을 뿐만 아니라 영국 시골에도 가보려고 노력했다. 나는 스톤헨지에도 가고 솔즈베리의 석회암 산에 새겨진 달리는 거대한 말도 보았다. 그리고 영국인들의 아름다운 영어 표현에 대해서도 알게 되어 기뻤다.

나는 런던의 작은 서점에서 스피노자의 『윤리학』을 발견했다. 그 책을 읽는 것은 너무 괴로웠다. 하지만 고군분투하며 마침내 그 책을 다 읽었을 때는 마치 큰 산의 정상에 올라 사방으로 펼쳐진 시골 풍경을 내려다보는 기분이었다. 철학의 순수한 지적인 힘, 이 경우에는 이해의 힘이라는 것을 처음 경험한 순간이었다. 스피노자의 '윤리학'은 단지 사색적인 것이 아니라, 가장 흥미롭고 선구적인 철학이었다.

나는 대학교에서 로렌스 컬리지의 영문학과 교수와 오리건 대학교의 학장으로부터 시와 음악에 대한 강의를 들었다. 그 강좌들은 정말 즐거웠다. 하지만 헨델 교수와 차노프 교수의 철학 강의가 내 적성에 더 맞는다고 느꼈다. 내가 기억하는 두 사람의 가장 선명한 이미지는 캠퍼스 산책로를 한가로이 함께 걸으며 깊은 대화를 나누는 모습이다. 나는 그러한 모습을 나중에 고전적인 건축물에서 플라톤과 아리스토텔레스가 계단을 내려오는 모습을 묘사한 라파엘로의 위대한 작품[38]과 연관 지었다. 나는 두 교수님의 가르침을 흡수하면서 깨달았다. 철학을 읽을 수 있다면 철학을 쓸 수 있고, 들을 수 있다면 철학에 대해 이야기할 수 있다는 것을 말이다. 헨델 교수와 차노프 교수는 내가 바라는 롤모델을 보여준 사람들이었다.

사실 나는 철학이 무엇인지에 대한 명확한 개념이 없었다. 그런 점에서 나는 내 경험에 대해서도 명확한 개념을 가지고 있지 않았다. 그것은 단지 아이디어였을 뿐, 경험은 아니었을지도 모른다. 듀이를 읽고 또 읽으면서 경험이라는 용어를 좋아하게 되었지

---

38. 라파엘로 산치오의 〈아테네 학당〉, 1509~1511년, 바티칸 소장. (역주)

만, 그 이유는 확실하지 않았다. 나는 초보자였고, 아직 미성숙한 입문자였기에, 듀이의 경험철학이 내 상황에서 나와 다른 사람에게 정확히 어떻게 적용될 수 있을지 몰랐다. 우리는 이제 막 세상을 발견하고, 경험에 깊이를 더할 수 있도록 점점 많은 것들을 알기 원했을 뿐이다.

내가 알고 있었던 점은 슈리벤헴에서 만난 연극, 콘서트, 박물관, 강좌, 그리고 우정이 나에게 일종의 풍요로움을 가져다주었다는 것이다. 이것은 내가 그토록 얻고자 노력했던 풍부한 경험이었다. 그리고 이러한 경험을 쌓는 것보다 더 매력적인 것은 내가 발견한 것에 대해 글을 쓴다는 생각이었다.

핸델 교수가 흄 전공이라는 사실을 알게 되었을 때, 흄이 그랬던 것처럼 내 사고의 기초를 구체적 경험에 두라는 토마스 교수의 조언이 자연스럽게 떠올랐다. 그다음 주말 나는 흄의 생가를 방문하기로 결심하고 런던에서 에든버러로 가는 기차를 탔다. 나는 날이 어두워진 후에야 에든버러 터미널에 도착했다. 나는 프린세스 거리에 있는 한 호텔에서 잠을 잤다. 다음 날 아침, 창문 너머로 밖을 보니 안개 외에 아무것도 보이지 않았다. 그러다 하늘을 올려다보았는데 소용돌이치는 안개 위로 에든버러성이 높이 떠 있었다. 그것은 경이로운 광경이었다. 동시에 그것은 나의 전망을 확인하고 검증하는 사건 같았다. 마치 철학이 스스로 세상의 혼탁함 위로 화려하게 떠오르는 것을 본 것처럼 말이다.

슈리브햄에서 두 학기를 마친 후 나는 어쩔 수 없이 독일의 노이 울름으로 돌아가야만 했다. 그곳에서 나는 미국으로 돌아갈 날을 기다렸다. 학업을 끝내는 것에 대해서는 열정이 없었다. 단지 유럽을 떠나는 것이 슬펐을 뿐이었다. 현실로 돌아가는 것이 망설여졌다. 그런데 놀랍게도 경로, 이동 시간, 도착 날짜에 대한 명시가 전혀 없는 여행 서류가 제공되었다. 그래서 일정 변경이 수월했다.

슈리븐햄을 떠났을 때 나는 파리에서 2주 동안 버틸 수 있을 정도의 돈을 가지고 있었다. 그리고 나는 혼자였다. 파리? 그렇다. 2주간 파리에서 혼자 지냈다. 파리에 도착한 후 기차역에서 미국위문협회와 호텔에 대해 상담했고, 얼마 지나지 않아 멋지고 오래된 호텔 레퀴블리크에 묵게 되었다. 그날은 크리스마스이브였다. 당장 무엇을 해야 할지 떠오르지 않았다. 그래서 호텔 로비부터 둘러보기 시작했다. 그곳에서는 2명의 할머니가 각각 둥글게 서서 미군들과 이야기를 나누고 있었다. 나는 지브롤터Gibraltar[39]에서 만들어진 시저의 흉상처럼 흰머리와 바위 같은 이목구비를 가진 여성에게 다가갔다. 누군가가 나에게 속삭이듯 그녀가 거트루드 스타인[40]이라고 말해주었다. 어렴풋이 알고 있는 인물이었다. 그녀는 거친 목소리로 "미군 병사는 인간성을 잃었습니다"라고 반복해서 큰 소리로 말했다.

이는 가끔씩 나를 괴롭히던 생각이었다. 하지만 지금의 나는 마치 내가 비인간적이라는 비난을 받는 것처럼 방어적인 태도

---

39. 지중해의 대서양 방향으로, 이베리아반도 남부에 있는 영국의 해외 영토이며 석회암 바위산이 지브롤터 면적의 절반 이상을 차지한다. (역주)
40. 거트루드 스타인(Gertrude Stein, 1874~1946)은 미국의 작가·시인이다. 파리로 건너간 후 그녀의 동생과 함께 파블로 피카소를 비롯한 많은 화가를 후원한 것으로 유명하다. (역주)

를 취하고 있었다. "자기가 뭘 안다는 거야?" 나는 자리를 옮기면서 혼잣말을 중얼거렸다. 하지만 만약 그녀가 윌리엄 제임스[41] 밑에서 철학을 공부했다는 사실을 알았다면 대화를 시도해 보았을지도 모른다.

다른 여성은 스타인의 동반자 앨리스 B. 토클라스[42]였다. 콧수염이 난 외모에 약간 당황했던 건 인정하지만, 그녀의 눈빛은 친절했고 목소리는 따뜻했다. 그녀는 미국 문화에 대한 향수가 있었다. 그래서 나에게 미국의 문화생활에 대해 많은 질문을 던졌다. 하지만 나는 아는 게 별로 없었다. 바보가 된 기분이었다. 그러다 토클라스가 나에게 스티븐 스펜더에 대해 물어보았다. 그것은 내가 아는 이름이었다. 왜냐하면 스펜더의 기관차에 관한 시가 담긴 시 선집(언터마이어Untermeyer가 편집한 시집)을 배낭에 넣고 다녔기 때문이다. 잠시나마 그녀와 대화를 나눌 수 있어서 기뻤다.

그날은 1945년 크리스마스였고, 거트루드 스타인은 이듬해 사망했다. 그날 저녁에는 거트루드 스타인의 거칠고 날카로운 발언과 앨리스 B. 토클라스의 다정한 대화가 각각 나름의 도전이자 초대였다는 사실을 미처 깨닫지 못했다. 거트루드 스타인은 그녀가 왜 미국 병사는 인간성을 잃어버렸다고 했는지 그 이유에 대해 생각해 보게 했다. 그러지 않아 왔었기에 나는 그녀만큼이나 괴로워하

---

41. 윌리엄 제임스(William James, 1842~1910)는 미국의 철학자, 심리학자이다. 프래그머티즘 철학의 확립에 공이 있다고 알려져 있으며 존 듀이에게 많은 영향을 주었다. (역주)
42. 앨리스 B. 토클라스(1977~1967)는 미국 출신의 파리에서 활동한 작가로 같은 미국인 여성 작가인 거트루드 스타인의 평생 동반자였다. (역주)

고 있었다. 소크라테스가 "성찰하지 않는 삶은 살 가치가 없다"라고 말한 것처럼, 이것은 나의 삶을 정당화하라는 초대였다. 그리고 이것은 지난 세기 동안 현대적이라는 것이 무엇을 의미하는지에 대한 논쟁에서 중요한 역할을 해온 인물의 초청이었다.

몇 년 후, 나는 거트루드 스타인의 동생인 레오가 쓴 『자아로의 여정Journey into the Self』이라는 책을 우연히 발견하였다. 피카소와 헤밍웨이가 파리에서 활동하던 초창기 시절과 자신의 그림 취향이 누나보다 우월하다는 이야기를 담은 준準자서전 같은 좋은 책이었다. 그 책에는 엄밀히 말해 도덕적인 내용은 거의 없었고, 대부분 예술과 심리학에 대한 성찰이 담겨 있었다. 그러다가 그의 다른 저서인 『미학의 ABCThe ABC of Aesthetics』을 읽었다. 그 책을 읽고 느낀 즐거움은 당시 내가 철학의 한 분야인 미학을 가장 좋아하게 되는 데 많은 영향을 주었다.

레오 스타인이 했던 말 중 가장 기억에 남는 말이 있다. 예술이 우리에게 중요한 이유를 설명할 수는 없지만, 그래도 우리는 할 수 있는 한 최선을 다해 예술의 가치를 지향하는 삶을 살아야 한다는 말이다. 실존주의적인 이 한 문장에 그의 윤리는 말할 것도 없고, 그의 미학 전체가 압축되어 있는 것 같았다.

아마도 군츠키르헨 라거에서 일어난 일에 대한 거트루드 스타인의 반응을 보는 것은 흥미로웠을 것이다. 아마 그 반응은 미군에 대한 그녀의 논쟁적인 선언을 더욱 강화시켰을 것이다. 또한, 그것은 내가 그녀의 생각에 반대하는 모든 근거를 약화시켰을 것이다. 하지만 가끔씩 그 말을 떠올리면 한 가지 이상한 생각이 들었다.

그렇다. 전쟁에서 누군가는 의기소침해지고, 누군가는 어떤 의미에서 인간성을 잃었다고 말할 수 있을 것이다. 하지만 결국 로봇에게는 도덕적 책임이 없다. 그때 군인들은 로봇처럼 명령받은 대로만 행동했다. 하지만 적어도 내 경우에는 도덕적 반응은 약해졌을지 몰라도 미적 반응은 이상하게도 강화된 것 같았다. 슈바벤 풍경에 대한 기쁨, 바이올린의 무의미한 파괴에 대한 충격, 지난 6개월 동안 영국에서 주말마다 런던에서 열리는 모든 연극, 콘서트, 미술 전시회 및 기타 미적 감상을 위한 공연을 가능한 한 보려고 했던 열망이 있었기 때문이었다. 전쟁 경험이 없었다면 이런 갑작스러운 자아 정체성의 변화는 상상할 수 없었을 것이다.

그 변화를 잘 보여주는 한 가지 사건이 기억에 남는다. 어느 날 주홍색 리본으로 표시된 지뢰밭을 지나고 있을 때, 두 명의 독일군과 그 옆에 거치된 총을 보았다. 그들의 군복은 녹색이었고, 총도 마찬가지였다. 그것은 환각에 가까울 만큼 믿기 힘든 현실이었다. 잠깐이지만 나는 그들이 이미 죽었고 단지 쓰러지지 않은 것이라고 생각했다. 그러다 제1차 세계대전 기념비를 떠올리며 이것은 전투에서 벌어진 섬뜩한 일의 흔적이라기보다는 그저 기념비일 뿐이라는 생각이 들었다.

어떤 것인지 알아내지는 못했지만, 내가 그 독일군들을 루빈[43]의 그림처럼 모호하게 보았다는 사실만으로도 도덕적 감각이 확실

---

43. 레우벤 루빈(Reuven Rubin, 1893~1974)은 루마니아 태생의 이스라엘 화가로 얼굴에서 눈, 코, 입 등을 지워내거나 신체 일부를 언뜻 드러내는 방식으로 강한 잔상을 남기는 작품들을 남겼다. (역주)

히 무뎌졌다고 확신하기에 충분했다. 소총을 장전하기 싫어하고 트럭에서 노출이 덜 되는 자세는 취하고 싶지 않은 것과 같은 소심한 행동은 아마도 나의 깊숙한 곳에서 일어나는 변화의 증상일지도 모른다고 생각했다.

어떤 참전 군인에게는 자신이 경험한 전쟁이 일종의 고립감을 주기도 하고, 다른 기억으로 인해 전쟁과 멀어지게 만들기도 했다. 전쟁에 참전한 기간은 마치 다른 사람의 인생처럼 느껴지기 때문에 많은 군인이 자신의 삶에 관해 이야기하는 것을 꺼렸다.

또 다른 참전 군인들에게는 전쟁 경험이 인생의 결정적인 순간이 되기도 한다. 자신 앞에 놓인 모든 현실을 필연적으로 비교해야 하는 것은 전쟁 경험 때문이다. 전쟁은 참전 군인들에게 현실의 기준이 되기도 하였고 궁극적인 비현실의 기준이 되기도 했다. 그 현실성은 다른 모든 현실성을 대체했고, 그 비현실성은 다른 모든 비현실성을 대체했다.

이는 참전 군인들이 오직 하나의 경험만 가지고 있을 것이라는 가능성과는 거리가 멀다. 지금처럼 아무것도 믿을 수 없다고 여기는 회의론자들도 있었고, 꿈 그 자체를 포함하여 모든 것이 다 꿈이라고 생각하는 사람들도 있었다. 또한, 현실을 강렬함의 문제로 생각하는 사람들도 있었다. 그들에게 현실은 공포, 테러, 슬픔, 그리고 다른 극단적 경험을 불러일으키는 것이었다. 나는 이러한 생각들에서 뭔가 잘못된 점이 있는 것 같았다. "현실이란 무엇인가?"라는 질문에 대한 대안적인 대답을 찾을 수밖에 없었다. 그 대답은 "모든 것이 다 현실이다"였다.

　　　　　　*　　　　*　　　　*

　　영국 슈리븐햄에서의 두 학기를 마치고 파리에서 즐거운 2주를 보냈다. 그리고 나는 독일 노이 울름에 자리 잡은 군부대로 돌아왔다. 병사들은 이미 미국으로 돌아가서 제대를 기다리고 있었다. 나는 거의 매일 다뉴브강 다리를 건너 울름의 구시가지로 가곤 했다. 그 도시의 전체적인 풍경과 건축물, 그리고 무엇보다도 울름 대성당에 매료되었다.

　　울름 대성당은 세계에서 가장 높은 고딕 양식의 대성당이자 하나의 탑으로 유명한 곳이다. 전쟁 동안 울름은 폭격으로 인해 황폐해졌다. 본당 지붕 위로 폭탄이 떨어졌지만, 대성당의 대부분은 다행히 무사했다. 중간 정도까지 올라간 다음 나선형 계단을 이용하면 워싱턴 기념탑 높이 정도의 정상에 도착할 수 있었다.

　　두 번은 절반까지만 올라갔지만, 마지막에는 첨탑 끝에 있는 작은 까마귀 둥지까지 올라가 보기로 결심했다. 그곳에서 사방으로 펼쳐진 황폐한 도시를 내려다보고 싶었기 때문이다. 계단은 중앙 기둥을 중심으로 점점 더 촘촘하게 나선형을 그렸다. 올라갈수록 창문들의 간격이 점점 좁아졌다.

　　마침내 정상에 도착한 나는 다른 방문객들이 내려올 수 있도록 몇 번이나 옆으로 물러서야 했다. 때때로 깨지기 쉬운 창문 쪽으로 밀려나서 위험을 느끼기도 했다. 맨 꼭대기에는 작은 까마귀 둥지가 있었는데, 그 위에 미군 병사가 도시를 등진 채로 무심하게 앉아 있었다.

온몸에 통증이 느껴졌다. 캘리포니아에서 절벽을 올라야 했던 날들이 떠올랐다. 또한 슈파이어에서 보았던 황새의 모습도 떠올랐다. 내려올 때는 계단 하나하나가 너무 닳아서 계단 끝을 밟고 겨우 내려올 수 있었다. 나는 또다시 밑으로 뛰어내리고 싶은 충동이 들었다. 세월이 흐르면서 고소공포증은 더 심해져 갔다. 난간 밖으로 나를 던지려는 충동이나 힘에 압도당할까 봐 나는 더 이상 극장 발코니에도 앉을 수 없게 되었다.

이러한 경험과 스피노자를 읽는 경험은 얼마나 다른가! 만약 종교 건축을 가르치는 교사가 되기를 열망하는 사람이라면 스피노자적인 경험에서 명심해야 할 중요한 점이 있는 것 같다. 단순히 학생들의 머릿속을 지식으로 채우는 것만으로는 건축 교육의 목표를 달성할 수 없다. 대신 교사는 장엄한 대성당이나 그 아래 펼쳐진 황폐한 도시를 보며 느끼는 경외감에 대해 학생들과 이야기할 수 있어야 한다.

어느 날 연합군 폭격기의 손길이 거의 닿지 않은 몇 안 되는 아파트 중 한 곳을 지나가던 중 한 아파트에서 클래식 피아노 음악 소리를 들었다. 나는 그 음악을 듣기 위해 멈추었다. 그리고 몇 분 후에 건물 안으로 들어가던 한 젊은 여성이 나를 그녀의 집에 초대해 주었다.

그녀의 가족은 어머니와 2명의 여동생이었다. 그녀의 성은 발렛이었는데, 독일에서 흔치 않은 성이었다. 한 명은 나보다 몇 살 위인 사밀다였고, 다른 한 명은 사랑스러운 이름인 이솔데였는데 나보다는 몇 살 아래인 것 같았다. 첫째 크리스는 33살쯤 되어 보였다. 그녀는 금발이었고, 세월과 경험의 흔적이 얼굴에 희미하게 보이기 시작했다.

그 후 매주 나는 노이 울름의 군대 내 매점에서 담배와 여러 가지 선물을 사 들고 그 집을 방문했다. 그곳에서 작은 실내악 콘서트가 열리면, 함께 둘러앉아 이야기를 나누곤 했다. 그들은 모두 유창하게 영어를 사용했다.

이때는 나치즘의 끔찍한 실상이 막 알려지기 시작하던 시기였다. 나는 아직 내가 특정한 개인에 대해 판단을 내릴 수 있는 위치가 아니라고 생각했다. 나는 그 집으로 두 명의 친구를 데려갔다. 그들은 잘생긴 친구들이었다. 그들이 결혼했다는 것은 언급하지 않았지만, 그들이 나보다 나이가 많다는 사실은 발렛 가족에게 알려주었다. 그때 나는 그 자리에서 앨리스 B. 토클라스가 예술과 문명에 대해 이야기를 해줬으면 좋겠다고 생각했다. 그리고 거트루드 스타인이라면 이 모든 상황에 대해 어떻게 생각했을지 궁금했다.

발렛 여사는 자신의 딸들이 미국 군인과 결혼하여 미국으로 이주할 수 있을 거라는 희망을 품고 있었다. 그녀는 그런 의도를 서서히 내비치기 시작했다. 그러나 그녀의 바람은 쉽게 이루어질 것 같지 않았다. 두 병사는 로맨틱한 관계를 원하지 않았고, 나 역시 마찬가지였다. 사밀다와는 대화가 잘 통했지만, 그 이상은 아니었다. 그녀의 다소 평범한 외모는 이솔데의 화려함에 비할 바가 아니었다.

다른 곳에 있을 때는 이솔데와 연락을 주고받았지만, 아파트를 방문했을 때는 사밀다와 늘 활발한 대화를 나누었다. 다른 가족들은 나중에 각자의 방으로 들어갔다. 거실에 남은 나와 이솔데는 별로 할 얘기가 없었다. 자기 방으로 들어가는 사밀다의 눈에는 상처받은 표정이 역력했다. 세 명의 젊은 여성은 손토펜으로 스키를 타러 가자고 우리들을 초대했다. 하지만 우리는 관계가 더 진전되는 것이 두려워 초대를 거절했다. 그렇게 관계는 끝이 났다.

결국 제14보병연대가 미국으로 돌아갈 차례가 되었다. 당시까지도 나는 제14보병연대 E 중대의 서기였다. 매일 나는 군의 오랜 전통인 아침 보고서를 작성하는 신성한 의무를 다했다. 며칠에 한 번씩 10여 명의 병사들이 중대에서 빠져나가곤 했다. 그런데 어느날 나는 충격적인 사실을 발견했다. 나의 아침 보고서에는 육군의 수치보다 더 많은 병사가 E 중대에 있는 것으로 표기되어 있었기 때문이다. 그것은 마치 은행에서 보고한 수치와 일치하지 않는 수표책과 같았다. 매일 총인원은 줄어들었다. 내 보고서에 따르면 우리 중대에는 아직 8명의 병사가 더 남아 있어야 했다(실제로는 남아있지 않았지만 말이다). 그런데도 육군이 E 중대에 남아 있다고 생각한 마지막 병사를 내보낸다면 어떻게 될까?

마침내 사악하고 우스꽝스러운 한 생각이 나를 사로잡았다. 나는 아무렇지도 않은 듯 마지막 8명의 병사들이 떠났다고 보고했다. 그래서 나는 무작위로 선정된 일련번호를 가진 8명의 이름을 지어냈고, 마지막 날, 즉 내가 출국하는 날에 가상의 병사들을 출국시켰다. 이런 나의 장난기는 앨리스 B 토클라스를 즐겁게 했을 것이다. 하지만 거트루드 스타인은 내 행동을 "미군이 그의 인간성을 잃었다"라는 주장에 대한 추가 근거로 내세웠을지도 모른다. 마크 트웨인은 스타인이 아닌 토클라스와 나의 편이지 않았을까? 전쟁을 장난처럼 이야기해도 될까? 만약 내가 지란의 전쟁 참전에 관련된 일부 정보를 파기했다는 것을 알게 되면, 지란의 어머니는 어떤 기분일까? 나는 때때로 군대에서 이 병사들을 잘 감시하고 있을지 궁금했다. 갑자기 사라진 병사들은 결국 '행방불명'으로 분류되어 어디에서도 찾을 수 없을지도 모른다. 모든 중대 서기가 나처럼 보고서를 위조한다면 육군은 어떤 모습일까?

마침내 나는 프랑스와 독일 전투에 참전한 공로로 상사 계급장과 동훈장 2개, 명사수 훈장, '모범 병사' 리본을 달고 제대했다(내 형제들도 제대하여 무사히 집으로 돌아왔다). 이 훈장들은 내가 보관해 두었는데 그 뒤로 다시 찾지는 못했다. 가장 좋았던 점은 1944년 제정된 모병권리장전에 따라 4년간의 학부 및 대학원 교육과 월 60달러의 봉급을 받을 수 있는 자격이 주어졌다는 점이다. 내가 박사 학위를 취득할 때까지 계속 공부할 수 있을까? 나는 도전해 보기로 결심했다.

군대에 들어온 지 3년이 지나서야 나는 다시 미국으로 향했다. 나는 가족이 보고 싶었고, 다시 내 삶으로 돌아가고 싶었다. 배가 뉴욕 항구에 입항하여 브루클린을 감싸고 있는 벨트 파크웨이를 따라 황금빛 나트륨 증기 조명이 우아하게 줄지어 있는 모습을 볼 수 있게 되자 향수가 더욱 짙어졌다.

4.

컬럼비아의 새내기 철학자

제대 후 미국으로 돌아온 나는 다른 많은 제대 군인들이 그랬던 것처럼 곧바로 대학에 지원서를 보내기 시작했다. 내가 지원서를 냈던 대학들은 내 성적표나 우드바인에서 고등학교를 졸업한지 7년이나 지났다는 사실을 크게 반기지 않았다. 많은 대학에서 낙방했지만, 최종적으로 컬럼비아 대학교는 나를 받아주었다. 컬럼비아 대학교는 내가 가장 먼저 선택한 대학교였다. 그렇기에 나에게는 너무나 만족스러운 결과였다. 컬럼비아 대학교는 주로 전역한 군인들을 위해 새로운 학부를 만들었다. 이후 이 학부는 '일반학부B.S. in Gereral Studies'에서 학사학위를 제공하는 일반대학이 되었다. 나는 1946년 가을에 등록했다.

컬럼비아 대학교의 첫인상은 모든 것이 원만하고 순조롭게 흘러가고 있다는 느낌이었다. 학생들이 제대로 학업을 수행하고 있다는 느낌을 받았다. 대학교가 결코 유토피아는 아니었기에 사회, 정치적으로 시달렸지만, 진정으로 배움에 집중할 수 있는 차분하고 명료한 분위기가 있었다. 대학은 질문하고, 고민하고, 탐구하고, 노력하도록 장려하는 곳이었다. 뉴욕시와 마찬가지로, 컬럼비아 대학교는 내가 최선을 다하도록 도와주었다. 학업 과정은 모든 과외 활동과 마찬가지로 모두 높은 수준으로 진행되었다.

나는 일반대학의 학생이었기 때문에, 학문의 다양한 영역을 넘나들면서 많은 강의를 들어야 했다. 그중에는 내가 기대했던 심리학 입문도 포함되어 있었다. 하지만 수업 첫날, 강의실에 앉았을 때 교수님의 실험적인 접근 방식이 마음에 들지 않았다. 그래서 나는 그날 오후 늦게 학과 사무실에 가서 다른 강의에 등록했다가 며칠 후 다시 다른 강의로 바꿨고, 며칠이 더 지난 후 또 다른 강의로 바꿨다. 새로운 교수의 강의를 듣기 위해 강의실에 앉을 때마다 그가 이전 교수와 동일한 실험적 접근 방식을 사용하고 있다는 사실에 실망했다. 그런데 알고 보니 내가 심리학에 대한 이해가 부족했던 것이었다. 그러다가 강의 변경 유예 기간이 만료되었다. 나는 다른 교수들보다 조금 더 흥미로운 다섯 번째 심리학 강사를 찾았다. 실험적인 접근을 싫어하는 나의 성향은 철학이 나에게 가장 적절하다는 것을 보여주는 하나의 신호였다.

심리학의 실험적인 측면을 싫어했지만, 심리학 이론에 대해서는 흥미를 느꼈다. 시간이 날 때마다 컬럼비아 대학교의 메인 캠퍼스와 교육대학원에 있는 훌륭한 심리학 도서관에 가서 책을 마음껏 찾아보곤 했다. 우선 나는 프로이트적 수정주의Freudian revisionism, 특히 프롬, 설리반, 호니, 프롬-라이히만 등에 관심이 많았다. 그러던 중 컬럼비아 대학교의 미술사학자인 마이어 샤피로가 가르치는 미술 강의를 듣기 시작했다. 그의 강의에는 퀼러,

코프카, 아른하임 등 게슈탈트 심리학에 대한 언급이 가득하다는 것을 알게 되었다. 심리학 도서관에서 기간이 지난 〈정신의학 Psychiatry〉 잡지도 정독할 수 있었는데, 그곳에서 비고츠키[44]를 발견했다. 비고츠키의 연구는 철학, 심리학, 언어, 사회학 및 기타 여러 학문 분야를 통합했다는 섬에서 매우 흥미로웠다.

듀이의 초기 저작은 철학뿐만 아니라 심리학에도 기여한 바가 많았기에 듀이를 읽으면서 심리학에도 관심을 갖게 되었다. 나의 주요 관심사는 듀이가 다른 실용주의자pragmatist들과 마찬가지로 문제 해결에 대한 자신의 생각을 명쾌하게 설명한 그의 영향력 있는 저서인 『우리는 어떻게 생각하는가How We Think』였다. 나는 듀이로부터 사고력 향상을 위한 교육은 적어도 철학과 심리학 둘 다와 관련이 있다는 것을 배웠다. 이는 내가 듀이에게 끌린 여러 이유 중 하나였다. 듀이가 이해한 대로 교육을 사고력 교육으로 이해한다면 철학과 심리학에 대한 새로운 이해는 현대 이론과 실천에 필수 불가결 요소일 것이다.

이 시절은 내가 나중에 교육 분야로 진출하기 위한 토대를 마련하기 시작한 시기로 훗날 사고력 향상을 위한 교육 혁신에 이바지하는 데 매우 중요한 역할을 했다. 하지만 당시에는 그 가능성을 아주 희미하게만 볼 수 있었다. 교육 혁신을 위한 구성 요소가 무엇이어야 하고 어떻게 조합될 수 있는지 감을 잡는 데까지는 20년

---

44. 레프 비고츠키(Lev Semenovich Vygotsky, 1896~1934)는 구소련의 인지심리학자로 아동 발달에서 사회적 대화의 중요성을 강조했으며, 매튜 립맨에게 많은 영향을 주었다. (역주)

이란 시간이 필요했다.

컬럼비아 대학교에서 가장 놀라운 경험 중 하나는 듀이와 관련된 것이었다. 나는 그의 많은 저서를 읽으면서 어린 시절의 중요성에 대한 깨달음과 사회과목을 아동 커리큘럼에 통합하는 등 그의 사상과 철학에 동질감을 느꼈다. 하지만 듀이의 저서를 읽고 사색하면서 얻은 깨달음만큼이나 내 인생에 큰 영향을 미친 것은 결국 듀이와 맺게 된 개인적인 관계였다.

스탠퍼드 대학교 재학 중 토마스 교수로부터 듀이에 관한 책을 처음 받았을 때, 군 복무를 마친 후 시간이 더 생기면 듀이의 철학을 좀 더 깊이 있게 공부해야겠다고 다짐했었다. 하지만 실제로 듀이를 직접 만나고 그와 소통할 수 있을 거라는 생각은 해본 적이 없었다. 그만한 위상을 가진 사람과 만나서 이야기를 나눌 수 있다는 것은 비현실적인 생각이었다. 하지만 나중에 컬럼비아 대학교에 다니면서 듀이의 책을 읽다가 그가 1890년대 뉴욕에 살았다는 사실이 떠올랐다. 실제로 그를 직접 만날 수 있을지도 모른다는 생각이 들었다. 그래서 그에게 편지를 썼다. 놀랍게도, 듀이는 답장을 해주었다. 시간이 지남에 따라 우리는 서신을 주고받으며 우정을 쌓아나갔다. 그 우정은 나에게 새로운 세상을 열어주었다. 나는 듀이를 만나면서 그동안 불가능하다고 생각했던 모든 것이 사실은 가능하다는 것을 알게 되었다.

듀이는 1904년부터 1928년까지 컬럼비아 대학교에서 철학과 교수로 재직하는 동시에 티처스 컬리지에서 교육 철학에 관한 여러 강의를 맡았다. 내가 컬럼비아 대학교에 다닐 당시에는 이미 듀이가 학교 교수직에서 물러난 지 몇 년이 지난 뒤였다. 하지만 철학과 교수진들은 여전히 그의 그늘 아래 있었다. 일부는 여전히 듀이의 접근 방식을 충실히 따랐지만, 다른 일부는 그의 접근 방식에 대해 비판적이었다. 영국에서 등장한 분석 철학을 열렬히 수용했던 젊은 사람들은 이제 듀이는 한물갔다고 생각하는 경향이 있었다. 듀이에 대해 비판적인 집단은 학과에서 가장 노골적이고 영향력이 큰 집단이었다. 그래서 듀이에 대한 나의 지속적인 관심은 내가 완전히 시대에 뒤떨어진 철학적 관점을 품고 있다는 의심을 받게 했다.

사실 내 동기인 라일 에디는 나에게 듀이에 대한 논문을 쓰라고 제안을 해준 첫 번째 동료였다. 라일은 듀이와 서신을 주고받으며 가끔 듀이를 방문하기도 했다. 라일은 듀이가 내가 보낸 편지에 답장할지도 모른다고 말해주었다. 그는 내가 쓴 글의 사본을 듀이에게 보내보라고 제안했다. 나는 듀이의 『논리학Logic』에 나와 있는 '제3의 성질tertiary qualities'에 대한 아이디어를 바탕으로 쓴 글을 듀이에게 보냈다. 이 글은 나중에 내 논문의 핵심이 되어 『예술에서 일어나는 일What Happens in Art』이라는 책으로 출간되었다. 곧 듀이는 좋은 글이라는 메모와 함께 논문을 나에게 돌려주었다.

듀이는 다음과 같이 메모를 남겼다. "당신의 논문은 매우 흥미롭더군요. 다양하고 풍부한 양의 자료를 연결한 점이 놀라울 정도로 유익했습니다." 위대한 교육 철학자가 나의 논문에서 유익한 내용을 발견했다고 생각하니 감격스러웠다.

듀이는 나와의 만남을 반겨주었던 것 같다. 왜냐하면, 나는 실제로 몇 주 후에 라일과 함께 그의 아파트에서 그를 기다리고 있었기 때문이다. 당시 듀이는 나이가 많았기에 나와의 만남에 더 개방적이었던 것 같다. 아마도 그의 인생이 멘토로의 역할에 더 큰 의미를 갖는 시기로 전환되지 않았을까 생각한다.

사실 나는 그때 듀이를 처음 본 것이 아니었다. 1948년 듀이는 그해 컬럼비아 대학교에서 열리고 있던 미국철학회American Philsophical Association 연례 회의에 참석했다. 당시 미국철학회는 회원 수가 100명 정도에 불과한 소규모 학술 단체로, 현재 8~9천 명의 회원을 보유한 것과는 매우 달랐다. 듀이는 아내와 함께 회의에 참석했는데, 아내는 듀이가 강단에 올라가기 전에 머리를 빗겨주었다. 그는 철학이라는 분야에서 학문적으로 성공하고 싶어 하는 젊은 철학과 학생에게 "많은 용기가 필요합니다"라는 조언을 전하며 강연을 마무리했다. 다른 말로 하면, 철학은 아직 미국 학계에서 뚜렷한 자리를 차지하지 못했기 때문에 인내심과 명확한 시각을 가져야 한다는 것이다. 몇 년 전, 나는 그 발언이 존 듀이가 남긴 글에 있는 말인지 궁금해지기 시작했다. 찾아보니, 존 듀이의 저서에 있었다.

내가 듀이를 방문했을 때, 그는 90살이었고 절반 정도 나이의 배우자인 로버타와 결혼한 상태였다. 결혼 후 얼마 지나지 않아 듀이 부부는 두 아이를 입양했고, 라일과 내가 듀이 부인과 이야기를 나누는 동안 두 아이는 아침 식사를 하고 있었다. 듀이가 들어왔고 그때 그는 제일 먼저 아이들에게 아침 식사로 무엇을 먹고 있는지 물었다(아이들은 잠시 웃으며 오트밀이라고 대답했다). 그런 다음 거실로 자리를 옮겨 2시간 동안 듀이의 독백에 가까운 대화를 나눴다. 정말로 즐거웠던 하루였다.

그 이후 마이어 샤피로를 방문했을 때 듀이와의 만남을 다시 한번 떠올릴 수 있었다. 마이어 샤피로는 내 논문의 지도교수 중 한 명으로 듀이의 『경험으로서의 예술Art as Experience』에 도움을 주었던 사람이기도 했다. 그날 저녁, 내 사촌 조와 에블린과 함께 청년 히브리인 협회YMHA에서 주최한 부다페스트 현악 사중주에 참석하던 중, 우연히 어니스트 나겔(듀이의 『논리학: 탐구 이론』에 도움을 주었던 사람)을 만났다. 나는 그 자리에서 듀이를 만났던 일에 대해 다시 한번 이야기할 수 있었다.

듀이를 직접 소개받은 이후에도 나는 그와 지속적으로 편지를 주고받으며 많은 도움을 받았다. 놀랍게도 듀이는 컬럼비아 대학교 철학과 구성원들에 대한 비판적인 이야기를 듣는 것을 즐기는 것 같았다. 듀이가 그들 중 일부에 대해 약간의 좋지 않은 감정을 품고 있다는 느낌은 받았지만, 어떤 이유인지는 알 수 없었다.

듀이와 처음 만난 후 그는 내 논문을 보내주면 읽어보겠다고 했다. 때가 되자 나는 실제로 듀이에게 논문 초안을 보냈지만 몇 주 후에 아무런 의견도 없이 초안을 돌려받았다. 듀이는 내가 보낸 초고를 읽지 못한 것에 대해 여러 번 사과하는 편지를 보냈고, 그 이유에 대해 나에게 편지를 썼다. 그는 독성 바이러스에 감염되어 추가 치료를 위해 필라델피아로 돌아가야 했다. 그는 이렇게 썼다.

아내가 여름 별장(필라델피아 뉴알렉산드리아)으로

가기 위한 짐을 싸고 있는 동안 나는 필라델피아에 바로 가야 한다는 것을 알게 되었습니다. 그래서 아내는 당신에게 편지를 돌려보낼 수밖에 없었습니다. 관심이 부족해서가 아니었습니다. 지금은 앞으로 거의 두 달 동안은 아무것도 할 수 없을 정도로 쇠약해져 있습니다. 당신의 논문이 나올 때까지 기다려야겠네요.

지금은 듀이에게 보낸 편지의 사본 한 통을 제외하고는 편지를 가지고 있지 않다. 하지만 최종적으로 박사 학위 논문에 대한 설명을 그에게 보냈고, 그로부터 다음과 같은 답변(1950년 6월 26일)을 받은 사실은 분명하다.

편지를 보내주어서 고맙군요. 앞으로도 당신의 학업에 진전이 있기를 바랍니다. 여러 가지를 고려했을 때 파리는 지구상에서 가장 문명화된 도시라고 생각해요. [풀브라이트 장학금을 받은 것을 언급하며].

안부를 전하며

존 듀이

추신. 저는 당신이 말하는 끔찍한 수동성이 여기저기서 더 나은 자산으로 나아갈 조짐을 보인다고 언급하는 것이 단지 희망에 불과한 것이라고 보지 않아요. 지난 의회가 완전히 잘못된 방향으로 활동하면서 반발이 일어나고 있지만, 그 심각성과 지속 기간을 말하기에는 아직 너무 이르다고 생각합니다. 하지만 일부 '자유주의자'들은 충격을 받고 경각심을 갖게 되었지요. 당신의 논문 심사 결과가 궁금해지는군요.

듀이는 나에게 친근한 어조로 자신의 생각을 보내주었다. 더 이상 무엇을 바라겠는가? 물론 내 논문에 대한 듀이의 피드백을 받았으면 좋았겠지만, 애석하게도 그런 일은 일어나지 않았다. 이것이 내가 듀이에게서 받은 마지막 편지였다. 나는 이후 컬럼비아 대학교 버틀러 도서관의 특별 컬렉션 부서에 듀이가 나에게 보낸 편지를 기증했다.

*   *   *

컬럼비아 대학교에서 학업을 계속하면서, 나는 철학의 한 분야로 미학이 정말 나에게 맞을까? 하는 의문이 들기 시작했다. 시간이 지나면서 알게 되었지만, 보통 철학자에게 미학은 예술 그 자체를 연구하는 학문으로, 무엇이 예술인지, 예술을 볼 때 어떤 느낌을 받는지, 예술에 어떤 가치를 부여해야 하는지 등의 질문을 던지는 것이었다. 하지만 나에게 미학은 예술 연구 속의 문제들에 대해 토론하는 것이었다. 나는 예술작품을 창작하는 사람들은 예술적 사고를 하는 사람들이라고 생각했다. 그래서 그런 사람들이 하는 일(즉, 미학)에 대한 연구는 '예술적 사고'에 대한 '철학적 탐구'에 해당한다고 가정했다. 나는 학위 논문과 학술 논문을 쓸 때 이런 방식으로 접근했다. 내 논문을 읽은 사람들은 미학에 대한 이러한 접근 방식에 대해 격려해 주었다. 하지만 시간이 지나면서 이것이 미학 분야에서 일반적으로 통용되는 개념은 아니라는 것을 깨달았다. 내 논문은 '예술에서 일어나는 일What Happens in Art'이라는 제목으로 출판되었다. 나는 이 논문에서 제시하는 미학에 대한 접근 방식이 새롭고 현대적이며 색다르다는 점을 강조했다. 나는 독자들이 논문이 제시하는 내용에 집중할 수 있도록 돕기 위해 이 제목을 선택했다. 이러한 측면에서 '예술에서 일어나는 일What Happens in Art'이라는 제목은 적절해 보였다.

나는 철학을 처음 접했을 때부터 '사고에 대해 사고thinking about thinking'를 하는 것에 끌렸다. 사실 이 주제는 미학보다는 철학의 일반적인 범주였다. 이 주제에 대해 관심이 있는 사람은 다양한 학문 분야에서 이를 추구할 수 있었다. "사고에 대한 사고"라는 문구를 이해하는 한 가지 방법은 그것을 철학에 대한 특정 해석이라고 보는 것이다. 철학은 항상 '생물 철학'이나 '종교 철학'과 같이 어떤 주제나 학문에 대한 사고이다. 다른 한편으로, 이 문구는 교육, 즉 교육적 사고에 대한 사고도 의미할 수 있지 않을까? 교육은 각 학문이 무엇을 생각하고 있는지를 좀 더 근본적인 방식으로 생각하려는 노력이 아니었을까? 이는 논문을 쓰면서 궁극적으로 나에게 떠오른 몇 가지 성찰이었다.

시간이 지나면서 내가 정말 미학에 대해 진지하게 고민하고 있는지 의문이 들기 시작했다. 처음에는 미학자가 되겠다는 일념으로 시작했지만, 지금은 정말 내 자신을 미학자로 보고 있는지 의문이 들었다. 예술가들 대부분은 미학을 외면하지 않는가? 만약 그렇다면, 미학의 실제적인 가치는 무엇인가? 그리고 교육자들 대부분은 철학을 외면하지 않는가? 그렇다면 어떻게 내가 계획했던 대로 교수가 될 수 있을까? 내가 생각한 유일한 진로는 철학 교수였다. 철학 교수직에 관심은 있었지만. 내가 그 직업을 통해 세상에 실질적인 변화를 일으킬 수 있을지 의구심이 들었다. 이러한 질문들은 나를 혼란스럽게 했다. 나는 지금 무엇을 하고 있는 걸까? 나는 내가 전공하고 있는 학문의 실용성에 대해 확신하지 못한 채 연구를 진행하고 있었다.

이러한 현실적인 우려가 있더라도 나는 여러 가지 면에서 철학이라는 주제에 매료되었다. 첫째로 철학은 나의 열정을 채워주는 것 같았다. 내가 발견한 것처럼 철학에는 일종의 교양이 있었고, 그 교양이 나를 철학에 빠져들게 했다. 예를 들어, 이성과 논리와 같은 철학의 핵심 요소를 활용하는 방법을 이해함으로써 대화를 더 높은 수준으로 끌어올릴 수 있었다. 친구들과 음악회나 미술 전시회에 가서 어떤 작품이 최고인지에 대해 논쟁을 벌일 때면 이러한 생각은 더욱 명확해진다. 대화 중에 예술적 비유를 사용하면 철학을 한 사람은 그 비유의 의미와 기준에 관해 탐구할 것이다. 그러면 모든 사람은 갑자기 대화를 멈추고 철학자에게 귀를 기울일 것이다. 왜냐하면 그는 판단 그 자체보다 더 중요한 것에 집중하기 때문이다. 그것은 그 판단의 기준이다. 대화에 참여한 사람들이 기준이 무엇인지 완전히 발견하거나 합의하지 못했더라도 그

모임에서는 가장 높은 수준의 토론을 경험할 수 있다. 나는 철학에서 내가 진정 원하는 흥미로운 어떤 가능성을 발견했다.

또한, 나는 철학이 '사고' 그 자체에 관심을 두기 때문에 철학을 사랑했다. 사고는 전 세계에 걸쳐(특히 미국) 여전히 진행 중인 교육적 문제 해결에 중요한 요소이다. 나는 적어도 이론적으로는 충분한 인내와 노력을 기울이면 다른 기준들과 연관되는 기준을 찾아내서 결국 전 세계에서 일어나는 일들을 설명할 수 있을 거라는 생각에 매료되었다. 인류는 고대 그리스 시대부터 이러한 기준을 찾기 위해 노력해 왔다. 아직 답을 찾지는 못했지만, 그 답을 찾아가는 과정은 흥미진진했으며 찬란했다.

철학을 공부함으로써 나는 세계를 좀 더 객관적으로 이해하기 위해 노력했다. 철학은 나에게 어느 정도 객관적인 이해를 제공했지만, 그 이상의 것을 제공하기도 했다. 철학은 세상을 보는 시야를 넓혀 주었다. 그것은 이전에 본 그 어떤 것보다 훨씬 더 아름답고 선명한 사진을 찍어내는 카메라를 발견한 것과 같았다. 철학을 발견한 것은 다른 언어로 말하고 글 쓰는 법을 배우는 일과 비슷했다. 사실 철학은 언어 이상이며 언어의 언어였다. 철학은 우리가 사용하는 언어에 녹여낼 수 있는 다양한 형태의 논리를 포함하고 있다. 이를 통해 철학은 우리를 더 합당하게 할 뿐만 아니라 더 많은 질문을 던지게 하고 개념적으로 더 능숙해질 수 있게 한다.

내가 컬럼비아 대학교에 있는 동안 나에게 큰 영향을 준 사람은 마이어 사피로 교수였다. 그는 현대 예술과 초기 기독교를 전공한 예술사 교수였다. 논문 지도교수로서 마이어 사피로 교수는 어뗐을까? 철학이나 미술이 대학에서 큰 학과가 아니었던 것처럼, 학문 중에서도 눈에 띄는 학과가 아니었다는 점은 명심해야 한다. 사피로 교수의 주요 강의에는 많은 학생들이 몰려들기 시작했지만, 초기 기독교 미술이나 로마네스크 조각과 건축과 같은 훨씬 전문적인 세미나에는 여전히 10~12명의 대학원생만 참석했다. 그래서 분위기는 좀 더 편하고 사교적이었다.

오늘날 전 세계 박물관, 특히 뉴욕의 박물관은 관람객들로 붐비기 때문에 그림에 다가가려면 사실상 사람들 사이를 비집고 들어가야 한다. 그러나 40년대 후반부터 50년대까지는 전시실이 거의 완전히 비어 있었기 때문에 사람들이 없는 유쾌한 분위기에서 주요 작품을 공부할 수 있었다. 컬럼비아 대학교에서 공부하는 동안, 사피로 교수는 유명해졌다. 그는 컬럼비아 대학교의 유명하고 저명한 학자 중 한 명이었지만 제2차 세계대전 직후에는 주로 일부 전문가들에게만 알려져 있었다. 그는 많은 사람이 자신을 추종하기를 바라지 않았다. 만약 유명한 권위자가 되고 싶었다면, 살아생전에 더 많은 글을 출판했을 것이다. 그리고 유명하지 않은 간행물에는 더 적게 기고했을 것이다.

사피로 교수는 자신이 사람들을 휘어잡는 매력이 있다는 것을 알고 있었다. 그리고 강의에서 보여주는 강렬한 생동감과 집중력이 자신의 신뢰도를 높이는 데 기여한다는 것도 알고 있었다. 마찬가지로, 그는 자신의 삶을 가득 채운 예술작품들도 사람들을 매료시키는 매력이 있다는 것을 알고 있었다. 그러한 매력은 그냥 얻어지는 것이 아니라, 지각, 해석, 표현, 평가와 관련된 그의 뛰어난 역량에 의해 인정받는 힘이었다.

사피로 교수는 강렬한 눈빛과 빠른 전달력을 갖춘 뛰어난 강연자였지만, 연구실이나 격식을 차리지 않은 다른 곳에서는 훨씬 더 편안하고 차분한 모습을 보여주었다. 지도교수로서 그는 내가 원하는 주제라면, 어떤 것이든 대화를 나눌 수 있도록 해주었다. 그리고 나의 탐구 방향이 어느 한쪽으로 나아가도록 지시하거나 압력을 가하는 일은 거의 없었다. 사피로 교수는 나에게 큰 영향을 주었다. 심지어 친구들과 이야기할 때나 강의할 때도 마치 사피로 교수가 강의하는 것처럼 몸짓과 손짓을 취하곤 했다. 나는 이러한 행동이 강의하는 것을 배우는 효과적인 방법이었다고 생각하면서, 스스로를 다독였다.

1946년부터 1948년까지 열심히 학업에 전념했고 1948년 봄에 별다른 축하 없이 학사학위를 수여 받았다. 그런 다음 남은 2년의 학비 지원 기간 동안 박사 학위를 취득하는 쪽으로 눈을 돌렸다. 컬럼비아 대학교에서의 3년이 넘어가면서 학업은 순조롭게 진행되었지만, 1949년 봄 학기가 끝나갈 무렵 나는 여름을 위해 거의 아무것도 준비하지 않았다는 사실을 직시해야 했다. 그러다 위태로운 재정 상태에 대해 철학을 전공하는 다른 대학원생이자 친구인 존 발콤과 논의할 수 있었다.

나는 컬럼비아 대학교에서 함께 들었던 철학 강의를 통해 존을 알게 되었다. 그는 심각한 언어 장애가 있어 대화할 때 고개를 비틀고 말을 더듬는 증상이 있었다. 그 강의를 듣는 다른 학생들은 자신이 말하고 싶은 요점을 명확하게 표현하려는 존의 고군분투를 매우 인내심 있게 지켜보았다. 하지만 존은 종종 팔을 들어 도움을 요청하곤 했다. 만약 존의 지성이 얼마나 탐구적인지 깨닫지 못했다면, 우리의 인내심은 다소 떨어졌을 수도 있다. 그의 생각은 뛰어났고 영리했으며 훈련되지 않은 것이었다. 그는 제2차 세계대전 직후 컬럼비아 대학교의 캠퍼스가 참전 군인들로 가득 찼던 시절의 강의에서 흔히 볼 수 있었던 자유로운 철학적 토론을 매우 즐겼다.

존과 나는 좋은 친구가 되었고, 그리니치빌리지에 있었던 그의 집에서 많은 시간을 함께 보냈다. 이 건물은 존의 아내가 소유한 집이었고 시인 에드나 세인트 빈센트 밀레이[45]의 거주지였던 작은 인형의 집 바로 건너편에 있었다. 존의 아내 신시아는 댄서였고, 존은 철학과 더불어 영문학도 공부하고 있었다. 그들에게는 크리스토퍼라는 5~6살 정도 되는 아들이 있었다.

크리스토퍼는 부모의 극심한 심리적 압박에 항의하기 위해 말을 하지 않았다. 존과 그의 치료사는 존의 언어 장애가 어머니의 고압적인 태도 때문이라고 생각했다. 존은 평정심이 필요할 때면 피아노로 코렐리나 스칼라티를 연주하거나 트라헤른[46]이나 크래쇼[47]의 시를 읽곤 했다. 존의 삶은 지적이고 또 보헤미안처럼 자유분방

---

45. 에드나 세인트 빈센트 밀레이(1892~1950)는 미국의 시인이자 극작가였다. 산문 작업을 할 때는 '낸시 보이드'라는 가명을 사용했다. (역주)
46. 토마스 트라헤른(1637~1674)은 영국의 시인, 성공회 성직자, 신학자, 종교 작가이다. (역주)
47. 리차드 크래쇼(1613~1649)는 주요 형이상학적 시인 중 한 명으로 영국 시인, 교사, 고등 교회 성공회 성직자 및 로마 가톨릭 개종자이다. (역주)

하게 보였다. 이 보헤미안적인 분위기에 맞춰 신시아는 어린 크리스토퍼를 데리고 북미 동물원에 팔기 위한 야생동물을 잡으러 동료와 함께 멕시코로 떠났다. 1949년 초여름 무렵이었다.

여름이 시작될 무렵 존과 나는 부족한 재정에 대해 서로를 위로한 후, 여름방학 중 일자리를 구하기 위해 구인 광고를 찾아보기로 했다. 잠시 후 존이 웃으며 "이것 좀 봐!"라고 말했다. 광고에는 "호키 포키Hokey Pokey[48] 아이스크림맨이 되세요"라고 적혀 있었다. 우리는 그 일이 마음에 들었다. 왜냐하면 야외에서 아이들과 함께 일하고, 적더라도 여름 동안 수입을 올릴 수 있었기 때문이다. 첼시에 있는 웨스트 스트리트의 한 식당 부스에 있는 남성에게 연락했고, 그는 우리를 퀸즈에 있는 주소지로 보냈다.

지하철로 한 시간 정도를 달려 도착한 곳은 플러싱 메도우라고도 알려진 1939년 만국 박람회가 열렸던 장소였다. 거대한 쓰레기장이 되어버린 이곳은 잔해가 쌓여 마치 거대한 달 풍경처럼 보였다. 그곳에서 우리를 기다리던 매니저가 코로나 또는 플러싱 지역으로 배정될 것이라고 설명해 주었다. 그리고 아이스크림과 함께 드라이아이스를 넣을 수 있는 상자가 장착된 낡은 자전거를 우리에게 주었다(그 아이스크림이 자전거 뒤쪽의 상자에 제대로 있는지 확인하기 위해 몇 번이나 멈추었는지 누가 알까?). 일과가 끝나고 고

---

48. '호키 포키'는 노점상 또는 '호키 포키 맨'들이 영국 본토 일부와 뉴욕 등 여러 지역에서 19세기부터 20세기 초까지 팔던 아이스크림을 일컫는 은어이다. 여러 가지 기원에 따르면 대부분 이탈리아 계통이었던 노점상들이 판매 권유를 하거나 할 때 '호키 포키'라는 구절이 포함된 노래를 사용한 것으로 추측되지만, 확실한 어원은 알려지지 않은 상태이다. (역주)

객으로부터 받은 대금을 매니저에게 넘겨주면 매니저가 다음 주에 우리 몫을 챙겨주었다. 일에 대한 대우는 충분히 공정해 보였고 그래서 우리는 호키 포키 아이스크림맨이 되기로 결정했다.

그런데 얼마 지나지 않아 첫 번째 난관에 부딪혔다. 무거운 자전거로는 교외의 구불구불한 지형에 잘 적응하지 못했던 것이다. 그래서 자전거에서 내려서 밀고 가야 하는 상황이 자주 발생했다. 두 번째 문제는 존이 일을 시작하고 얼마 지나지 않아 "무면허 행상"을 했다는 이유로 경찰로부터 소환장을 받은 것이다. 매니저는 이런 일이 발생할 수 있다는 사실을 인정했고, 그런 일이 발생하면 "처리하겠다"고 약속했다. 하지만 그는 그렇게 하지 않았다. 존은 우리가 온종일 벌어들인 금액인 10달러를 고스란히 벌금으로 물었다. 첫날이 끝나갈 무렵, 아이들이 친절하고 함께 하는 대화가 즐거웠음에도 불구하고 우리는 이제 충분하다고 판단했다. 우리가 번 돈은 매니저에게 주었고, 매니저는 다음 주에 다시 와서 임금을 받으라고 했다. 하지만 그는 벌금을 대신 내주겠다고 한 약속에 대해서는 부인했다.

이 무렵 존과 나는 호키 포키 아이스크림 회사에 문제가 있다는 것을 알기 시작했다. 그래서 우리는 불만 사항을 전달하기 위해 맨해튼에 있는 소액 청구 법원에 방문했다. 예정된 재판일 당일, 호키 포키 아이스크림 회사는 법정에 나타나지 않았다. 그 이름만으로도 법정에 모인 사람들의 웃음을 자아냈기 때문에 어쩌면 그것이 최선이었을지도 모른다. 그 때문에 판사가 우리에게 쉽게 판결을 내릴 수 있었다. 판사는 돈을 받기 위해 집행관을 만나라고 말했나.

여름 내내 집행관에게 연락했지만, 집행관은 매니저가 돈이 없다는 이유로 돈을 지급하지 못한다고 주장했다. 우리는 호키 포키 맨 아이스크림 매니저가 우리에게 돈을 갚는 것보다 집행관에게 돈을 좀 쥐여 주는 편이 더 저렴하다는 사실을 나중에야 깨달았다.

지금도 아이스크림 가게의 종소리가 들릴 때면 종종 호키 포키 맨 아이스크림 회사가 아직도 영업 중인지 궁금해진다. 만약 영업을 한다면, 존과 내가 자전거를 타고 코로나와 플러싱의 언덕을 오르내리던 때와 거의 같은 방식으로 운영되고 있을 거라고 믿어 의심치 않는다. 오늘날 그 아이스크림 가게 직원들이 점심으로 무엇을 먹는지 궁금해할 필요도 없다. 초콜릿에 찍어 먹는 아이스크림은 보기에도 좋아 보이지 않는다.

아이스크림 회사에서 나온 후에 존과 나는 아버지가 개발한 가금류 식수대를 농부들에게 판매하기 위해 존의 오래된 로드스터를 타고 뉴잉글랜드로 떠나기로 했다. 우리는 판매 수수료를 받기로 했다. 결과적으로 돈을 벌지는 못했지만, 적어도 경비는 상환받을 수 있었다.

*　　　*　　　*

마침내 1950년 봄과 여름, 컬럼비아 대학교에서 학생으로서 마지막 해를 맞이했다. 내 인생에 암울한 시기가 찾아왔다. 아마도 이 시기의 어두운 분위기 때문에 내 인생에서 특정 여성들과 유쾌하지 않은 만남을 연달아 갖게 된 것 같다. 예를 들어, 나는 철학을 전공하는 대학원생인 한 여학생과 좋은 우정을 맺게 되었다. 그런데 어느 날 그녀는 사귀던 법대생과 결혼을 결심했다고 말했다. 이유는 그가 그녀에게 필요한 재정적 안정감을 줄 수 있기 때문이라고 했다. 우리는 거의 매일 만나서 그 결혼 결심이 잘못되었다고 생각하는 이유를 가지고 토론했다. 서로의 동기에 대한 격렬한 검토를 벌인 후 몇 달 뒤에, 그녀가 법대생과의 약혼을 파기했다고 말했다. 하지만 나는 그녀에게 더 이상 관계를 지속하고 싶지 않다고 말했다. 그건 굳이 자랑할 만한 일은 아니었다.

당시 나는 컬럼비아 대학교 서점에서 일하고 있었다. 나는 그곳에서 인류학을 전공한 매력적인 점원과 많은 시간을 함께 보냈다. 그녀의 남자친구 역시 인류학을 전공했다. 나는 두 사람의 안정된 관계가 부러웠던 것 같다. 한번은 그녀가 프로코피예프[49]를 좋아한다고 말한 것이 기억나서 프로코피예프의 바이올린 협주곡 레코드판을 구해서 그녀에게 보냈다. 그녀가 누가 보낸 것이냐고 묻자, 나는 잘 모르겠다고 하며 내 행동을 부인했다. 자신을 좋아하는 사람이 있을지도 모른다고 추측하는 그녀의 모습을 보면서 즐거워했던 것 같다. 풀브라이트 장학금Fulbright scholarship[50]을 받고 프랑스에서 지내던 1950년 가을, 나는 그녀로부터 반가운 편지

---

49. 세르게이 세르게예비치 프로코피예프(Sergei Sergeyevich Prokofiev, 1891~1953)는 우크라이나의 작곡가이다. (역주)
50. 풀브라이트 장학 프로그램은 미국의 학자, 교육자, 대학원생, 연구원, 각종 전문가를 대상으로 한 국제 교환 프로그램 및 장학금 제도의 총칭이다. (역주)

블 받았지만, 퉁명스럽게 답장했다. 솔직히 나의 냉담한 반응은 지나친 것이었다. 왜냐하면 그녀는 나를 조금도 기분 나쁘게 한 적이 없었기 때문이다.

돌이켜보면 1950년 당시 여성들과의 관계는 그리 아름답지 않았다는 면에서 후회가 남는다(물론 완전히 파괴적이지도 않았다). 그 당시 내 행동을 이해하려고 노력했을 때, 사회의 어두운 분위기와 함께 한국전쟁에 대한 불만을 떠올렸다. 나는 미국이 한국에 있을 이유가 없다고 생각했다. 흥미롭게도 당시 나는 듀이와의 서신 교환을 통해 그의 기분과 내 기분 사이에 묘한 유사점을 발견했다. 듀이는 지구 전체가 새로운 암흑기로 접어드는 것은 아닌지 걱정할 정도로 세계 정세 전반에 대해 우울한 감정을 느끼고 있었다. 분명 낙관적으로만 볼 수 있는 시기는 아니었다.

그 시기에 내가 우울했던 또 다른 이유가 있었다. 1950년 봄, 내 논문 심사는 원래 기대했던 것과는 거리가 멀었다. 논문 심사는 보통 철학을 전공하는 12명 이상의 교수들이 테이블에 둘러앉아 긴장하고 있는 심사 대상자에게 겉보기에는 악의 없어 보이는 질문을 던지는 것이 일반적이었다. 논문의 제목은 '예술 탐구의 문제Problem of Art Inquiry'였고 이는 미학으로 분류되어 있었다. 심사위원장은 에드먼 교수(철학과 학과장)가 맡았다. 그는 6년 전 스탠퍼드 대학의 토마스 교수로부터 받았던 두 권의 단행본의 저자이자 컬럼비아 대학교에서 존 듀이에 관한 이야기로 나를 매료시켰던 바로 그 사람이었다. 나는 듀이의 동료로서 에드먼 교수가 나의 논문에 풍부한 조언을 해줄 수 있을 것으로 기대했다.

에드먼 교수는 강의 시간에 자신이 듀이의 기념비적인 예술 철학 저서인 『경험으로서의 예술Art as Experience』을 어떻게 편집 했는지, 그리고 듀이의 어색한 문체로부터 책의 완성도를 어떻게 높였는지 지칠 줄 모르고 이야기하곤 했다. 대학원생들 사이에서 듀이주의자들은 다음과 같이 투덜거리곤 했다. "문체는 미학자들 이 듀이보다 뛰어나다고 주장할 수 있는 유일한 영역일 거야."

심사 당일, 에드먼 교수가 먼저 다른 교수인 프랭클Frankel 박 사를 향해 다듬어지지 않은 목소리로 말했다. "프랭클 박사님, 첫 번째 질문을 해주시겠습니까?" 늘 낙관주의자였던 나는 갑작스럽 게 공격을 당할 거라고는 조금도 의심하지 않았다. 지난 4년 동안 나는 프랭클 교수 강의 시간에 정치 철학에 관한 여러 번의 학기 말 논문을 제출한 적이 있었다. 프랭클 교수는 논문 작성 방식에 대해 한 번도 지적한 적이 없었다. 적어도 그가 나의 논문 스타일 에 반대하지 않는다는 것은 알고 있었다. 프랭클 교수는 심사 테이 블에서 내 바로 옆에 앉아 있었다. 나는 어리석게도 그가 내 옆자 리를 택했을 때, 나를 지지해 주기 위해 그렇게 한 것이라고 추측 했다.

프랭클 교수는 나를 향해 상냥하게 웃으며 말했다. "글쎄요, 첫 문장은 이해하지 못했고 그 이후에도 한 마디도 이해하지 못했 습니다." 순간 정신이 먹먹해졌고, 배신감마저 느껴졌다. 그 후 2시 간의 심사 동안 나는 굉장히 서툴고 어설프게 대응했다. 세 번째로 쓰러질 때쯤에서야 친절하게도 랜달Randall 교수가 손을 뻗어 내 목덜미를 잡아당겨 일으켜 주었다.

하지만 에드먼 교수는 아직 나에 대한 이야기를 끝내지 않았다. 그는 나와 반대편에 앉아 있었다. 에드먼 교수의 질문 차례가 되자, 그는 나를 보며, 상냥하게 미소 지으며 질문을 했다. "매튜, 이 논문을 쓸 때 무슨 생각을 했죠?" 최악의 상황은 끝났다고 생각했는데, 그는 내 의도에 대해 계속 캐물었다(마치 미학자로서 그 질문의 모호한 관련성을 깨닫지 못한 것처럼 말이다).

하지만, 이번에는 좀 더 준비된 답변을 할 수 있었다. 나는 그 때 프랭클 교수가 미학 분야에서 성공적인 작품을 썼거나 그와 관련하여 듀이의 지지를 받았을 수도 있는 사람들을 싫어하고 있다는 것을 알고 있었다(내가 듀이와 연락을 주고받은 일은 학과에 잘 알려져 있었다).

마침내 박사 학위 심사는 고통스럽게 끝이 났다. 나는 자리에서 일어나 당황하고 우울한 마음으로 비틀거리며 문을 나섰다. 논문에 쏟은 모든 노력과 사유, 수개월에 걸친 연구와 집필이 모두 물거품이 된 것 같았다. 엄격한 질문은 박사 심사 과정의 일반적인 모습이었지만, 그 경험을 대수롭지 않게 넘기기는 어려웠다.

며칠이 지난 후 나는 랜달 교수의 연구실로 찾아갔다. 나는 여전히 그가 나를 지지하고 있다고 생각했다. 나는 조심스럽게 그에게 질문했다. "논문을 완성하기 위해서 무엇을 해야 할까요?"

랜달 교수는 거칠면서도 친절하게 대답했다. "서론을 다시 쓰세요."

나는 그에게 감사하다고 말했다. 그러나 나는 개인적으로 논문 전체를 다시 쓰기로 다짐했다. 논문 심사 결과에 대해 권고된 변경 사항만 수정하는 것이 아니라 논문 전체를 수정하는 방식으로 대응하는 것은 흔한 일이 아니었다. 원래는 1952년에 완성된 논문을 컬럼비아 도서관에 제출하기로 되어 있었다. 하지만 나는 전체 논문을 수정했기 때문에 1954년에 논문을 제출하게 되었다. 나는 철학과에, 심지어 랜달 교수에게조차도 내 논문이 그가 제안한 간단한 권고 사항을 훨씬 뛰어넘었다는 사실을 말하지 않았다. 새 버전은 프랑스 철학의 최근 발전을 고려하는 동시에 출판사가 관심을 가질 수 있도록 더 가볍고 대중적인 스타일로 구성했다(풀브라이트의 지원을 받게 된다면 프랑스에서 보낼 1년간의 프로젝트로 제안한 것이 바로 이 재집필 작업이었다). 암울했던 학위 심사가 끝나고 얼마 지나지 않아 나는 실제로 풀브라이트 장학금을 받게 되었다는 통보를 받았다. 1년이 아닌 2년을 유럽에서 보낼 수 있을 만큼 넉넉한 금액이었다.

듀이에게 보낸 마지막 편지에서 나는 내 논문 심사가 얼마나 처참했는지 말했다. 듀이는 나에게 보낸 마지막 편지에서 "다른 사람들은 그렇지 못하더라도 랜달 교수는 좋은 논문으로 인정해 주어서 다행이군요"라고 답해 주었다. 나는 교수진의 신념을 학생의 성과를 평가하는 척도로 삼는 것은 옳지 않다고 생각했다.

프랭클 교수의 경우, 심사가 끝나고 며칠 후 복도에서 나를 멈춰 세우고 자신의 행동에 대해 사과했다. 그때도 그는 자신의 첫 질문이 나에게 준 충격을 이해하지 못했던 것 같았다. 하지만 나는 그 사과 이후 그와 다시 좋은 관계를 회복했다. 훗날 아내와 나는 그를 저녁 식사에 초대했다. 나중에 그가 컬럼비아 대학교 철학과로 돌아가기 전 수년간 정보부 차관보로 재직했었다는 사실을 알게 되었다. 그 후에 웨스트체스터 교외에서 평화롭게 살던 프랭클 교수와 그의 아내는 집에 침입한 마약 중독 강도들에 의해 살해당했다.

컬럼비아 대학교에서 학부 및 대학원생으로 보낸 4년이란 시간이 돌아가던 팽이가 흔들리는 것처럼 끝나가고 있었다. 전반적으로 나는 그곳에서 배우고 발견한 것들에 만족했다. 그곳에서 들었던 시학, 순수예술, 철학 강의는 내가 앞으로 나아갈 수 있도록 해주었다. 하지만 정확히 무엇을 향한 발걸음인지는 몰랐다. 그러나 내가 올바른 방향으로 나아가고 있다는 것은 어렴풋이 느꼈다.

이제 풀브라이트 연수를 위해 소르본으로 향하는 나에게 파리가 무엇을 가르쳐 주었는지 알아볼 차례가 되었다.

5.

파리에서의 한 미국인

1950년 여름 늦은 밤, 나는 대서양을 횡단하는 매력적인 프랑스 여객선 드 그라스호를 타고 프랑스로 가고 있었다. 프랑스까지는 꼬박 8일이 걸렸다. 항해 중에 승객들에게는 천상의 음식이 계속 제공되었다. 바다를 건너는 도중에 우리 배보다 두 배나 빠른 속도로 항해하는 프랑스호를 지나쳤다. 프랑스호가 우리 앞을 지나갈 때 프랑스호의 선원들은 어깨를 나란히 하고 우리 배의 선원들을 향해 모두 팔을 들어 경례를 보냈다. 형제애를 느낄 수 있는 멋진 인사의 순간이었다.

드 그라스호가 여유롭게 프랑스로 향하는 동안, 이 배에 탑승한 풀브라이트 학자들은 서로를 알아가는 시간을 가졌다. 그중에 한 명이 컬럼비아 대학교 프랑스어과 박사과정을 수료한 위노나 무어Wynona Moore였다. 그녀는 이미 조지아주 애틀랜타에 있는 모어하우스 대학에서 프랑스어 교수로 재직 중이었다. 그녀는 18세기 프랑스 철학자 디드로에 대한 논문을 쓰고 있었다. 나는 이미 사피로 교수의 영향으로 디드로에게 관심을 갖고 있었기 때문에 서로 이야기 나눌 거리가 많았다. 또한, 위노나는 나에게 친구들을 소개해 주었는데, 그중에는 나중에 오페라 무대에서 세계적인 경력을 쌓게 되는 두 명의 오페라 가수 지망생 메티월다 돕스와 레온틴 프라이스도 있었다.

8일 후에 드 그라스호는 프랑스의 항구에 도착했다. 우리 학생들은 파리 외곽에 있는 도시 유니버시타르에 도착했고, 프랑스 정부가 유학생들을 위해 제공한 거대한 기숙사에 자리를 잡았다.

드 그라스호에서 위노나와 나 사이에 시작된 우정은 파리의 생활을 시작하면서 꽃을 피웠다. 우리는 특히 위노나가 프랑스 문학 박사 논문을 구상하고 발전시키는 데 도움을 주기 위해 많은 토론을 나눴다. 우리 사이에는 지적인 교감과 함께 로맨스도 싹트기 시작했다. 우리 둘은 파리에서 열리는 박물관, 오페라, 영화, 오케스트라 등 다양한 문화 행사를 즐겼다.

위노나는 가수 레나 혼을 닮은 매우 매력적인 여성이었다. 나는 위노나와 함께 파리 곳곳을 다녔고 가는 곳마다 감탄사를 연발하는 그녀를 볼 수 있어서 뿌듯했다. 게다가 위노나는 남부 흑인의 삶에 관한 이야기 보물 창고였다. 흑인 영어 표현과 사투리를 능숙하게 구사하여 친구들이 웃음을 터뜨리게 만들기도 했지만, 필요한 경우에는 표준 영어를 쉽게 구사했다. 그녀는 모어하우스 대학에서 다양한 활동을 했는데 그중에 마틴 루터 킹 주니어의 가정교사로 일한 경험도 있었다. 그리고 모어하우스 대학교의 총장이었던 벤저민 E. 메이스 박사의 총애를 받았다. 메이스 박사는 넬슨 만델라와 비슷한 인물로 60~70년대 민권 투쟁 당시부터 새로운 남부가 등장할 때까지 막후에서 활동한 저명인사였다. 이처럼 위노나는 학교생활에 대한 일화가 끝없이 쏟아져 나오는 인물이었다. 또한 그녀는 랭스턴 휴즈와 같은 할렘 르네상스 시대의 주요 인물들과도 친분이 두터웠다.

컬럼비아 대학교 프랑스어과 학과장인 노먼 토레이 교수는 위노나가 디드로를 전공했던 소르본 대학교의 이본 벨라발 교수의 지도를 받으며 공부할 수 있도록 주선해 주었다. 파리에 도착하자마자 위노나는 나와 공통 관심사가 많은 벨라발 교수를 만나게 해주었다. 벨라발 교수는 디드로, 데카르트, 라이프니츠에 관한 저서를 집필 중이었고, 이미 출판된 책도 있었다. 그뿐만 아니라 벨라발 교수는 당시 프랑스 철학 및 문학계의 많은 지도자와도 친분이 있었다. 우리 셋은 함께 어울리기를 좋아헸으며, 특히 1950년 가을 학기 내내 나와 위노나는 일주일에 한 번은 벨라발 교수를 찾아갔다. 때때로 나 혼자서 그를 찾아가기도 했다. 벨라발은 그 당시 다시 수정하고 있던 내 논문에 많은 관심을 보였다. 그 논문은 초기에 예상했던 것보다 유럽적인 영향을 훨씬 더 많이 받는 방향으로 수정되었다.

위노나는 파리에서 가는 곳마다(그리고 나중에 알게 되겠지만 애틀랜타, 뉴욕, 뉴어크에서도) 자신보다 덜 사회적이고 폐쇄적인 사람이나 단체와도 접촉할 방법을 알고 있었던 것 같았다. 뉴저지에서 정치에 참여했을 때도, 위노나는 정치적 변화를 이끌어낼 수 있는 그녀의 능력을 인정받아 복지 단체와 지지 단체에서 중심적인 역할을 했다. 민권 투쟁에 대한 그녀의 신념은 절대 흔들리지 않았다. 위노나의 아버지와 메이스 박사가 가르친, 아프리카계 미국인의 대의를 위해 자신이 져야 할 책임에 대해서도 그녀는 의문을 제기한 적이 없었다. 이와 더불어, 그녀는 여성과 아동의 권리를 옹호하는 분야로 자신의 역할을 확장해 나갔다.

내가 본 1950~1951년대 파리는 세련된 대도시와 그 안의 작은 시골의 흔적이 묘하게 섞여 있었다. 자르뎅 드 룩셈부르크로부터 멀지 않은 내 방에서 창문으로 밖을 내다보면 중고 의류를 파는 노점상이 몇 가지 물건을 조심스럽게 팔에 걸친 채로, "양복, 헌옷, 겉옷"을 외치는 모습이 보였다. 어떤 때는 염소와 수레를 끌고 온 농부가 지나가면서 '치즈'를 외치기도 했다. 나는 이 상인들이 수 세기 동안 계속해 온 간단한 광고와 상품 판매 방식을 얼마나 오랫동안 고수할 수 있을지 궁금했다.

내가 살던 작은 호텔에는 관리인 마담 코나드가 있었는데, 그녀는 고향인 비아리츠의 느리고 정확한 음절로 프랑스어를 구사했다. 그래서 나는 그녀가 말하는 프랑스어는 금방 알아들을 수 있었다. 하지만 객실 메이드는 파리식 프랑스어를 사용해서 항상 통역이 필요하다는 느낌을 받았다. 매일 아침 그녀는 통과 솔을 들고 밖에 나가 복도를 닦았다. 두 사람은 나에게 변함없이 친절하게 대해 주었다. 그들의 고양이 미키는 나와 친해져서, 내 방에서 대부분의 시간을 함께 보냈다. 또한 미키는 옷장 위로 기어 올라가 방을 가로질러 내가 책을 읽거나 그림을 그리거나 딸기 페이스트리가 가득 담긴 데미 바게트를 즐기고 있을 때 내 어깨에 올라타기도 했다.

날씨가 좋으면 공원을 산책하거나 공원 벤치에 앉아 책을 읽었었고 종종 주변에서 일어나는 대화에 귀를 기울이곤 했다. 2살 정도 되어 보이는 딸을 데리고 온 젊은 부부가 특별히 기억난다. "꼭꼭 숨어라." 그들은 딸에게 말했다. 소녀는 당황한 표정이었지만 부모가 계속 반복하자 눈을 질끈 감아 버려 부모와 구경꾼들을 즐겁게 했다.

그렇다면 보통 여행자는 무엇을 보게 될까? 잘 관찰해보면 그 사람이 무엇을 찾도록 배웠는지 쉽게 추측할 수 있다. 점점 더 많은 사람들이 여행 포스터와 자동차 광고를 통해 그 시대 사람들의 시각을 배우고 있었다. 어느 늦은 오후, 강변에 있는 예쁜 성당인 성 에티엔 뒤 몽St. Etienne du Mont을 방문했다가 본당 한쪽에서 다른 쪽을 건너갈 수 있는 특이한 다리 모양의 주랑에 매료되었던 기억이 있다. 그런데 교회에서 나와 한적한 광장에 들어서자 지붕이 내려져 있는 검은색 재규어 쿠페 한 대를 발견했다. 재규어 안 라디오에서는 아름다운 실내악이 흘러나오고 있었다. 광장과 자동차, 교회의 외관이 정말 멋진 조합이라고 생각했다. 하지만 잠시 후 이것이 값비싸고 스포티한 자동차 광고의 표준 형식이라는 생각이 들었는데, 그 순간 나는 문득 매디슨 애비뉴에서 내가 기대하도록 훈련받은 것을 보았다는 사실을 깨달았다.

물론 나처럼 파리에 관한 책과 영화, 사진을 미리 공부하면, 프랑스 작가, 사진작가, 예술가들이 묘사한 것처럼 파리를 볼 준비가 되어 있을 것이다. 오스카 와일드와 휘슬러가 런던의 템스강을 안개 낀 곳으로 묘사한 것처럼 파리를 안개 낀 곳으로 보기 위해 최선을 다할 것이 분명하다.

플라톤을 통해 보이는 소크라테스가 크세노폰[51]과 에우리피데스[52]가 묘사한 소크라테스보다 더 나은 것 같다. 하지만 만약 우리가 '진정한' 소크라테스를 알 수 있다면 플라톤의 소크라테스보다 더 좋아하지 않을까? 그리고 우리가 그를 좋아하는지 아닌지가 정말 중요할까? 소크라테스가 알려주는, 즉 무자비할 정도로 솔직한 자기 성찰과 같은 것들은 아마도 플라톤뿐만 아니라 다른 이에 의해서라도 우리에게 알려졌을 것이다. 나다르[53]와 비고[54], 트뤼포[55]의 파리는 빠르게 사라지고 있었다. 일부 사람들은 홀로코스트가 실제로 존재했는지에 대한 비뚤어진 의문을 가지기도 한다. 우리 역시 곧 그것이 실제로 존재했는지에 대해 의문을 가질 수도 있을 것이다.

당시 가스통 버거 교수가 이끌던 파리의 풀브라이트 사무실은 우리에게 프랑스 문화를 소개할 다양한 방법을 찾는 데 매우 적극적이었다. 가장 먼저 그는 가브리엘 마르셀과의 만남을 주선했다. 가톨릭을 대표하는 극작가이자 철학자, 문필가인 마르셀은 유

---

51. 크세노폰(약 기원전 430~354)은 고대 그리스의 철학자, 군인, 역사가. 소크라테스의 제자이다. (역주)
52. 에우리피데스(약 기원전 480~406)는 고대 아테네에서 활동한 비극 시인으로 아이스킬로스, 소포클레스와 더불어 가장 뛰어나다고 평가받는다. (역주)
53. 펠릭스 나다르(Félix Nadar, 1820~1910)는 프랑스의 만화가, 사진작가이다. (역주)
54. 장 비고(Jean Vigo, 1905~1934)는 프랑스의 영화감독이다. 1930년대 프랑스 시적 사실주의를 이끌었다. (역주)
55. 프랑수아 트뤼포(François Truffaut, 1932~1984)는 프랑스의 영화인으로, 프랑스의 새로운 영화 흐름을 이끌었던 주요 인물이다. (역주)

머러스한 대화와 활기찬 모습으로 프랑스 본연의 모습을 보여줄 수 있는 완벽한 인물이었다.

또한, 프랑스 철학계의 거의 모든 분야에서 활동하는 유명 인사들의 저녁 강연을 들을 수 있는 콜레주 필로소피크College Philosophique도 소개받았다. 내가 참석한 강연 중에는 블라디미르 얀켈레비치, 에마누엘 레비나스, 라베 피에르의 강연도 포함되어 있었다. 콜레주 필로소피크의 저녁 프로그램은 프랑스 학계의 촘촘한 그물망에서 벗어난 학자들이 지적인 대중과 계속 만날 수 있는 중요한 통로 역할을 했다.

내가 뉴욕을 떠나기 전에 마이어 샤피로 교수는 파리에서 나와 비슷한 관심사를 가질 만한 사람들을 소개하는 메모를 건넸다. 그중 한 명이 마르크 샤갈 부인이었다. 그녀는 르누아르처럼 활기찬 가족들 사이에서 나를 따뜻하게 맞이해 주었다. 샤갈 부인은 농담처럼 샤피로와 그녀의 남편이 닮았다고 했다. 그 말을 듣고 나는 크게 웃었다. 그 이후로 나는 두 사람을 따로 떼어서 생각할 수 없었다. 샤갈 가족은 샤갈이 멀리 떨어져 있어도 흔들리지 않는 따뜻한 자족감自足感을 가지고 있었다. 하지만 나는 따뜻함과 자족감 그 이상을 원했는데, 단순한 사교성을 넘어 프랑스어로 하는 대화가 주는 즐거움을 바랐다.

가족들의 따뜻한 인사에도 불구하고 나는 샤갈의 집에 다시 가지 않았다. 지금 생각해 보면, 가족들은 충분히 나에게 친절했지만, 내 자신감이 부족했다. 샤갈 부부를 다시 만날 기회를 놓친 것이 아쉬웠지만, 다시 와도 괜찮을지 질문할 엄두가 나지 않았다.

난 그들에게 귀찮은 존재가 되고 싶지 않았다. 마르크 샤갈이 언제 돌아오는지 물어보았다면, 그를 만나 파리와 프랑스, 그림, 그리고 그의 멋진 경험들에 대해 이야기할 수 있었을 텐데… 무척 아쉬웠다. 좋은 기회를 놓친 것이다.

하지만, 운 좋게도 모든 기회를 놓친 것은 아니었다. 샤피로는 내가 살던 곳에서 멀지 않은 자르뎅 드 룩셈부르크 근처의 큰 옥탑방에서 작업하던 예술가 장 엘리옹[56]도 소개해 주었다. 엘리옹은 멋진 매력과 활력 그리고 집념을 가진 사람이었다. 그는 독일군에 의해 동독의 감옥선에 억류되었다가 탈출했다. 그리고 그 당시 독일에 의해 점령되지 않았던 프랑스로 향했다. 얼마 후 그는 프랑스-독일 국경으로 향하는 기차에 몸을 실었다. 열차가 검문소에 멈추자 그는 들고 있던 자루에서 망치를 꺼내 열차 작업자들이 바퀴에 금이 갔는지 확인하는 것처럼 보이기 위해 열차 바퀴를 두드리기 시작했다. 그렇게 해서 그는 곧 국경을 넘을 수 있었다.

예술가로서 엘리옹은 주로 레제[57]의 동료로 잘 알려져 있었다. 두 사람의 그림 스타일과 주제는 매우 비슷했다. 주로 큰 캔버스에 왠지 모르게 기계적으로 보이는 사람들의 군상을 묘사했다. 나는 매주 토요일 오후에 엘리옹의 작업실로 갔다. 그가 붓을 닦고 있을 때면 그가 작업 중인 그림에 대해 이야기를 나누곤 했다. 샤피

---

56. 장 엘리옹(Jean Hélion, 1904~1987)은 프랑스의 추상주의 화가이다. 그는 또한 여러 권의 책과 광범위한 비평적 저술의 저자이기도 했다. (역주)

57. 조제프 페르낭 앙리 레제(Joseph Fernand Henri Léger, 1881~1955)는 프랑스의 화가이다. 인상파 마티스, 세잔의 영향을 받아 1911년경부터 입체파 운동에 참여하여, 현대 추상화의 길을 열었다. (역주)

로와 마찬가지로 엘리옹도 사람들을 매료시킬 만큼 말을 잘했다. 만약 그가 공원 벤치에 앉아 있는 실직자로 보이는 한 남자를 그렸다면 그는 "공터"를 뜻하는 프랑스어 단어의 어원에 대해 알아볼 것이다. 이는 "애매모호한 지역"이라는 말 그대로 헐벗고 모호한 땅이라는 뜻이다. 우리는 엘리옹이 최근에 작업한 프랑스 시인 르네 샤르의 시집에 실린 삽화를 함께 보거나, 오후 늦게 방문한 사울 스타인버그(우리 각자에게 진지하게 뼈 이쑤시개를 건넨 사람)나 엘리옹의 아내 친구 및 친척들과 이야기를 나누기도 했다. 방문객들 사이에서 엘리옹의 최근 화풍에 대한 큰 열정과 관심은 발견할 수 없었다. 그는 이전 작품보다 더 강력하고 인상적인 작품으로 탈바꿈하려 했지만, 아쉽게도 성공하지는 못한 것 같았다.

오후 5시가 되면 우리는 엘리옹의 스튜디오에서 아파트 옥상까지 그의 뒤를 따라갔다. 거기서 파리의 굴뚝들이 멋진 파노라마로 펼쳐지는 것을 볼 수 있었다. 그의 친절한 아내 페긴은 이미 도착한 손님들을 위해 베르무트[58]를 따르고 있었다. 페긴은 구겐하임 미술관의 설립자인 페기 구겐하임의 자녀 중 한 명이었다. 페긴의 그림은 부부의 아파트 벽에 많이 걸려 있었다. 그녀의 그림은 뒤피[59]의 활력과 즉흥성을 연상시켰다. 페긴에게 어린아이 같은 면이 약간 있었던 것처럼 그녀의 그림에도 뭔가 어린애 같은 면이 있었다(하지만 나중에 알고 보니 그녀는 여러 차례 자살을 시도한 적이

---

58. 베르무트는 18세기 이탈리아에서 만들어진 와인에서 파생된 술의 한 종류이다. (역주)
59. 라울 뒤피(Raoul Dufy, 1877~1953)는 프랑스의 화가이다. 직물, 도자기 디자이너 사이에서 유행한 다채롭고 장식적인 스타일을 발전시켰다. (역주)

있었다). 몇 시간 동안 칵테일을 마시며 대화를 나누고 나면 주인과 손님은 저녁 식사를 하기 위해 자리를 옮겼다.

어느 날 오후, 엘리옹의 스튜디오에서 프란시스 퐁주[60]라는 시인을 만나 사물을 소재로 한 엘리옹의 그림에 대해 이야기를 나누었다. 그는 나를 초대했고 나는 여러 차례 그를 방문했다. 인간과 사물의 모호한 관계에 관심을 가졌던 실존주의 철학자 몇몇이 퐁주를 높이 평가했다는 사실을 알고 있었다. 사르트르는 60페이지 분량의 에세이를 퐁주에게 헌사했고, 내 기억으로는 메를로 퐁티[61]도 마찬가지였다. 벨라발에게 퐁주와의 만남에 대해 말하자 그는 퐁주를 매우 존경한다고 답했다. 내가 두 사람에게 서로를 소개해 주겠다고 제안하자, 놀랍게도 그들은 즉시 수락했다. 그들의 만남은 매우 성공적이었다. 나는 작은 성취를 이룬 것 같아 뿌듯했다. 벨레발은 퐁주의 시를 높이 평가했고, 시인을 소개해 준 나에게 자주 감사의 뜻을 전했다. 예술에 관심이 많은 파리지앵들은 모두 서로를 알고 있을 거라 생각했는데, 벨레발이 퐁주와 아직 친분이 없었다는 사실에 놀랐던 기억이 있다.

프랑스와 같은 곳에서는 개인적인 친분을 통해 연대를 맺는 여타의 국가들과는 다르게, 많은 사람들이 시를 통해 서로 연결되는 것처럼 보였다. 1945년 군 복무 중 파리에서 앨리스 B. 토클라

---

60. 프란시스 퐁주(Francis Ponge, 1899~1988)는 프랑스의 시인으로 소르본 대학에서 법학과 철학을 공부했고, '사물 시'를 쓰는 시인으로 잘 알려져 있다. 오늘날 프랑스 초등학생들이 가장 좋아하는 시인으로 꼽힌다. (역주)
61. 모리스 메를로 퐁티((M, Merleau-Ponty, 1908~1961)는 프랑스의 철학자이다. 장폴 사르트르와 함께 프랑스 현대 철학의 양대 산맥으로, 현상학과 실존주의를 연구했다. (역주)

스를 만나 스티븐 스펜더의 시를 주제로 대화를 나눴을 때도 마찬가지였다. 스펜더는 그의 시 중 한 편에서 친구 메를로 퐁티의 죽음을 애도했었다. "십 년 전, 이곳 제네바에서 나는 메를로 퐁티와 호숫가를 걸었다…" 스펜더는 말했다. 스펜더와 메를로 퐁티의 산책은 앨리스 B. 토클라스가 파리에서 나에게 스펜더에 대해 이야기한 지 몇 달이 지나지 않은 시점에 이루어졌다. 희미한 연결 고리에 불과했지만, 스펜더의 시는 메를로 퐁티를 만나기 훨씬 전부터 나와 메를로 퐁티를 연결해 주었다. 나는 여전히 현대 프랑스 철학자 중에서 메를로 퐁티의 글을 가장 많이 읽는다.

내가 엘리옹의 작품보다 더 좋아하는 예술가는 파리에 사는 체코 난민 요제프 시마[62]라는 작가이다. 시마의 그림에는 미디어에 대한 원초적인 무언가가 있었다. 나는 그를 자주 방문했다. 내가 프랑스를 떠난 이듬해, 그는 나에게 결혼 선물로 그림을 주었다. 그는 온화하고 친절한 사람이었고, 나는 이후에 조 아이작슨을 위해 그의 그림을 구입할 수 있어서 기뻤다. 하지만 조는 그 그림을 그렇게 마음에 들어 하지는 않았다.

벨라발과 나의 또 다른 시도는 벨라발을 퐁주에게 소개한 것만큼 잘 진행되지 못했다. 언젠가 내 사촌인 그레고리 핀커스가 이 도시에 와서 강력한 미국인 노동조합인 산업조직회의Congress of Industrial Organization, CIO의 대표를 소개해 주고 싶다고 했다. 식당에서 만난 그 대표는 매우 강인하고 결단력 있는 사람처럼 보였

---

62. 요제프 시마(Josef Sima, 1891~1971)는 현대 유럽 예술에서 중요한 역할을 담당했던 체코의 유명한 화가이다. (역주)

고 깊은 인상을 남겼다. 산업조직회의 담당자는 전쟁 기간 동안 프랑스 도서관은 책을 구입할 돈이 거의 없었고, 연구 자료 또한 심각하게 뒤처질 위험에 처해 있었다고 설명했다. 그는 산업조직회의가 소르본 도서관에 거액을 기부할 의향이 있으나 여름 휴가철이라 협상할 사람을 찾을 수 없었다고 했다. 이를 위해 연락할 수 있는 사람이 없을까? 개인적으로 알고 지냈던 소르본 대학교 철학과 학과장인 수라우 교수가 떠올랐다. 나는 벨라발과 이 문제를 논의했고, 벨라발도 나와 함께 수라우 교수를 만나러 갔다. 그런데 알고 보니 그 당시 수라우 교수는 아파서 학교에 나오지 않고 있었다. 이런 훌륭한 프로젝트가 실패할 줄은 몰랐는데, 실제로 그렇게 되어 버렸다.

*　　　*　　　*

파리에 처음 도착했을 때, 나는 바로 박사 후 과정에 등록했다. 이 과정은 비교적 업무가 적어서 나와 같은 단기 방문자에게 이상적이었다. 또한, 나는 메를로 퐁티의 강의도 등록했다. 그의 강의는 항상 학생들이 많아서 나는 강의 내내 서서 들어야 했다. 나는 이 사실을 납득하기 어려웠다. 그러던 중 라디오에서 동시에 강의가 나오고 있다는 사실을 알게 되어 그때부터는 내 방에서 그의 강의를 들을 수 있었다.

메를로 퐁티는 키가 크고 냉철해 보이는 인물로, 콜레주 드 프랑스의 철학 교수가 되기 전 소르본에서 아동 심리학과 교육학 교수를 역임한 바 있었다. 철학자가 아동 심리학과 교육학에 대한 배경지식을 가지고 있다는 것은 매우 이례적인 일이었다. 그가 어린이의 철학적 함의에 대한 나의 관심에 크게 기여한 것은 의심할 여지가 없다.

또한, 메를로 퐁티는 사르트르, 보부아르와 우정을 맺었으며 유명한 『레탕모데른Les Temps Modernes』의 편집자로 프랑스 실존주의에서 중요한 역할을 하고 있었다. 그 저널에 실린다는 것은 현대 프랑스 철학계에서 인정받았다는 것을 의미했다. 시간이 지날수록 나는 메를로 퐁티와 더 적극적으로 친분을 쌓지 못한 것에 대해 점점 더 깊이 후회하게 되었다. 사고, 모호함, 신체, 어린 시절 경험 등 그와 함께 이야기하고 싶었던 주제가 너무 많았다.

또 다른 사건은 벨라발과 메를로 퐁티와 관련된 것이었다. 프랑스로 떠나기 전인 1950년 여름, 나는 정신의학, 신경학, 철학과 관련된 주제에 관심이 가고 있었다. 구체적으로 그것은 신체 이미지의 지위 문제였다. 사피로는 피카소의 〈거울 앞의 소녀〉에 대해 이야기하면서 폴 쉴더의 『인체의 이미지와 외모The Image and Appearance of Human Body』라는 책을 언급했다. 쉴더는 프로이트와 함께 공부한 빈의 신경학자이자 정신과 의사로, 우리의 사고와 신체 이미지 사이의 관계에 관심이 있었다. 그에게 신체 이미지는 사회적 구성물이자 사회적 관계의 산물이다. 나는 신체 이미지를 다룬 자료가 너무 풍부해서 이를 요약한 50페이지 분량의 논문을 작성했다. 파리에 도착해서 벨라발에게 그 논문을 보여줬고, 벨라발은 이 논문을 메를로 퐁티에서 보여줬다. 메를로 퐁티는 이 논문이 이미 영어로 출판되었는지 알고 싶어 했다. 그렇지 않다는 소식을 듣고 메를로 퐁티는 나와 이야기를 나누고 싶어 했다.

　나는 약속 장소가 메를로 퐁티의 개인 연구실이나 카페일 거라고 생각하고, 약속 시간에 맞춰 그곳으로 갔다. 그런데 어느 사이 장 폴한의 집에서 열린 우아한 파티에 참석하게 되었다. 폴한은 현대 프랑스 문화에 관심이 있는 사람이라면 누구에게나 익숙한 이름이었기 때문에 나에게도 친숙한 인물이었다. 그는 출판인으로서 프랑스 문학계에서 영향력이 큰 저명 인사였다. 또한 폴한은 프랑스 어린이들의 시집을 출판하기도 했다.

　기억을 더듬어 그날 저녁의 사건을 재구성해 보면, 나는 폴한과 메를로 퐁티가 내 논문에 관심을 가졌다는 인상을 받았다. 폴한도 그 논문을 보고 출판할 수 있을 것이라고 생각한 것 같았다. 그래서 그들은 나를 위한 자리를 준비했던 것이다. 폴한은 로비에서 나를 맞이한 후 근처에 혼자 서 있던 메를로 퐁티에게 데려다주었다. 메를로 퐁티는 키가 크고 중후하며 영리한 사람이었다. 그는 내가 컬럼비아 대학교에서 함께 있었던 미국 철학자 저스터스 버클러Justus Buchler와 매우 닮아 보였다. 소개를 마친 후 폴한은 자리를 떴고, 메를로 퐁티와 나는 논문의 출판 가능성에 대해 간단히 이야기를 나눴다. 그는 이 논문이 이전에 출판된 적이 있냐고 물었다. 나는 그런 적이 없다고 말하며 그를 안심시켰다. "번역해 주시면 좋겠어요"라고 말한 그는 이어서 "『레탕모데른』에 게재된 것을 볼 수 있을 거예요"라고 말했다. 나는 그의 말에 매우 놀라고 기뻤다. 나는 최선을 다해서 번역하겠다고 말했다. 그는 나에게 논문을 게재할 수 있는 자격이 부족하다는 말은 하지 않았다 (그 당시 나는 겨우 27살이었고, 신경학에 대한 경험도 없었으며, 철학에 대한 지식도 부족했다). 메를로 퐁티는 다시 폴한에게 나를 데려다주고 자리를 떠났다. 폴한은 나에게 아름다운 프랑스 여성을 소개해 주었다. 그녀는 영어를 거의 하지 못했다. 나는 대화를 이끌어 가려고 노력했으나, 쉽지 않았다. 그래도 그녀는 다정했고, 쾌활했다.

그 당시 나는 무지하고 세련되지 못한 미국 학생일 뿐이었고, 세상의 이치를 더 잘 아는 교양 있는 학생이 되고 싶었다. 그렇게 동경하던 문화를 경험할 기회가 주어졌고, 심지어 아름다운 여성까지 나에게 관심을 보였지만 나는 세련미, 영리함, 매력 그 어떤 것도 보여줄 수 없었다. 폴한과 메를로 퐁티는 자신들이 무엇을 하고 있는지 정확히 알고 있었다. 그들은 나와 협상을 벌이고 있었다. 그런데 나는 바보처럼 아무것도 할 수 없었다. 나는 헨리 제임스[63]의 소설처럼 매력적인 유럽인들에게 속아 넘어가는 멍청한 미국인과 다름없었다.

나는 이 젊은 프랑스 여성이 내가 파티에서 편안하게 지낼 수 있도록 도와주는 역할을 맡았다고 생각했다. 완벽한 저녁이 눈앞에서 펼쳐지는 것 같았지만, 나는 도저히 따라갈 수 없었다. 갑자기 서툰 프랑스어와 함께 지저분하고 구겨진 내 옷이 부끄러워졌

---

63. 헨리 제임스(Henry James, 1843~1916)는 미국에서 태어난 소설가이다. 근대 사실주의 문학의 지도자이며, 이상한 환경·처지와 그와 관련된 일반인의 심리를 다루는 데 뛰어났다. 철학자 윌리엄 제임스의 동생이기도 하다. (역주)

다. 그래도 나는 필사적으로 더 머물면서 이야기를 나누고 싶었다. 적어도 아름다운 그 여성에게 다음에 다시 만날 수 있는지 물어보고 싶었다. 하지만 내가 할 수 있는 것은 급하게 지어낸 변명을 중얼거리는 것밖에 없었다. 그녀가 나를 설득하려 애썼음에도 불구하고 나는 그 자리에서 도망쳤다.

메를로 퐁티는 '레탕모데른'이라는 마법 같은 이름을 내 앞에 내걸었고, 나는 그 방향으로 나아가는 것을 포기할 생각이 없었다. 폴한의 파티에 참석한 여성은 정말 아름다웠다. 나는 그녀와의 만남을 위해 벨라발에게 도움을 요청할 수도 있었다. 하지만 곧 그런 행동이 위험하다고 생각했다. 왜냐하면 당시 나는 위노나의 소개로 벨라발을 알게 되었고 위노나는 종종 벨라발과 함께 다녔기 때문이다. 벨라발이 나의 그런 요청이 부적절하다고 생각할 수도 있었다. 게다가 나는 프랑스에서 두 번째 해를 보내기 위해 돈을 저축하려고 노력하고 있었다. 금전적인 측면만 고려하더라도 삶의 방식이 나와 전혀 다른 사람과 어떻게 관계를 맺을 수 있겠는가? 그리고 언어도 문제였다. 만약 그녀가 나에게 영어로 한두 마디라도 말을 건넸다면 나는 다시 한번 용기를 냈을지도 모른다.

"하지만 아니었다."

나는 스스로에게 말했다.

"프랑스어에 능숙하지 않다는 것은 진짜 상벽이 될 거야. 그리고 내가 따뜻하게 느끼는 것은 익숙하지 않은 일종의 관습적인 친절일 수 있어."

그래서 나는 그냥 포기했다.

하지만 신체 이미지에 관련된 내 논문은 포기하고 싶지 않았다. 전문 번역을 의뢰할 엄두는 나지 않았다. 그래서 직접 프랑스어로 번역하기로 결심했다. 지금도 그때의 어처구니없는 결말을 생각하면 몸서리를 치지만, 번역을 마칠 때까지 꾸준히 번역 작업을 했다. 그 후 나는 별다른 말 없이 번역본을 벨라발에게 주었다. 벨라발은 첫 페이지에 벨라발 특유의 붉은 잉크로 메모를 빼곡히 적어서 아무 말 없이 나에게 다시 돌려주었다. 나는 그의 의견을 물어볼 용기가 나지 않았다. 나는 번역본을 나의 서랍 속에 넣었고, 그것으로 끝이었다. 아마도 그 논문은 미국으로 돌아가는 길에 잃어버린 것 같다.

풀브라이트 기관 덕분에 만날 수 있었던 파리의 또 다른 철학 교수는 나이가 많았던 장 발[64]이었다. 나는 그의 철학사 연구서인 『철학자의 길Philosopher's Way』을 읽었다. 철학사 속의 모든 사람을 현재 대화에 참여하는 살아있고 생각하는 존재로 대하는 방식에 깊은 인상을 받았다. 풀브라이트 장학생들을 위한 연회를 주최하는 자리에서 함께한 그의 아름답고 젊은 아내도 인상적이었다. 발 교수는 나를 논문 심사에 초대했다(미국과 달리 공개적으로 진행됨). 학위 후보자에 대한 심사는 발 교수가 직접 진행하는 것으로 되어 있었다. 나는 항상 도움이 되면서도 섬세하고 날카로운 질문을 던지는 발 교수의 모습이 아름답다고 생각했다.

내가 방문하고 대화를 나눈 또 다른 프랑스 철학자는 가스통

---

64. 장 앙드레 발(Jean André Wahl, 1888~1974)은 프랑스의 철학자로 1930년대 프랑스에 헤겔 사상을 도입한 사람들 중 한 사람으로 알려져 있다. (역주)

바슐라르[65]였다. 바슐라르와는 나름대로 잘 지냈다. 그래도 내 프랑스어가 그렇게 어설프지 않았다면 더 잘 지냈을 것이다. 나는 그의 실험적인 과학 개념이 어떤 면에서 듀이의 이론과 비슷하다고 생각했다. 나는 그에게 듀이의 『논리학』을 읽어보았냐고 물었다. 그러자 그는 이탈리아어 번역본으로 읽어봤다고 대답했다(아마도 그가 알고 있는 것은 듀이의 훨씬 이전 에세이인 『실험적 논리학』이 아닐까 싶었다). 나는 아직도 천장 높이의 책더미에 둘러싸여 책상에 앉아 세상을 바라보던 바슐라르의 모습이 눈에 선하다. 그 모습은 마치 벽으로 둘러싸인 작은 동굴에 앉아 있는 칼 마르크스 같았다. 나는 그의 원소(흙, 공기, 불, 물)에 대한 정신분석적/현상학적 접근이 문학 분석뿐만 아니라 어린이 과학교육에도 매우 적절하다고 생각했다. 동시에 바슐라르의 과학철학과 프란시스 퐁주의 시 사이에 풍부한 울림이 있는 것을 느꼈다.

＊　　　＊　　　＊

어느새 파리에서의 첫해가 끝나가고 있었다. 나는 프랑스의 시, 예술, 철학을 새롭게 알 수 있었을 뿐만 아니라, 아름다운 위노나와 사랑에 빠졌다. 나는 그녀의 지적 능력뿐만 아니라 존재 자체만으로도 사람을 끌어당기는 에너지를 사랑했다. 위노나는 나의

---

65. 가스통 루이 피에르 바슐라르(Gaston Louis Pierre Bachelard, 1884~1962)는 프랑스의 철학자로, 과학, 시, 교육, 시간에 관한 철학을 연구했다. 과학기술사연구소(IHST)의 소장이었던 바슐라르는 프랑스의 역사적 인식론 학파를 대표하는 주요 학자 중 하나이다. (역주)

사랑을 받아주었다. 그녀와 나는 지적인 주제에 대해 몇 시간이고 이야기할 수 있는 능력, 문화에 대한 공통된 인식, 교육의 가치에 대한 공통된 신념 등 여러 면에서 잘 맞았다. 아마도 이 때문에 나에 대한 그녀의 애정도 커졌을 것이다.

논의 끝에 위노나와 나는 평소보다 훨씬 더 검소하게 생활하더라도, 1년 더 유럽에 머물기로 결심했다. 1951년 가을 어느 날, 갑자기 그녀의 아버지가 돌아가셨다. 그녀는 장례식을 위해 조지아로 돌아갔다가 논문을 완성하기 위해 다시 파리로 돌아왔다. 우리는 1952년 1월, 다음 학기를 위해 빈으로 떠나기 전 파리 시청에서 결혼식을 올렸다.

파리에 왔을 때, 우리가 결혼할 거라고는 상상도 하지 못했다. 우리는 공부를 하러 왔기 때문이다. 하지만 우리는 사랑에 빠졌고, 그 당시가 결혼하기에 가장 적절한 시기라고 생각했다. 우리는 위노나가 지드와 카뮈를 가르치면서, 그리고 내가 카뮈와 사르트르를 읽으면서 흡수한 '모범적 행위exemplary act'에 대한 실존주의적 교훈에 충분히 민감했다. 그래서 우리는 이러한 행동이 다른 사람들에게도 강력한 본보기가 될 수 있다고 생각했다. 자세히 이야기한 적은 없지만, 다른 사람들이 따를 수 있는 인종 간 화합의 모델을 제시해야 한다는 일종의 의무감을 느낀 것 같다.

그것은 작지만, 실질적인 정치적 의미를 포함한 행동이었으며, 결혼 생활 동안 우리 둘은 그 의미를 유지했다. 물론 우리는 정치적 또는 철학적 이유만으로 결혼하기에는 서로에 대한 존중이 너무 컸다. 그럼에도 불구하고 그런 동기가 분명히 있었다. 게다가 다른 사람들이 모범을 보일 때까지 기다릴 것이 아니라 내가 먼저 나서야 한다는 생각도 있었다.

우리는 유럽에서의 마지막 학기를 오스트리아 그문덴의 한 학교에서 보냈다. 그곳에서 빈 대학교의 오토 데무스 교수가 가르치는 중세 후기 오스트리아 미술에 대해 공부했다. 데무스는 노르만 시칠리아 예술에 관한 전문가로, 훌륭한 책을 출판하기도 했다. 전쟁 중 캐나다에 억류되어 있던 그는 전쟁이 끝날 무렵 오스트리아에서 방송되는 '미국의 목소리Voice of America' 프로그램의 해설자가 되었다. 그는 앤서니 에덴을 연상시키는 우아한 남자였고, 특유의 억양 없이 영어를 구사했다. 하지만, 그는 매우 우울해 보였다. 그는 3살 연하의 젊은 아내가 최근 자동차 사고로 사망했다는 소식을 전해왔다. 유명한 피아니스트인 위르그 데무스와 우익 정치 운동을 하는 두 아들에 대한 이야기도 들려주었다. 그는 빈에서 누구나 부러워할 만한 곳에 살고 있었다. 그곳은 한때 벨베데레 성의 관리인이 사용했던 고풍스러운 별장이었다. 나는 그에게 코코슈카[66]에 대해서도 물었다. "그가 쇠약해졌다는 것이 사실인가요?"

"아뇨." 그는 재미있어하며 대답했다. "그는 단지 다른 사람의 건강을 더 나쁘게 할 뿐이에요."

나와 벨라발은 철학뿐만 아니라 심리학과 시 등 관심사가 비슷해서 이야기할 주제가 부족할 틈이 없었다. 1952년 듀이의 사망 소식을 전해준 것도 벨라발이었고, 언젠가 젊은 철학도라면 한 가

---

66. 오스카르 코코슈카(Oskar Kokoschka, 1886~1980)는 오스트리아의 화가이자 극작가다. (역주)

지 주제에 몰두하는 것이 좋겠다고 조언을 해준 것도 벨라발이었다. 당시에는 그 조언을 어떻게 받아들여야 할지 몰랐지만 그 조언을 잊지 않기 위해 각별히 신경 쓰려고 노력했다. 그만큼 그 말을 신중하게 받아들였다. 나는 마지막 학기를 유럽에서 보내면서 독일어 실력을 키우고 특히 칸트를 공부하기로 결심했다. 그리고 영어 번역본이 없었던 로만 잉가든의 『예술작품The Literary Work of Art』도 공부했다. 이 두 권의 책은 내가 벨라발의 조언을 진지하게 받아들인다면 꼭 읽어봐야 할 책이라고 생각했다.

그래서 나는 빈에 있는 동안 매일 칸트의 『순수이성비판』을 읽었고, 막스 뮐러의 영역본을 참고했다. 그 후 잉가든의 책도 읽었지만, 참고할 번역본이 없어 이 시도는 거의 실패로 돌아갔다. 잉가든을 읽기 위해 시간을 보낸 것을 후회한 적은 없었다. 하지만 그 때문에 칸트의 『판단력 비판』을 충분히 읽지 못한 것은 무척 아쉬웠다.

당시 빈에는 페긴 구겐하임의 여동생 폼과 그녀의 남편인 사진작가 테드 고서도 함께 있었다. 나를 비롯한 대부분의 미국인은 폼을 애플이라고 불렀다. 우리는 서로 편안하게 지냈다. 그들의 아파트에도 파리에 있는 장과 페긴 엘리옹 부부처럼 종종 손님들이 초대되었다. 그중 한 명인 커트 퐁거라는 사람은 미국인들이 독가스를 사용했다는 북한 측의 주장에 대한 내 의견을 물었다. 나는 정말로 그 문제에 대해서는 들은 바가 없다고 대답했다. 그 뒤로 만날 때마다 그는 독가스 사건에 대한 내 견해를 집요하게 물었다.

고서의 아파트는 러시아가 점령한 빈의 한 구역에 있었기 때문에 조금이라도 눈에 띄는 행동은 정치적 의도로 비칠 수 있었다. 그래서인지 어느 날 뉴욕 신문에 커트 퐁거가 수갑을 찬 채 항공기에서 내려오는 사진이 실린 것을 보고도 크게 놀라지 않았다. 기사에는 그가 간첩 혐의로 기소되었다는 내용이 적혀 있었다. 그가 정말로 스파이였다면 서툰 초보자였을 것이다. 어쨌든 그 후로 그에 대한 소식은 듣지 못했다.

위노나와 내가 유럽에서의 2년이라는 시간을 마무리하고 귀국을 준비하던 중, 충격적인 소식을 들었다. 페긴 구겐하임의 자살 소식이었다. 나에게는 한 시대가 끝나는 느낌이었다. 우리는 미국으로 돌아갈 계획을 세웠지만 각자 다른 목적지로 향하게 되었다. 우리는 여전히 서로를 사랑했고, 관계를 계속 이어 나갈 생각이었다. 하지만 지금은 서로 떨어져 있어야만 한다고 생각했다. 위노나는 모어하우스 대학에서의 생활을 편안하게 느꼈고 여전히 가르치는 일에서 얻을 것이 많다고 생각했다. 그래서 그녀는 모어하우스 대학에서의 가을 학기 강의를 준비하기 위해 애틀랜타로 돌아갔다. 나에게는 뉴욕이 집이었다. 그래서 나는 그곳으로 돌아갈 준비를 했다. 우리의 계획은 내가 뉴욕에서 종신 교수직을 확보하는 것이었다. 그러면 위노나가 모어하우스 대학을 떠나 나와 함께 사는 것이었다.

2년간의 멋진 모험을 마치고 프랑스를 떠나는 것이 내키지는 않았다. 하지만 프랑스에서 내가 할 수 있는 일은 프랑스 학생들에게 영어를 가르치는 일뿐이었다. 분명 내가 흥미를 느낄 만한 일은 아니었다. 그래서 나는 집으로 돌아가는 배를 타고 뉴욕으로 향할

준비를 했다. 나 같은 사회 초년생에게 많은 즐거움과 기쁨을 안겨
준 도시를 떠나는 것이 무척 아쉬웠지만, 이제 집으로 돌아갈 시
간이었다.

6.

뉴욕의 대학교수

1952년 여름, 유럽에서 풀브라이트 프로그램을 마치고 미국으로 돌아온 나는 미국이 여전히 아이젠하워 시대의 관습에 갇혀 있는 것을 발견했다. 캠퍼스에는 삭발한 남학생들과 교리적인 사상을 지지하는 순응적인 분위기가 만연했다. 나는 파리와 빈에서 폭넓은 모험을 경험하였기에 이러한 순응적인 생활에 적응하는 것이 약간은 불편했다. 하지만 나의 주된 관심사는 일자리를 찾는 것이었다.

나는 잠시 이곳을 방문한 위노나와 함께 컬럼비아 대학교 철학과 학과장 어윈 에드먼 교수를 방문했다. 그는 몇 년 전 논문 심사에서 나를 질책했던 교수였다. 에드먼은 친절하게 책을 몇 권 건네주었다. 하지만 나에게 줄 수 있는 교수직은 없다고 단호히 말했다. 나는 계속해서 철학 교수 자리를 알아보고 다녔다. 내가 받은 제안은 컬럼비아 대학교에서 풀타임 계약직으로 일할 수 있는 자리부터 논리학이나 철학 개론의 일부 파트타임 강의까지 다양했다.

나는 이런 제안들을 받아들였다. 몇 년 동안은 시간 강사를 하면서 먹고살 수 있었다. 그러던 중에 새로운 변화가 있었다. 동료 대학원생인 렌 펠드스타인은 취업에 어려움을 겪고 있는 대학원생을 돕고 싶어 하는 철학 교수 저스터스 버클러와 친분이 있었다. 버클러는 동생 해리를 위해 컬럼비아 대학교 약학대학의 일반교육학과에 자리를 구해준 적이 있었다. 하지만 해리 버클러가 갑작스럽게 죽고 말았다. 버클러는 동생을 대신할 사람을 찾아야 했다. 그는 렌 펠드스타인에게 그 일을 주었다. 렌은 한동안 컬럼비아 대학교 약학대학에서 가르친 후 그 일을 나에게 넘겼다. 그 후 그는 메네스 음악대학에서 일반 교육 과정을 맡았다. 이후에 메네스 음악대학의 일도 나에게 넘겨주면서 그는 포드햄 대학의 철학과로 자리를 옮겼다. 그렇게 우리는 서로에게 자리를 주고받는 게임을 했다.

이 새로운 과제가 가져온 운명의 변화 중 하나는 내가 버클러 교수와 더 가깝게 지내게 되었다는 점이다. 그는 컬럼비아 대학교 철학과 대학원생 중에 실제로 듀이주의자가 있다는 것을 알고 놀라워했다. 그는 퍼스를 연구하는 학자로 알려져 있었다. 왜냐하면 퍼스의 재발견을 위한 길을 닦은 여러 연구서의 저자였기 때문이다. 그러나 그는 말은 잘하지 않았지만, 스스로 듀이의 전통 안에 포함되어 있다고 생각했다(나는 그가 "듀이는 결코 나쁜 에세이를 쓴 적이 없다"고 말한 것을 기억한다. 그때 그는 듀이의 저직 중에 독창적인 생각이 담기지 않은 저술은 없다고 덧붙였다).

다음 해에 제임스 거트만이 컬럼비아 대학교 철학과 학과장이 되었다. 그 역시 컬럼비아 대학교 철학과에서 내가 자리를 구하는 데에는 아무것도 해줄 수가 없었다. 하지만 오리건주에 있는 리드 대학과 리틀락에 있는 아칸소 대학교와 같은 다른 대학에서 자리를 구할 수 있도록 도움을 주었다. 나는 거트만 교수에게 뉴욕을 떠나고 싶지 않다고 말했다. 왜냐하면, 당시만 해도 뉴욕 외의 지역에서 인종 간 결혼이 환영받을 수 있을지 의문이었기 때문이다. 그 결과 다른 지역에서 오는 제안은 점차 줄어들었다.

하지만 시간이 지나자 뉴욕 시립대학교 철학과 학과장 댄 브론스타인이 그 학교의 야간 학부에서 가르칠 수 있는 개별 강좌를 찾아 주었다. 강의는 순조로웠고, 학생들의 성숙한 태도와 높은 열정이 고마웠다. 하지만 수업에 대한 대가는 생계를 유지하는 데 충분하지 않았다. 그래서 나는 계속해서 전임 교수 자리를 찾아야 했다.

그러던 1953년 늦은 겨울, 브론스타인 교수는 나에게 브루클린 대학에서 계약직 전임강사로 일할 의향이 있는지 물었다. 그런데, 안타깝게도 계약 기간은 1학기밖에 되지 않았다. 그리고 내가 잘 알지 못하는 여러 과목이 포함되어 있었으며, 한 달도 채 남지 않은 1954년 봄에 시작해야 했다. 내가 제안을 받게 된 배경은 그리 좋지 않았다. 정년을 한 학기 앞두었던 전임 교수는 미국 하원의 무시무시한 매카시[67] 반미 활동 위원회에서 묵비권(헌법에서 보장된 권리)을 행사했다. 이 결정으로 그는 브루클린 대학 총장에

---

67. 조지프 레이먼드 매카시(Joseph Raymond McCarthy, 1908~1957)는 미국의 공화당 정치인으로 미국을 공산주의로부터 지킨다는 명분 아래에 수많은 사람을 공산주의자로 낙인찍어 매장해 버리는 행위들을 저질렀다. 여기서 '매카시즘'이라는 표현이 탄생했다. (역주)

의해 임의로 해고되었고, 내가 그의 후임으로 근무하게 되었던 것이다. 이 사건에서 특히 끔찍했던 점은 해고되면서 일자리뿐 아니라 연금까지 잃게 되었다는 점이다.

갑자기 신입생들에게 경험이 풍부한 전임 교수가 맡았던 프로그램을 가르쳐야 한다는 사실이 상당히 부담스러웠다. 다행히, 입문 강의는 나쁘지 않았다. 나의 강의 방법은 전적으로 컬럼비아 대학교 학생 시절에 배운 것에서 비롯되었다. 강의의 약 20분 동안은 해당 텍스트에 대한 일반적인 해석을 하고 나머지 시간은 토론을 유도하고 안내하는 데 사용했다. 내 강의가 그렇게 순조롭게 진행되지는 않았지만, 그렇다고 최악은 아니었다. 고급과정을 가르치는 방식에 대해서는 별로 말할 수 있는 것이 없다. 나에게는 어느 정도 익숙한 내용인데도 학생들의 이해를 돕다 보면 오히려 애매모호해지는 경우가 많았다.

인식론 강의는 특히 최악이었다. 하지만 학생 중에 빅터 발로위츠가 내 어려움에 동정 어린 관심을 보여주었다. 그 학생은 강의마다 매번 친절하고 무안하지 않게 어려움을 극복할 수 있는 여러 제안을 해 주었다. 그 학생은 훗날 철학 교수가 되었지만, 유감스럽게도 몇 년 후 세상을 떠났다. 그 학생 덕분에 그 강의에 대한 기억이 남아 있다. 사실상 우리는 이 강의를 팀으로 진행했다. 대학생이 강사에게 그런 도움을 준다는 것은 놀라운 일이었다. 그는 나에게 배려적 사고에 대한 인상 깊은 교훈을 남겼다.

브루클린 대학에서의 계약 기간이 끝난 후 나는 다시 철학 전임강사 자리를 구하기 시작했다. 1953년은 아무 일도 일어나지 않을 것만 같았다. 그러던 중 컬럼비아 약학대학에서 연봉 4,000달러의 조교수직을 제안받았다. 약학대학에는 일반 교육학부가 있었다. 그리고 이 대학의 학장은 강사에게 약학적인 배경을 요구하지 않았다. 컬럼비아 대학교에서 내 경력을 시작하지 못할 수도 있었기에, 이것은 매우 좋은 기회였다.

철학과에서 미학 전공자를 교수로 충원할 때, 나는 지원할 자격이 충분했다. 최근 박사 학위를 취득한 다른 후보자도 마찬가지였다. 물론 내가 경력이 더 많다는 점을 계속 주장할 수 있었지만, 그렇게 하지 않았다. 그렇게 했다면 심사위원장은 뒤로 물러섰을수도 있다. 내가 이 직책을 맡지 않은 이유는 경제적인 문제가 컸다. 약학대학 일반 교육학부 학과장으로서 나는 한 학기에 6학점만 담당했기 때문에 컬럼비아 대학(본교 학부)과 같은 다른 곳에서강의하여 추가 수입을 올릴 수 있었다. 컬럼비아 철학과 교수가 되었다면 명성은 얻을 수 있었겠지만, 더 큰 경제적 압박을 받았을 것이다. 그래서 거트만이 나에게 공격적인 질문을 했을 때, 어떠한방어도 하지 않았다. 왜냐하면 나는 이미 컬럼비아 대학교에서 다른 교수직을 구했기 때문이다. 철학과의 교수직은 다른 사람에게돌아갔다. 일은 잘 풀렸고, 여전히 나는 옳은 결정을 내렸다고 생각한다. 비록 나와 같은 처지에 있는 다른 사람은 달랐을지도 모르지만 말이다.

컬럼비아 대학Columbia College은 컬럼비아 대학교의 학부 과정인데 그것은 공학, 약학과 같은 전문 대학이나 다양한 학부 과정과는 구분된다. 물론 철학과에서 제안한 교수직을 수락하고 그곳에서 계속 일했다면 내 인생은 어땠을지 궁금해질 때도 많았다. 아마도 지금과는 매우 다른 경력을 가졌을 것이다. 그랬다면 나는 지금 이 회고록을 쓰고 있지 않을 뿐만 아니라 아마 어떠한 회고록도 쓰지 않았을 것이다. 그 결정은 과거 E 중대의 우편 담당 서기병에 지원했던 일처럼 내 인생에 큰 변화를 가져온 중대한 결정이었다.

컬럼비아 대학에 현대 문명 강의가 개설되자 버클러 교수는 약학대학 근무 외에 이 강의를 맡을 수 있도록 주선해 주었다. 나는 그 후 8년 동안 이 강의를 맡았다. 그 강의는 그 당시까지 맡았던 강의 중에 가장 어려웠다. 메인 캠퍼스에서 강의를 시작하면서 자연스럽게 버클러 교수와 좀 더 자주 만나게 되었다. 우리는 듀이에서 파생된 각자의 생각이 어떤 점에서 비슷하거나 다른지 살펴볼 기회를 가질 수 있었다. 당시(1950년대 초반) 나는 버클러가 이미 철학적 프로젝트를 시작했다는 사실을 알지 못했다. 그 프로젝트는 1951년에 처음 선보였다. 제목만이라도 알았더라면 관심을 가졌겠지만, 나는 아무것도 모르고 있었다. 그 책의 제목은 『인간 판단에 대한 일반 이론을 향하여Towards a General Theory of Human Judgment』였다. 버클러의 두 번째 책인 『본성과 판단Nature and Judgment』[1955]이 출간될 무렵, 나는 그저 이 책을 간절히 기다리던 소수의 독자들 중 한 명이었다.

그러나 버클러의 책을 이해하는 것은 쉽지 않았다. 왜냐하면 때때로 그의 독창성과 성실성이 현실과 쉽게 타협하지 않았기 때문이다. 그는 필요하다고 생각되면 오래된 단어를 새로운 방식으로 사용하거나 새로운 단어를 창조하는 데 주저하지 않았다. 그가 사용한 '판단'이라는 단어가 대표적인 예이다. 버클러는 매우 독창적이었다. 그의 안내를 따르가면, 젊은 철학자들은 판단의 개념을 탐구해야 한다는 벨라발의 조언을 따르는 것이 훨씬 쉬워졌다.

나는 생각했던 것보다 가르치는 일이 훨씬 더 즐거웠다. 가장 어려웠던 것은 컬럼비아 대학에서 맡았던 강의들이었다. 그중 특히 핵심 커리큘럼인 '현대 문명 A와 B'가 어려웠다. 이 강의의 교재는 철학과 사회과학의 관점에서 본 현대 사회에 대한 강력하고 깊이 있는 통찰력이 담긴 논문과 책들로 구성되어 있었다. 학생들은 때때로 다소 냉담한 태도를 보였지만, 평소에는 매우 밝고 생기 넘쳤다. 그들은 각자의 아이디어를 숨이 멎을 정도로 빠르게 구성하여 강의 시간을 단순한 교수 학습이 아닌 탐구 모델로 만들어 나갔다.

'현대 문명 A와 B'를 맡은 강사들은 매주 목요일 교수 클럽에서 점심을 먹기 위해 모였다. 누군가가 논문을 읽거나 비공식적인 발표를 하고 나면, 그다음 한 시간 또는 한 시간 반 동안 열띤 토론이 이어지곤 했다. 프리츠 스턴, 자크 바르준, 시드니 모건베서, 다니엘 벨, 저스터스 버클러, 시드니 겔버 등이 자주 참석했다.

교수진 오찬의 형식은 '현대 문명 A와 B'와 거의 동일하게 진행되었다. 1시간 30분에 45분 정도 발표를 하고 나머지 시간은 토론으로 진행되었다. 가장 좋은 방식은 아마도 이런 심포지엄일 것이다. 좋은 학생들을 가르치고 교수진 오찬에 참석한 것은 나에게 있어 가장 감동적인 교육 경험이었다.

나는 컬럼비아 대학에서 가르치는 것만으로도 충분히 바빴지만, 다른 많은 동료들과 같은 곤경에 처해 있었다. 추가 수입원 없이는 생계가 어려웠기 때문이다. 그래서 나는 대학교수들 대부분이 하는 일을 했다. 다른 교육 기관에서 추가 과목을 가르치는 것이었다. 앞서 언급했듯이 나의 주요 소속은 컬럼비아 대학교 약학대학이었다.

수년 동안 나와 친분을 쌓아온 사람 중 일부는 내가 두 번이나 컬럼비아 대학교를 떠나게 된 이유가 무엇인지 궁금해했다. 첫 번째는 내가 박사 학위를 받은 이후에 철학과에 계속 남아 있지 않았기 때문이다(대신 나는 풀브라이트 장학금을 받았다).

두 번째는 컬럼비아 약학대학을 그만두고 대신 뉴저지에 있는 몽클레어 주립대학에 자리를 잡았기 때문이다. 사람들은 내가 자발적으로 선택한 것인지, 강제적으로 떠난 것인지를 궁금해했다. 컬럼비아 대학교를 떠나기로 한 결정은 분명히 나의 선택이었다. 하지만 당시에는 나 역시 몽클레어 주립대 교수직을 수락한 일이 어떤 의미를 갖는지를 완전히 이해하지는 못했다.

*　　　*　　　*

뉴욕에서 자리를 잡기 위해 고군분투했지만, 위노나와 함께 살 수 있을 만큼 수입이 충분하지 않았다. 그래서 내가 뉴욕에서 더 실질적인 일자리를 찾을 때까지 위노나는 모어하우스 대학의 교수직으로 돌아가야 한다고 생각했다. 저명하고 권위 있는 메이스 총장은 애틀랜타 모어하우스 대학의 철학 교수 자리를 제안했지만, 나는 지금 있는 곳에 머물고 싶다고 말했다. 좋은 제안이었고 여러모로 수락하는 것이 좋았을지 모른다. 하지만 나는 뉴욕에 있는 대학의 철학 교수가 되고 싶다는 열망을 포기하고 싶지 않았다.

위노나는 애틀랜타에 2년 더 머물렀다. 하지만 뉴욕에 있는 대학교에서 남부 흑인 성향이 강한 사람에게 교수직을 내줄 것 같지 않다는 사실을 깨닫고 뉴욕에 있는 사립 고등학교에 취직했다. 그 학교는 리틀 레드 하우스와 엘리자베스 어윈 고등학교로 듀이가 주창한 진보적 교육 원칙을 바탕으로 설립된 학교였다. 우리는 그리니치빌리지 중심부 근처에 있는 아파트에 살 곳을 구했다.

우리 아파트는 셰리던 광장 바로 옆에 있는 정원 포함 아파트였는데, 이 지역에 아직 남아 있는 보헤미안 감성을 만끽할 수 있었다. 이 집은 은퇴한 배우가 소유하고 있었는데, 집 이외에 유일한 재산은 '부'라는 임신한 강아지 한 마리뿐이었다. 그는 우리에게 집을 헐값에 팔았다. 하지만 위노나는 불과 몇 년 만에 엘리자베스 어윈 고등학교를 그만두었다. 우리에게 남은 것은 한 달 치 임금뿐이었다. 위노나가 엘리자베스 어윈을 떠난 이유는 그곳에서의 일이 너무 힘들었기 때문이었다. 위노나가 그만두자, 그 학교는 그녀를 대신할 2명의 교사를 더 채용하는 모습을 보였다.

엘리자베스 어윈 고등학교를 떠나고 나서 위노나는 마을에서 휴식을 취할 수 있는 공간을 마련하고, 가족을 꾸릴 준비를 했다. 나는 이 마을을 좋아하게 되었을 뿐만 아니라 매일 지하철을 타고 컬럼비아 대학교로 가는 것을 즐겼다. 언젠가는 뉴저지에 집을 마런해야 한다고 생각했지만, 그 당시는 이사할 수 있는 시기가 아니었다. 도시에서 멀리 떨어진 곳에 산다는 것이 걱정스러웠기 때문이다. 그런데 위노나가 몽클레어 고등학교로 가게 되었다. 그곳은 엘리자베스 어윈 고등학교에서 일할 때보다 스트레스가 훨씬 덜하겠다고 예상되었다. 그래서 우리는 뉴저지 몽클레어에 있는 새집으로 이사했다. 이 때문에 나 역시 결국 이직에 동의할 수밖에 없었다. 몽클레어는 실제로 뉴욕의 학자들이 가장 선호하는 거주지였다. 도시 생활의 단점 없이 뉴욕의 문화와 가까우면서도 도시와 시골의 장점을 모두 누릴 수 있는 곳이라고 생각했기 때문이다.

나는 교외 통근자가 되었다. 내가 작은 힐먼 허스키를 뉴욕 거리의 좁은 주차 공간으로 몰고 가는 데 익숙해지는 동안(주차장 이용료를 감당할 수 없었다) 위노나는 교직과 멀어지기 위해 노력했다. 결국, 그녀는 대학교수뿐만 아니라 고등학교 교사도 그만두었다. 다양한 인구가 모여 사는 몽클레어는 살기 좋은 도시였지만, 위노나는 이곳에서 사는 것이 쉽지 않을 거라고 생각했다. 하지만 결국 우리 둘 다 이곳을 좋아하게 되었다. 하지만 이제 위노나의 상황에서는 일자리가 없다는 불안감이 과로로 인한 스트레스를 대체하기 시작했다.

위노나는 부모님과 메이스 박사로부터 일중독 같은 성향과 다른 사람을 돕겠다는 의지를 물려받았다. 그녀는 교육계로의 복귀를 고려했지만, 찾을 수 있는 유일한 교직은 가끔 고등학생 과외를 하는 것뿐이었다. 그래서 몽클레어의 지역 민주당에서 위노나에게 우리 지역의 위원장으로 봉사할 의향이 있는지 제안했을 때, 흔쾌히 수락했다.

당시 몽클레어의 민주당은 백인 자유주의자들과 중간 소득(또는 중간 소득 이하) 아프리카계 미국인들로 나뉘어 있었다. 위노나를 통해 두 계파는 서로의 차이를 통합할 수 있는 가능성을 발견했다. 이 일은 위노나에게 자신도 몰랐던 리더십 역량을 끌어낼 수 있었던 기회였다. 그녀는 당의 지역 대표가 되었고, 그 성공의 연장선으로 카운티 프리홀더에 출마하게 되었다(프리홀더는 카운티 관리자였다). 에식스 카운티는 미국에서 인구 밀도가 가장 높은 지역 중 하나였다. 그래서 에식스 카운티 자유지주 위원회Essex County Board of Freeholders는 상당한 책임을 맡은 단체였다.

얼마 지나지 않아 위노나는 이사회 의장으로 선출되었다. 그리고 그녀는 더 큰 정치적 사다리를 밟게 된다. 1970년 뉴저지주 상원의원으로 선출되어 이후 30년 동안 줄곧 그 직책을 수행했다. 그 기간 동안 그녀는 뉴저지 정치계에서 잊을 수 없는 중요한 인물이 되었다.

위노나가 몽클레어에서 처음 몇 년 동안 과외를 했던 일은 나에게도 영향을 주었다는 점을 덧붙이고 싶다. 그녀는 열의는 있지만, 공부는 못하는 한 고등학생을 맡았다. 그 학생은 읽기 과제의 내용을 이해하지 못했다. 위노나는 나에게 그 학생을 위해 무엇을 해야 할지 물었다. 나는 비어슬리의 『실용 논리학Practical Logic』에 나오는 비판적 사고 연습 문제 몇 가지를 읽어주고 함께 토론해 보라고 했다. 그녀는 그 방법이 매우 효과가 좋았다고 말했지만, 우리둘 다 그 이유까지는 알지 못했다.

물론 그 당시에는 난독증에 대해 거의 알려지지 않았다. 어쨌든 우리는 학생의 동기나 지능이 아니라 읽기 능력에 문제인 경우가 있다는 것을 깨닫기 시작했다. 그래서 위노나는 인쇄된 텍스트를 읽을 필요가 없어 그 학생을 매우 의욕적이고 재능 있다고 생각한 미술 교사에게 그 학생을 보냈다. 나는 대부분의 학생이 어떤 방식으로든 가벼운 난독증을 앓고 있는 것 같다는 아이러니한 추론을 해보았다. 물론 농담 반, 진담 반으로 생각한 것이지만, 실제로 이런 경우 학습의 초점을 읽기보다는 의미 있는 토론에 맞추어야 한다는 결론을 내렸다. 다수의 많은 학생에 대해서도 같은 추론을 적용할 수 있을까? 이에 대해서는 동의하기 어려웠다. 왜냐하면, 내가 학교에서 배워온 방식과는 달랐기 때문이다. 하지만 그 추론을 잊어버릴 수는 없었다. 그래서 일단 다른 교육적 개념들과 함께 마음 한구석에 넣어 두었다.

*   *   *

중세 농노가 영주나 장인의 보호를 받기 위해 모여드는 것처럼, 철학과를 비롯한 인문사회과학 분야의 일부 대학원생들은 특정 교수진 주위에 모여 보호를 받으려는 경향이 있었다. 또한, 비트겐슈타인주의자나 베르그송주의자, 프로이트주의자, 프롬주의자 등 특정 철학이나 사상적 틀에 자신을 집착하는 관습도 있었다. 물론 나에게는 실용주의, 특히 듀이가 중요했고, 나중에는 버클러가 중요했다. 나는 버클러를 듀이의 연장선에서 중요하게 생각했다. 그럼에도 불구하고 듀이가 존경의 인사말 말고는 미드에 대해 거의 언급하지 않았던 것처럼, 나는 조지 허버트 미드[68]의 독창성과 영향력에 관해서는 어떠한 탐구도 하지 않았다. 얼마 지나지 않아 컬럼비아 대학교 해밀턴 홀의 버클러 연구실 옆에 저명한 사회학자 C. 라이트 밀스의 연구실이 있다는 것을 알게 되었다. 나는 그 사실을 듣고 귀가 번쩍 뜨였다. 왜냐하면, 밀스는 주목할 만한 급진적인 사회학자일 뿐만 아니라 사회학에 대한 프래그머티즘적 접근법에도 관심이 많았던 학자였기 때문이다. 밀스는 미드에 관한 박사 학위 논문을 썼다. 나는 여러 차례 밀스의 연구실에 들러 그와 함께 미드에 대해 공부하곤 했다. 그렇게 50년대가 끝나가고 있었다. 혼자 힘으로 성공하고 싶었지만 그러기 위해서는 이미 성공한 한두 세대 위의 선배들에게 의지해야 한다는 것을 알게 되었다.

나는 내 미래를 바라보면서 어떻게 살아야 할지 고민하고 있었다. 세상에 의미 있는 헌신을 하고 싶었다. 하지만 어떻게 해야 할지 알 수 없었다. 단지 내 관심과 흥미를 불러일으키지 못하는 고리타분한 모험은 하지 말아야겠다고 다짐했을 뿐이었다. 더불어 처음부터 '실패'라고 적혀 있는 허황하고 거창한 계획도 마찬가지였다. 이 두 가지의 경계 사이에서 합당하다고 할 수 있는 것이 존재할 수 있을까? 나는 스스로에게 질문했다. 어떤 분야의 공부가 내 상상력과 흥미를 불러일으킬 수 있을까? 내 대답은 사회과학과

---

68. 조지 허버트 미드(George Herbert Mead, 1863~1931)는 미국의 철학자이자 사회학자인 동시에 대표적인 사회심리학자로 손꼽힌다. 인간이라는 생물학적 존재는 타인과 관계를 맺어야만 하는 '사회 속에서' 비로소 정신을 지닌 생각하는 존재로 성장한다고 주장한다. (역주)

철학에 있었다.

　나의 50년대는 22년 동안 지속될 인종 간 결혼으로 시작되었다. 하지만 결론적으로 이 결혼 생활은 부부 사이의 갈등이 아니라 각자의 경력과 관련된 외부적인 압력으로 인해 끝나고 말았다. 경력을 가장 높은 우선순위로 두려는 우리의 의지가 결혼 생활의 몰락으로 이어지는 원인이었을 것이다. 물론 지속적인 경제적 스트레스도 한몫했다. 결혼 생활의 마지막 10년은 내 깊숙이 자리 잡고 있던 가치관, 동기, 태도를 드러내기 위해 고군분투하는 것으로 끝이 났다. 그것들은 처음에는 결혼 생활에 도움이 되었지만, 점점 더 결혼 생활을 스트레스로 몰아넣었다.

　교육에 대한 나의 초기 아이디어를 발견하기 위해 다시 애쓰기 시작한 것도 바로 이 시기였다. 1959년에 딸 카렌이 태어났고, 1년 뒤 아들 윌이 태어났다. 내 삶에 아이들이 들어온 것과 이후 어린이철학에 관심을 가지게 된 것은 아마도 어떠한 관계가 있는 게 아닐까? 나는 이 문제에 대해 많은 고민을 했지만, 아이들의 탄생이 교육에 대한 나의 급진적인 관점을 발전시키는 데 크게 기여했다는 확신은 갖지 못했다. 그저 어린이철학에 대한 나의 관점은 50년대 내내 내가 읽고 고민했던 텍스트와 세상과 교류하면서 형성한 이론에서 발전한 것이라고 생각한다.

　부싯돌이 연기를 내며 작은 푸른 불꽃을 일으키기 시작한 것은 1959년 『디센트Dissent』에 실린 한나 아렌트[69]의 글을 읽은

---

69. 한나 아렌트(Hannah Arendt, 1906~1975년)는 독일 출신의 홀로코스트 생존자이자 작가, 철학자, 정치 이론가이다. (역주)

것과 관련이 있다. 아렌트의 사상은 낯설지 않았다. 『인간의 조건The Human Condition』을 읽은 적이 있고, 컬럼비아 대학교에서 맡았던 현대 문명 강좌에서 『전체주의의 기원The Origins of Totalitarianism』의 내용을 발췌하여 논의한 적도 있었기 때문이다. 두 책은 여러모로 훌륭한 책이었다. 그래서 아렌트의 글이 나를 그리 화나게 할 거라고는 생각하지 못했다. 내가 읽은 것은 『디센트』에 실린 '리틀락에 대한 고찰Reflections on Little Rock'이라는 아렌트의 글이었다. 이 글은 사회 민주주의적 관점에서 볼 때 매우 보수적이어서 『코멘터리Commentary』[70]조차 게재를 거부했다. 『디센트』는 단지 공공 서비스 차원에서 그 글을 게재한 것이지 교육의 사회적 통제에 반대하는 아렌트의 주장에 동의해서가 아니라고 밝혔다. 아렌트의 글은 학교의 인종 차별 철폐를 의무화한 미국 대법원 판결인 브라운 대학 교육위원회 사건(1954년)에 대한 판결을 비판했다.

아렌트는 미국의 흑인 소수자들이 고용, 주택 또는 교육 영역에서 차별받고 있다는 사실보다는 많은 주에서 인종 간 결혼이 불법이라는 점에 더 초점을 맞춰야 한다고 주장했다. 이것은 내가 본 주요 논쟁점이었다. 당시에도 그랬고 지금도 그렇지만, 이 주장은 우선순위가 완전히 뒤바뀐 것으로 보였다. 이는 흑백 분리를 완화하는 데 아무런 도움이 되지 않고 오히려 분리를 더욱 확고히 하

---

70. 『코멘터리(Commentary)』는 종교, 유대교, 정치, 사회 및 문화 문제에 관한 월간 미국 잡지이다. 1945년에 미국 유대인 위원회에 의해 창간한 이 『코멘터리』 잡지는 유대인 문제에 대한 전후 주요 저널로 발전했다. (역주)

는 것처럼 보였기 때문이다.

아렌트가 이러한 입장을 취한 이유가 무엇인지는 잘 모르겠지만, 글의 한 부분에서 그녀는 이러한 주장을 했다. "미국 내에서 해결되지 않은 인종 문제로 인해 세계 강대국으로서 당연히 누려야 할 이점을 잃을 수 있다." 그리고 다른 부분에서는 "그러므로 위태로운 지점은 흑인만의 안녕이 아니라 적어도 장기적으로는 공화국의 생존이다"라고 말했다. 아렌트는 흑인 소수민족의 수용권과 완전한 시민권이 다른 집단의 그것과 동등하다고 생각하지 않았던 것 같았다. 왜냐하면, 그들은 처음에는 노예였고, 강제로 이곳에 끌려왔기 때문이다.

먼저 한 집단의 권리를 박탈하고 한 나라에서 노예로 살도록 강요한 다음, 그 조상들이 노예로 살았다는 사실을 가지고 평등을 박탈하고 궁극적으로 '공화국의 생존을 위해' 그 소수를 또 한 번 희생시키는 것은 나에게는 모욕의 극치처럼 보였다. 마치 누군가를 물속에 가둬놓고 익사했다고 비난하는 것이나 다름없었다.

고용, 주거 및 교육 문제에서 평등을 주장함으로써 사회적 차별을 줄이는 것은 앞서 살펴본 바와 같이 진전되고 있는지 의심스러울 정도로 느리고 지루한 접근 방식이 될 수밖에 없다. 그럼에도 불구하고 우리는 이 길을 가야만 한다. 아렌트는 연방 수사관들이 브라운 대학 교육위원회의 판결 집행을 이행하기 위해 출동하는 일을 거부하는 주요 이유로 가족 보호에 대한 우려를 언급했다. 어떤 가족도 그 자녀의 교육에 대한 자율권을 포기하도록 강요받아서는 안 된다는 것이었다. 아렌트가 개인의 자주권을 그토록 중시했다면, 그러면서도 개인이 아닌 가족을 사회의 근간으로 삼는 것은 분명 이해되지 않는 판단이라고 생각했다.

『디센트』는 나에게 아렌트의 글에 대한 리뷰를 써 달라고 요청했다. 하지만 끝내 편집자는 나의 글을 출판하지 않았다. 그들은 나에게 아렌트의 주소를 주었다. 그래서 나는 직접 아렌트에게 나의 글을 보냈다. 아렌트는 답장을 보냈지만, 나는 그녀의 추론을 따라가기가 어려웠다. 그 후로 또 한 번 서신 교환이 이루어졌지만, 아무 진전이 없다는 것을 알 수 있었고 더 이상의 노력을 포기했다. 하지만 아렌트의 주장은 적어도 한 가지 측면에서 나에게 깊은 인상을 남겼다. 가정에서 국가가 운영하는 학교라는 보다 비인격적인 환경으로 아이를 보내는 과정이 반드시 순탄하지 않다는 점이다. 많은 아이가 트라우마를 갖게 되었을 것이다. 그래서 나는 그 충격을 최소화하는 방법이 없을까 고민하게 되었다.

60년대 후반에 들어서 교육을 재구성하는 방법에 대해 생각하기 시작했을 때, '교실 탐구 공동체classroom community of inquiry'라는 아이디어가 머릿속에서 싹트기 시작했다. 이 아이디어에 대해 글을 쓰게 되었을 때, 나는 이론이나 제안을 발전시키기보다는 그러한 공동체가 어떤 모습일지 상상해 보았다. 교실에는 아이들과 철학적 토론이 이어지고 있었고, 온화하고 관대한 선생님이 있었으며, 아이들과 선생님이 서로를 돌보는 모습도 있었다. 나는 이 모든 것들이 아렌트가 체념하듯 수긍할 수밖에 없었던 차별과 편협함이 없이도 달성될 수 있다는 것을 보여주기 위해 노력했다.

요약하자면, 한나 아렌트의 1959년 논문 '리틀락에 대한 성찰'

을 읽은 것을 계기로, 나는 아동의 교육권 문제에 대해 처음으로 깊은 관심을 갖게 되었다. 처음에는 아프리카계 아이들에게만 관심을 가졌지만, 이후에는 그 관심의 영역이 모든 아이들로 확장되었다. 전 세계 어린이들을 위해 교육의 질을 향상시켜야 한다는 내 신념의 시작점이었다. 하지만 그 당시 나는 이것을 제대로 이해하지 못하고 있었다. 그 관심이 교실 수업을 다시 재구성해야 한다는 인식의 시작이라고는 할 수 없었다. 왜냐하면, 그 당시 나는 교실을 재구성하기 위한 명확한 탐구를 시작하지 않았기 때문이다. 당시에는 결혼 생활이 민주화와 관련하여 내가 어디에 서 있는지 보여주었다고 느꼈을 뿐이다. 하지만 리틀락은 교실이 속한 사회적 상황, 즉 학교의 정치적 환경을 바꾸기 위한 투쟁을 상징하고 있다고, 나는 생각했다.

*   *   *

1960년대 내 지적 관심은 주로 철학에 집중되어 있었다. 하지만 내 두 아이의 교육에 대해서도 상당히 고민이 많았다. 사실, 나는 아이에 대해 일반적인 부모 이상의 관심을 쏟지 못했다. 아이들이 태어나고 나서 몇 년 동안은 학교에서 가르치느라 너무 바빠서 아이의 지적 발달에 대해 깊은 관심을 쏟을 여유가 없었다.

하지만 위노나가 정치에 뛰어들면서 상황은 급변했다. 그 후에 그녀는 아이의 등하교, 숙제, 식사 등과 같은 양육에 쏟을 시간이 거의 없었다. 나는 기꺼이 아이들의 양육을 맡았다. 아이들의 양육을 맡게 되어 어떤 면에서는 깊은 만족감을 느꼈다. 여기에는 학부 모로서 일주일에 한 번씩 웨스트 오렌지에 있는 어린이집의 활동에 참여하는 일도 포함되어 있었다.

하지만 위노나는 언제나 나보다 훨씬 바빴다. 위노나는 자신의 정치적 미래와 유권자들에게 보여줄 자신의 이미지에 대해 고민하고 있었다. 그녀는 우리가 교회에 나가야 한다고 말했다. 가급적 인종 간 결혼을 매우 관대하게 받아들이는 교회가 필요하다고 덧붙였다. 이 때문에 우리는 몽클레어의 유니테리안Unitarian[71] 교회(몇 년 후 보편주의 교회와 합병될 예정)를 선택했다. 당연히 우리 아이들은 주일학교에 다니게 되었다. 그리고 얼마 지나지 않아 나는 주일학교에서 수업을 맡아 3학년을 가르치기로 했다. 어떤 면에서는 가장 좋은 선택이었다. 나는 오크 태그oak tag[72] 동물 부품을 조립하는 데 집중했고, 아이들은 부품을 조립하여 뿌듯한 성취감을 안고 집으로 가져갔다.

비록 아이들을 가르친 경험은 부족했지만, 매주 일요일 아침 3학년 아이들과 함께하는 1시간을 즐겼다. 주일학교 고등학생들이 나에게 전통 철학 강의를 해줄 의향이 있는지 요청하기 전까지 이런 상황에 철학이 적용될 수 있을 거라는 생각은 전혀 하지 못했다. 나는 그 제안을 흔쾌히 승낙했다.

---

71. 그리스도교의 정통 교의인 삼위일체론의 교리에 반하여, 그리스도의 신성을 부정하고 하느님의 신성만을 인정하는 교파로서, 종교개혁 시대에 인문주의적 그리스도교에 속하는 이탈리아의 신학자 세르베투스와 소치니에서 유래되었다. (역주)
72. 종이로 이루어진 조립용 장난감. (역주)

그 강의는 꽤 잘 진행했다고 생각한다. 특히 태어날 때부터 시각 장애가 있었던 데비 녹스라는 학생의 열성적인 참여가 인상적이었다. 데비는 이런 추상적인 생각을 접한 것이 거의 처음인 것 같았다. 그 학생은 추상적인 사고에 푹 빠져버린 것 같았다. 그전까지 철학적인 개념에 이렇게 눈에 띄는 영향을 받은 학생을 본 적이 없었다.

몇 년 후, 나는 어린이를 위한 철학 소설을 쓸 때 데비를 『키오와 거스Kio and Gus』에 나오는 자랑스러운 시각 장애인 소녀 오거스타의 인물 설정에 반영했다.

안타깝게도 내가 교회에서 철학 수업을 시작한 지 얼마 지나지 않아 교회의 차기 목사를 누가 맡을 것인지에 대한 심한 의견 차이로 인해 교회 신도들 사이에 갈등이 발생했다. 나는 종교적 분쟁에 휘말려 본 적은 없었다. 하지만 분쟁이 매우 격렬할 수 있다는 것을 알고 있었기에 그 사건에 개입하지 않으려고 노력했다. 나는 고등학생들과의 철학 수업에서는 이 문제를 논의하지 않기로 결심했다. 하지만 학생들에게 질문할 자유가 있다고 믿는 한, 그 질문에 대해 대답을 거부할 수 없다고 생각했다. 실제로 그런 일이 일어났다. 학생들이 현재 교회 내에서 벌어지고 있는 갈등에 대해 질문했을 때 나는 최대한 정직하고 책임감 있게 답변하려고 노력했다. 하지만 교회 내에서는 내가 목회직 승계에 대한 문제를 일부러 아이들에게 말했다는 루머가 퍼지기 시작했다. 물론 나는 그런 적이 없다고 부인했고, 유니테리언 교회의 원칙인 '질문의 자유'를 보장했다고 주장했다. 유감스럽게도 나는 그보다 더 나은 이유를 대지 못했다.

교회의 한 파벌은 자녀들을 위한 색다른 교육이 있을 것이라고 믿었다. 나는 특정한 편에 서지 않으려고 노력했지만, 자연스럽게 이 집단에 더 쉽게 동조하게 되었다. 그러나 이 집단에 속한 많은 사람들은 나보다 훨씬 더 급진적이었다. 이 사람들이 그 문제를 얼마나 심각하게 받아들이고 있는지, 그리고 사람들의 신념이 얼마나 급진적인지는 이 집단 구성원 중 한 사람의 사례를 통해 알 수 있다. 그 사람은 내가 맡고 있는 3학년 반의 학부모였다. 그 남자의 아들은 좀 불안하고 불행해 보였다. 그 아이는 검은색과 갈색 크레용으로 날카롭게 이빨처럼 생긴 산을 반복해서 그렸다. 그 아이의 아버지는 급진적인 정치적 성향을 지니고 있었다. 어느 날 그는 아이와 함께 공항으로 가서, 소형 비행기를 타고 쿠바로 향했다. 그러던 중에 조종사가 살해당하는 비극적인 사건이 발생해 안타까운 결말을 맞이했다.

데비 녹스가 겪은 일과 이 불행한 소년이 겪은 일을 보면서 나는 아이들이 겪는 고통과 이에 대해 할 수 있는 일이 아무것도 없다는 것에 대해 깊은 절망을 느꼈다. 그리고 그때부터 교사뿐만 아니라 아이들에게도 질문의 자유가 중요하다는 것을 깨닫기 시작한 것 같다. 대학교수들이 누리는 학문적인 자유가 학교의 아이들에게까지 확대되지는 않고 있었다. 나는 그런 종류의 무언가가 얼마나 절실히 필요한지 깨닫게 되었다. 아이들이 단순히 생각만 하는 것이 아니라 스스로 생각할 수 있도록 도와주려면 어떻게 해야 할까?

1963년 어느 겨울날, 나는 당시 3살이었던 아들 월과 함께 몽클레어 유니테리언 교회 근처 인도를 걷다가 빙판길에 미끄러졌다. 그 순간 왼발이 이상한 각도로 뒤틀리더니 그 위로 크게 넘어졌고 발목이 꺾이면서 큰 소리가 들렸다. 나는 반쯤 일어나 앉아서 다리에 힘없이 매달려 있는 내 발을 바라보았다. 놀랍게도 아프지는 않았다. 하지만 울고 있는 월을 보며 미안함을 느꼈다. 월은 나를 어떻게 도울 수 있을지 몰라서 안절부절못하고 있었다.

병원에서 다리에 깁스하고 다음 날 목발 사용 교육을 받았다. 약 12주 동안은 목발을 사용해야 했다. 하지만 교육 도중에 균형을 잃고 넘어지는 바람에 허리를 삐끗했다. 원래 그날 퇴원할 예정이었지만 나는 퇴원할 준비가 되지 않았다고 고집을 부렸다. 병원 측에서는 5일 더 입원하게 했는데 내가 의료 과실 소송을 염두에 두고 있다고 생각해 그런 처방을 내린 것 같았다.

그 당시까지 나는 뉴욕의 여러 곳에서 철학이나 현대 문명 또는 논리학을 가르치며 치열하게 일하고 있었다. 몽클레어에서 매일 운전하며 도시를 돌아다니는 스트레스가 서서히 나를 지치게 했다. 그 덕에 예상치 못한 시간을 얻어 거의 일주일 동안 병원 침대에서 휴식을 취하며 간호사들과 농담을 주고받을 수 있었다. 또한 나에게 절실히 필요했던 성찰의 시간을 가질 수 있는 공백기이기도 했다. 하지만 그 시간은 마치 환상처럼 느껴졌다. 다음 주 월요일부터는 다시 정신없는 일정을 시작해야 했기 때문이다. 이번에는 지하철과 버스, 목발 등 모든 것을 사용하는 법을 배워야 했다. 이런 번거로운 상황을 잘 헤쳐 나갈 수 있을지 자신이 없었다.

나는 사람들이 스트레스가 극심한 상황에 처하게 되면, 아무리 사소한 선택이라도 남은 인생에 어떤 식으로든 예언적이거나 계시적인 것으로 보일 수 있다고 생각한다. 위노나가 병원에 있는 동안 읽을 책이 필요하냐고 물었을 때 최근에 구한 책 한 권을 가져다 달라고 부탁한 것도 바로 그 순간이었다. 그것은 스탕달의 『적과 흑The Red and The Black』이었다. 위노나는 그 소설을 가져다주었다. 그 소설을 읽으면서 나는 점점 더 스릴을 느꼈다. 주인공 줄리안 소렐은 요즘으로 치면 '법무장관'이라고 할 수 있는 사람의 아내가 고용한 가정교사였다. 법무장관은 항상 무기를 들고 다니는 매우 위험하고 무자비한 인물이었다. 책의 후반부에서 줄리안은 사랑하는 법무부 장관의 아내와 함께 앉아 있었다. 그녀의 남편이 곁에 있었고, 언제나처럼 총을 가지고 있었다. 줄리안은 스스로에게 열까지 세고 나면 여자의 손을 잡을 것이라고 말한다. 줄리안은 가까스로 살아남지만, 독자들에게는 숨 막히는 순간을 선사했다. 그 순간 줄리안은 자신의 인생 전체를 걸고 선택을 했다. 줄리안은 낭만적인 실존주의 영웅의 전형이었다.

나는 나의 방황이 그 당시 몰두하고 있던 고민과 맞닿아 있다는 것을 깨달았다. 나 역시 내 삶의 한 부분이 아니라 전체를 바꿔야 한다고 생각하고 있었다. 위노나와 나는 잘 지내고 있었고, 남은 시간은 위노나의 캠페인 활동에 할애했다. 내 아이들도 즐거워했고, 뉴욕에서 가르치는 것도 즐거웠기 때문에 어떤 일에도 낙담하지 않았다. 그럼에도 불구하고, 이러한 생각은 더 강해졌다. '이대로 살 수는 없어. 나는 내 삶을 바꿔야 해!' 릴케나 지드, 카뮈의 작품에서 읽었던 내용 때문일까? 그건 중요하지 않았다. 삶이 이대로 지속될 수는 없었다. 내 인생은 지금 잘못된 방향으로 가고 있거나, 아니면 아예 의미가 없는 방향으로 가고 있었다. 나는 내 행복에 만족하지 못했다. 새로운 출발을 해야 한다는 생각을 강박적으로 이어갔다. 하지만 내가 생각할 수 있는 유일한 새로운 시작은 더 많은 일을 하는 것(새로운 시작의 단점)과 다른 일을 하는 것(새로운 시작의 장점)이었다.

스탕달의 책을 계속 읽으면서 흥미로운 생각이 떠오르기 시작했다. 우선은 실용적이어야 한다는 것이다. 나는 미술 전시회를 기획해야겠다고 생각했다. 이스트 빌리지 어딘가의 허름한 상점에 있는 작은 가게가 아니라 가급적이면 압도적으로 보일 큰 장소가 필요했다. 작년에 은퇴한 한 약사가 절구에 여러 종류의 돌을 갈아서 만든 가루로 그림을 그리고 있다는 연락을 받은 적이 있었다. 그는 약학대학 로비에 자신의 독특한 작품을 전시할 수 있는지 알고 싶다고 했고, 나는 흔쾌히 동의했다. 약대 학생들은 전시회가 끝나자 자랑스러워했고, 나는 더 큰 일을 하고 싶다고 생각했다.

나는 오랜 친구이자 존경하는 예술가인 하워드 퍼시너에게 전화를 걸었는데, 그의 지인 중에는 많은 예술가가 있었다. "하워드, 미술 전시회를 기획해 보는 건 어때요?" 내가 물었다.

"좋은 아이디어군요." 그가 대답했다. "요즘은 추상 표현주의가 대세죠. 현대 표현 예술을 주제로 하는 전시회는 어떻습니까? 우리는 그것을 '자연스러운 이미지'라고 부를 수 있어요. 만약에 당신이 장소를 구해준다면 내가 작품을 빌릴게요."

하워드를 재촉할 필요는 없었다. 하지만 뉴욕 한복판에 대형 전시회를 열기 위해서는 적지 않은 돈이 필요했다. 우리 둘 다 그만한 돈을 모을 형편이 되지 않았다. 게다가 나는 맨해튼 한복판에 있는 기업의 후원도 받지 못했다. 무엇보다 나는 꼭 맞는 조언이 필요했다. 컬럼비아 대학교 전화번호부를 쭉 살펴봤다. 그리고 마침내 공공 전시를 담당하고 있는 티쉬 씨를 소개받을 수 있었다. 놀랍게도, 그는 매우 협조적인 태도를 보여주었다. "당신이 전시회 장소를 찾을 수 있도록 도울 수 있어요." 그는 말했다. "하지만 당신이 어느 정도는 돈을 부담해야 할 거예요." 그때 나는 약학대학의 이사인 렌 차브킨 박사에게 전화를 걸었다. 그는 바로 제약회사로부터 1,500달러의 수표를 받아왔다. 그 순간에는 그 금액이 매우 큰 것처럼 느껴졌다. 솔직히 말해서, 이 작은 프로젝트에 그렇게 큰 비용이 들 줄은 몰랐다.

미술 전시회를 기획하고 실행하는 데 있어 전문가들과 경쟁할 수 있다고 생각한 것은 정말 어리석은 생각이었다. 하지만 바로 이 어리석음이 10년 후 내가 초등 교육을 철학과 결합하여 재구성할 것을 제안했을 때 보여줄 내 모습이었다. 일생에 한 번 이상은 보여줘야 했던 오만함, 즉 내 오만함을 가리키는 것 같았다.

하워드가 수준 높은 표현주의 작품들을 한데 모을 수 있을지 걱정이 되었다. 하지만 곧 그의 친구들이 그림 한 점씩을 빌려주겠다고 약속했다는 말을 듣고 안심했다. 그 친구들 중에는 펄스타인, 탐, 조지 등 당시 뉴욕의 유명 예술가들과 비숍, 피터슨 등 서부 해안 지역의 유명 인사들이 포함되어 있었기 때문이다. 심지어 먼 파리에서 엘리옹이 그림을 빌려주겠다고 약속했다. 우리에게는 얼마나 많은 그림이 필요할까? 이는 티쉬 씨가 구할 수 있는 공간의 크기에 달려 있었다.

얼마 지나지 않아 티쉬 씨에게서 연락이 왔다. "퍼스트 내셔널 씨티은행의 로비는 어떤가요?" 그가 물었다.

"제 무지를 인정해야겠어요." 내가 대답했다. "그곳은 어디에 있죠?"

작은 동네 은행을 머릿속에 떠올리는 나에게 티쉬 씨는 "54번가 공원길에 있어요"라고 말했다.

반 데어 로에가 멋지게 디자인한 시그램 빌딩에서 불과 두 블록 거리에 있으며, 멋진 레버 하우스에서 조금 더 떨어져 있는 곳이었다. 나는 티쉬 씨가 그 지역의 고층 빌딩 중 하나에서 조그만 공간을 빌리는 것은 어렵지 않을 거라고 생각했다. 하지만 그는 우리가 원한다면 고층 빌딩의 로비 전체를 사용할 수도 있을 거라고 말했다.

나는 당연히 그 제안을 받아들였다. 그는 6개월의 시간을 주겠다고 했다. 나는 곧바로 그 은행으로 달려갔다. 은행 로비는 뉴욕에서 가장 탐나는 미드타운 비즈니스 지구에 있는 거대한 공간이었다. 티쉬 씨는 그 멋진 공간을 2주 동안 사용할 수 있다고 말했다.

그러한 전시 공간에 걸맞게 우리는 더 많은 미술 작품이 필요했다. 하워드에게는 문제가 되지 않았다. 그는 대부분의 대형 미술관에 많은 인맥을 가지고 있었다. 그들은 대개 자신들이 소장하고 있는 화가들의 그림을 추가로 노출하는 것을 매우 기뻐했다. 그러나 그림을 어떻게 전시해야 할지 충분히 고민하지 않았다는 생각이 들었다. 그림이 전시될 벽으로 둘러싸인 공간만 생각하고 있었던 것이다. 하지만 은행 로비는 기둥과 에스컬레이터를 지지하는 벽 몇 개만 있는 열린 공간이었다. 약 72점의 작품을 전시하기 위해 독립형 이젤을 가져오는 데 드는 비용이 얼마인지 문의했을 때 받은 견적은 우리를 깜짝 놀라게 했다.

그때 화가 중 한 명이 대안을 생각해 냈다. 그의 매형이 나무로 된 이젤을 많이 빌려줄 수 있을 거라고 했다. 이젤 상태가 좋지 않았고 꽤 많이 흔들리기도 하지만 비용은 합리적일 것이라고 말했다. 우리는 그 아이디어에 감격하며, 연락을 시도했다. 그는 이젤을 빌려줄 수 있다고 말했다. 또한, 이젤을 빌려줄 뿐만 아니라 비용도 받지 않겠다고 했다. 그는 이젤을 설치하고 철거할 인부도 보내주었다. 그는 무엇을 원했을까? 그는 다른 작품들과 함께 자신의 그림을 전시하는 것 외에는 아무것도 원하지 않았다.

하지만 순진했던 우리는 진정성이 훼손되는 요구를 받아야 한다는 사실에 충격을 받았다. 그 문제는 마지막 순간에 발생했다. 우리는 그 매형의 그림이 뉴욕의 길거리에서 태어난 기괴하거나 밋밋하고, 그로테스크하거나 무미건조한 작품일 거라고 멋대로 상상했다. 적어도 한 번은 그림을 보자고 생각하기는 했지만, 아마추어 그림을 전시해 미술계의 웃음거리가 되느니 차라리 전시를 취소하는 편이 낫겠다고 생각했다. 하지만 그 사람은 다음 날 바로 그림을 가져와서 우리가 결정을 내릴 수 있도록 해주겠다고 약속했다.

다음 날이 되자 그 매형이란 사람이 팔로 그림을 감싼 채 도착했다. 예상했던 것과는 전혀 달랐다! 특별히 좋지는 않았지만 그렇다고 나쁘지도 않았다. 사실, 잘 알려진 예술가의 작품 중에도 그다지 훌륭하지 않은 작품이 일부 있었다. 적어도 우리의 생각은 그랬다. 결정을 내리는 데에는 시간이 얼마 걸리지 않았고, 그의 그림을 전시에 포함하기로 결정했다.

결과적으로 우리는 미술 평론가들에 대해 걱정할 필요가 없었다. 전시 기간 동안 뉴욕의 신문들은 파업 중이라 갤러리와 전시회에 대한 보도가 거의 없었기 때문이다. 나중에 〈뉴욕 헤럴드 트리뷴New York Herald Tribune〉에서 우리 전시회를 회고적으로 다루었는데, 그 내용으로 상당히 위로되었다.

그전까지 나는 갤러리 그림을 운송하는 방법에 대해서는 생각해 본 적이 없었다. 그림을 갤러리로 가져온 다음 전시가 끝나면 어떻게 다시 가져갈 수 있을까? 우리는 값비싼 미술품 배송 트럭을 고용할 여력이 없었다. 그래서 갤러리와 작가에게 직접 작품을 배송하고 또 가져가 달라고 요청했고, 실제로 그렇게 했다.

그런데 예상하지 못했던 일이 발생했다. 벤 리건이라는 사람으로부터 전화를 받았는데, 후즈후Who's Who[73]에서 찾아보니 그는 월스트리트의 저명한 금융가였다. 그는 몇 주 후에 다가오는 아내의 생일에 선물할 멋진 작품을 찾고 있다고 밀했다. 리건온 퍼스트 내셔널 씨티은행 로비에서 마음에 드는 그림을 발견했다고 했는데

---

73. 후즈후는 세계적 인명사전의 고유명사처럼 쓰이지만 사실, 전 세계적으로 수백 종에 이르는 인명사전을 일컫는 보통명사이다. (역주)

일종의 풍경 그림이라는 것 외에는 잘 설명하지 못했다.

리건은 그림을 구매할 수 있었을까? 나는 정말 기뻤다. 전시회를 성공적으로 마쳤을 뿐만 아니라 실제로 그림 판매에도 성공했기 때문이다. 하지만 리건 씨는 정확히 어떤 그림을 언급한 것일까? 나는 그의 빈약한 설명을 통해 그 그림이 다름 아닌 하워드 퍼시너가 그린 그림이라는 것을 유추할 수 있었다. 리건 씨는 즉시 나에게 10,000달러의 수표를 보내주었다. 나는 약학대학 학부생 두 명과 함께 센트럴 파크 건너편에 있는 리건의 아파트로 그림을 옮겼다.

다음 날 아침, 나는 리건 씨로부터 전화를 받았다. 내가 리건의 아내에게 전달한 그림이 그가 고른 그림이 아니었기 때문이다. 분명한 나의 실수였다. 이번에는 좀 더 주의를 기울여 상세히 질문을 했다. 그의 설명은 여전히 애매모호했다. 마침내 리건 씨는 〈내려가는 엘리베이터 근처Near the down elevator〉라는 그림이라고 동의했다. 나는 학생 두 명에게 센트럴 파크를 가로질러 첫 번째 그림을 가져오게 시켰다. 당시의 센트럴 파크는 1960년대 후반과 1970년대에 비해 훨씬 덜 위험하긴 했다. 하지만 두 명의 학생은 그림의 무게와 크기, 그리고 바람과 맞서 싸워야 했다. 다행히 아무런 사고도 일어나지 않았다. 그건 정말 운이 좋았다고 생각한다.

그런데 다음 날 아침, 리건 씨로부터 또다시 전화를 받았다. 리건 씨는 더 이상 내가 이전에 대화했던 인내심 있는 사람이 아니었다. 그는 자신이 아내를 위해 고른 정확한 그림을 원했고, 그렇지 않으면 수표를 취소하겠다고 말했다. 나는 가능한 후보들을 필사적으로 검토했다. 이빈에는 피터슨이라는 캘리포니아 작가의 작품을 좀 더 진지하게 고려했다. 그 그림은 매우 두꺼운 채색과 화사한 색감의 풍경이 특징인 밝고 경쾌한 작품이었다. 이번이 마지막 기회였다. 하지만 다시 이 거대하고 무거운 그림을 학생들에게 다시 맡길 수는 없었다. 나는 예술품 운반 서비스를 이용했다. 리건 씨에게서 더 이상의 불만은 없었다. 그래서 이번에는 제대로 그림을 선택했다고 안심할 수 있었다.

미술 전시회는 교육에 대한 내 생각을 구체적으로 발전시키는 데 아무런 도움이 되지 않는 다른 세계로의 전환이었다. 하지만 그 경험은 나의 인생을 어떻게 바꿀 수 있는지에 대한 믿을 만한 사례로 남았다. 얼마 지나지 않아, 나는 다시 교육에 초점을 맞추었다. 내 아이가 학교에 들어갔기 때문이다. 나는 다시 내 아이들의 교육에 대해 생각하기 시작했다.

또한, 내 공부에 대해서도 생각해야 했다. 왜냐하면, 항상 비판적 사고와 논리 강좌에 대한 강사 수요가 있었는데, 그에 대한 내 공부가 부족했기 때문이다. 당연히 나는 이 강의들을 맡게 되었다. 학부생과 야간 학교 학생들에게 이 과목들을 가르치면서 동시에 공부도 해야 했다. 확실히, 나는 이러한 교육 분야에서 나에게 손짓하는 것처럼 느꼈다. 마치 나에게 더 많이 이해해 달라고 요구하는 것 같았다. 하지만 이러한 영역을 이해하는 과정은 느렸고 점진적으로 이루어졌다. 하지만 나는 이 공부를 이전에 가졌던 의무감, 즉 삶을 바꿔야 한다는 생각과 연결하지는 못했다.

60년대 초에 나는 몽클레어 지역신문 편집장으로부터 유치원생들에게 '경제학'을 가르쳐야 한다는 내용의 편지를 받았다. 나는 즉시 다소 아이러니한 답변을 썼다. 그러한 교육은 아이들에게 자유 시장 메커니즘이 모든 사회에서 선택할 수 있는 다양한 경제 방식 중 하나에 불과하다는 것을 보여주기보다는 현재의 자유 시장 메커니즘의 필요성을 세뇌시킬 가능성이 더 크다고 주장했다.

교류의 결과 특별한 성과는 없었지만, 나는 선택의 자유를 열어주기보다 제한하는 유형의 광고와 선전으로부터 어린이를 보호해야 한다는 경각심을 갖게 되었다. 요컨대, 나는 아이들의 인지적 자기 방어력을 키우기 위한 수단으로 비판적인 경제적 사고에 대한 아이디어를 고민하기 시작했다. 그리고 아이들의 마음이 외부의 조작에 노출될 수 있는 위험성에 대해 고민하기 시작하면서 아이들의 지적인 방어 능력은 분명히 강화되어야 하고 또 강화될 수 있는 부분이라고 생각하기 시작했다. 나와 위노나는 우리 아이들이 학교에서 제대로 된 교육을 받고 있는지 항상 걱정했었다. 이러한 측면에서 보면 나의 고민은 당연했다. 우리는 일부 교사들이 현재 통합 노력을 위해 개발하는 전략이 백인 학생만을 교육하고 흑인 학생에게는 단지 즐거움만을 주는 방식이 아닐까 걱정했다.

1960년대 중후반 컬럼비아 대학교 캠퍼스에는 정치 활동이 활발했다. 학생들은 인종 차별과 베트남전쟁에 대한 분노를 표출했다. 그리고 컬럼비아 대학교와 주변 지역사회의 좀 더 책임감 있는 행동을 촉구하는 집회를 열었다. 나는 베트남전쟁 세대가 아닌 제2차 세계대전 세대였기에, 나 자신을 학생들의 반대 세력이라고 생각하지 않았다. 하지만 이러한 불안의 징후는 내가 생각했던 것보다 훨씬 더 나와 관련이 깊었다. 얼마 지나지 않아 나는 교육 영역에서 급진적인 변화를 위한 나만의 탐구를 시작하게 되었다.

약학대학은 116번가에 있는 컬럼비아 대학교 본교 캠퍼스에서 남쪽으로 몇 마일 떨어진 68번가에 있었다. 약대 학생들은 본교 캠퍼스 학생들만큼 적극적으로 정치적 행동에 참여하지는 않았다. 하지만 학생들은 교수진과의 토론teach-ins[74]을 요청했고, 나는 학생들이 요청한 교수진 중 한 명이었다. 나는 현재의 사태에 대해 '두 집 건너 불구경'하는 태도를 취하고 싶었다. 하지만 민주사회주의의 흔적이 남아 있는 내 신념은 약학대학의 운영에 대한 학생과의 토론에 동의하게 만들었다. 그리고 이는 학과장으로서 내 역할과도 관련이 있다고 생각했다. 나는 학생회와의 토론 자리에서 약학대학 이사회에 학생 대표의 참여 가능성을 제안했다. 이 운동은 전국적으로 시작되고 있었다.

이 제안이 학생이나 교수진에게 어떤 영향을 미쳤는지는 알 수 없었다. 하지만 나중에 알게 된 바로는 이 제안은 대학 행정부의 여러 구성원에게 불안한 영향을 미쳤다. 나는 합리적인 조치라고 생각했지만 학장은 전혀 다르게 해석한 것 같았다. 사실 학장에게 그것은 적신호를 보내는 것이었다. 물론 지금은 이사회에 학생 대표를 두는 것은 당연한 일이다. 하지만 당시만 해도 그 제안은 월터 로이터와 산업조직회의의 이사회에 회사원이 참여하거나 폴

---

74. 티치인(teach-ins)은 1965년 베트남전쟁에 항의하기 위해 미시간 대학교에서 시작되었으며 이후 미국 대학 전체에서 전통이 되었다. 이는 일반적으로 학생과 교수진을 대화에 포함시키는 행동을 지향하는 참여 토론이다. (역주)

란드 노동자들이 경영 정책을 공동 결정할 권리를 요구한 것과 비슷했다. 컬럼비아 대학교의 폭동은 그 소요 사태를 가까이서 지켜본 대부분의 사람에게 나쁜 기억을 남겼다. 혼란이 가라앉았을 때 나는 혼란의 결과가 가져온 긍정적인 이점에 대해 회의적이었다. 어쨌든 폭동, 교수진과의 토론, 시위를 통해 직접적이거나 긍정적인 교육적 효과를 발견한 사람은 거의 없었다.

*   *   *

조 아이작슨은 어느 날 나에게 뉴욕 현대 미술관에서 전시 중인 어린이 미술 전시회에 가보자고 제안했다. 그 전시회는 A.S. 닐의 학교인 서머힐[75]에 재학 중인 영국 학생들의 작품들이 전시되어 있었다. 나는 닐의 책인 『서머힐』을 읽었지만, 그 내용에 설득되지는 않았다. 서머힐 학교가 민주적 자유 학교의 모범으로 여겨지고 있지만 나는 그 민주적 원리 뒤에 사실 교육에 대한 정교한 프로이트적 입장이 숨어 있다고 느꼈다. 하지만 미술관에서 서머힐의 미술 교사가 아이들의 작품에 대해 이야기하는 것을 들으며 나는 그의 말 속에서 깨달음을 얻게 되었다.

그림은 아이들이 그렸다고는 믿지 못할 만큼의 깊이를 보여줬다. 그리고 나는 아이들의 창의적인 작품을 사고의 한 형태로 이

---

75. 서머힐(Summerhill)은 영국의 교육학자 A. S. 닐이 1921년에 세운 사립 기숙형 대안학교이다. 학생들의 자유를 최대한 존중하고, 그 자유 안에서 총체적이고 조화로운 사람으로 성장하게 함을 목표로 하며 6살부터 18살까지의 학생을 받고 있다. (역주)

해하는 데 이려움이 거의 없었다. 아이들이 이 매체에서 이렇게 강력한 작품을 만들어 낼 수 있다면 다른 매체에서는 어떤 작품을 만들어 낼 수 있을까 궁금해지기 시작했다. 신뢰, 경외심, 사랑, 우정, 존경과 같은 어린이의 정서적 태도가 어른의 감정보다 훨씬 더 순수하고 강렬할 수 있다는 사실을 의심하는 사람은 아무도 없다. 그렇다면 아이들의 생각이 어른들의 생각에 근접하거나 심지어 뛰어넘는 특정한 주제는 없을까? 듀이가 '질성적 사고qualitative thought'라고 불렀던 것, 예를 들어 단어, 개념 또는 논리적 관계뿐만 아니라 소리와 색채로 생각하는 사고는 어린이에게 존재하지 않을까? 특히 컬럼비아 대학교에서 몽클레어 주립대학으로 이동한 이후에는 더욱 적극적으로 이 질문들에 대해 생각하기 시작했다.

7.
뉴저지에서 시작한 실험

현대 미술관에서 열린 서머힐 어린이 미술 전시회는 나에게 모든 사고를 언어적 담론으로 환원하는 것(당시 철학계에서 매우 유행하던 현상)에 대한 격렬한 회의감을 불러일으켰다. 그리고 심리학자들에 의해 엄청나게 과소평가되었던, 아이들의 생각 속 호기심이 가진 힘에 대한 나의 존경도 더욱 커지게 되었다.

내 아들 윌이 2살 무렵 욕실에서 나오면서 이러한 점을 보여준 적이 있었다. 윌에게 잠옷을 건네주자 잠옷이 뒤집혀 있는 것을 알아차린 윌은 곧바로 "오, 옷잠!"이라고 외쳤다. 나는 이 이야기를 『비주얼 씽킹』의 저자이자 게슈탈트 심리학을 예술에 적용한 루돌프 아른하임[76]에게 말했다. 나는 그에게서 많은 것을 배웠다. 아른하임은 나와 같은 해(1963~64년)에 뉴욕 브롱스빌에 있는 사라 로렌스 대학의 객원 교수로 재직 중이었다. 우리는 종종 대학 캠퍼스

---

76. 루돌프 아른하임(Rudolf Arnheim, 1904~2007)은 독일 태생의 미술 및 영화 이론가, 심리학자이다. 베를린 홈볼트 대학교의 막스 베르트하이머와 볼프강 쾰러 밑에서 게슈탈트 심리학을 공부했으며 이를 예술에 적용시켰다. (역주)

의 나뭇잎이 우거진 길을 함께 산책하곤 했다. 피아제가 자주 언급하는 생각과 행동 사이의 대칭성에 관해 이야기하던 중, 윌이 자기 눈앞에 있는 안과 밖이 뒤집힌 잠옷의 모습을 표현하기 위해 '잠옷'이라는 단어를 '옷잠'이라고 표현한 이야기를 했다. 내가 이 이야기를 들려주자 루디는 순간적으로 말을 잃고 걸음을 멈췄다.

20년 후, '어린이를 위한 철학'의 권위자인 불가리아 소피아 대학의 알렉스 안도노프 교수는 이 새로운 버전의 철학을 어떻게 정의하겠느냐는 질문을 받고 "뒤집힌 철학이죠!"라고 대답했다. 어린이를 위한 철학과 전통 철학의 관계에 대한 안도노프의 통찰력은 정말 놀라웠다. 그것은 마치 외부를 내부에 두고 내부를 외부에 두는 관계, 즉 주관적인 것을 객관적으로, 객관적인 것을 주관적으로 만드는 관계로 묘사한 것 같았다!

1960년대의 종말론적 시대는 존 케네디와 로버트 케네디, 마틴 루터 킹 주니어의 암살과 만연한 대학 폭동, 베트남전쟁에 대한 저항으로 인해 절망이 사회에 스며들고 있었다. 사람들은 무엇이 잘못되었는지, 어떻게 하면 이를 바로잡을 수 있을지 알지 못했다. 단지 도처에서 절박한 조치들의 필요성이 옹호되고 있을 뿐이었다. 어린 자녀를 둔 대학교수들은 종종 자녀가 부적절한 학교 교육을 받는 것은 아닌지, 그렇다면 교육을 개선하기 위해 무엇을 할 수 있는지 자신에게 질문했다. 내 아이들도 다른 초등학생들과 다를 바 없는 상황에서 미시적인 반쪽짜리 대책이 아니라 대학 교육까지 포함하는 교육 전반에 걸친 획기적인 변화가 필요하지 않을까 하고 생각하지 않을 수 없었다. 나는 아이들이 더 합당하고 좋은 판단을 할 수 있도록 하는 교육이 필요하다고 생각했다.

수년 동안 조와 나는 정치적 측면에서 이 문제를 다루어왔다. 즉, 듀이가 『민주주의와 교육』에서 말한 것처럼 교육을 개선하는 방법은 교실을 더 '민주적으로' 만드는 것이라고 생각했다. 그러나 이러한 개념에는 개선된 교육 시스템이 명확하게 나타내고자 하는 바를 재구성해야 하는 모호함과 막연함이 스며들어 있었다. 나는 교육을 개선하기 위해 무언가를 해야겠다고 결심했지만, 구체적으로 무엇을 해야 할지 전혀 확신하지 못하고 있었다.

60년대라는 시대에 힘들게 비틀거리면서 내 생각은 좀 더 구체화되었고, 교실 수업이라는 주제에 집중하기 시작했다. 나는 항상 교재 중심의 수업을 진행했던 대학 강사였기 때문에 교재 중심 수업은 놀라운 일이 아니었다. 처음부터 교사나 교수를 바꾸는 것보다는 교재를 바꾸는 것이 훨씬 쉬울 거라고 생각했다. 그렇다면 어떻게 해야 전면적인 교육적 변화가 가능하도록 교재를 개선할 수 있을까?

이에 대해 우선, 교재는 학생뿐만 아니라 교사에게도 도전 의식을 줄 수 있어야 한다고 생각했다. 교사와 학생 모두가 흥미를 느끼려면 교재와 관련된 토론에 모두가 참여할 수 있어야 한다. 그러기 위해서 교사와 학생은 교재의 내용에 대해 서로 다른 해석을 할 수 있어야 한다. 서로 다른 해석을 중심으로 교실 토론이 진행된다. 이러한 다원주의는 권위주의적이고 획일적인 방법론인 단일한 해석에 대한 자연스러운 대안이었다. 교사와 학생 모두에게 도전 의식을 줄 수 있는 한 가지 방법은 교재를 다양한 해석이 가능하도록 구성하는 것이었다.

1960년대에 내가 관심을 품게 된 것 중 하나는 솔로몬 애쉬와 같은 심리학자들이 '이중 기능 용어double-function terms'라고 불렀던 것이었다. 이 이론은 단어가 한 차원에서는 한 가지를 의미하지만 다른 차원에서는 다른 의미를 가질 수 있다는 것을 보여주었다. 예를 들어, 어른들이 특정한 이유로 흥미를 느끼는 책이 있다고 상상해 보자. 하지만 아이들은 어른들과 전혀 다른 이유로 그 책에 대해 흥미를 느낄 수 있다. '비판적 사고'의 관점에서 볼 때 이러한 용어는 모호하고 끝없는 혼란과 장난을 야기할 수 있다. 특히 보호가 필요한 학생들에게는 당황스러울 수도 있다. 나는 애쉬로부터 국립교육연구소에 이 문제를 좀 더 깊이 파고들 수 있는 마틴 엥글이라는 학자가 있다는 이야기를 들었다. 그래서 그에게 이 문제에 관한 편지를 보냈고 격려를 받았다.

나는 엥글에게 교실에 있을 때 모호함과 막연함이 발생할 수 있는 상황에서 아이들을 보호할 수 있는 무언가를 하고 싶다고 말했다. 왜냐하면 그것은 결국 아이들을 선동적인 선전과 광고로부터 보호해 줄 수 있기 때문이다. 그러다 보니 내가 염두에 두고 있던 절차에 대해 엥글에게 완전히 솔직하지는 못했다. 내가 하고 싶었던 것은 어른들이 이해할 수 있는 수준과 아이들이 이해할 수 있는 수준이 다른 이중 기능 언어로 이야기를 쓰는 것이었다.

다시 말해 어른들은 이야기를 한 가지 방식으로 해석할 가능성이 높은 반면, 아이들은 어른들과 다른 방식으로 해석할 가능성이 크다는 것이다. 교과서를 읽고 교사들은 기존 질서를 지지하는 것으로 이해할 수 있지만, 아이들은 그 질서를 비판하고 변화를 기대하는 것으로 이해할 것이다. 이 아이디어는 레오 스트라우스가 쓴 『박해와 글쓰기의 기술Persecution and the Art of Writing』이라는 책에서 얻은 것이었다. 매우 보수적인 작가였던 스트라우스는 스피노자와 같은 철학자들이 '행간'에 글을 써서 검열을 피할 수 있었던 방식에 관심을 가졌다.

사실 나는 전혀 다른 두 독자층에게 동시에 어필할 수 있는 교재를 구성하는 데 성공해 본 적이 없었다. 어떤 면에서 스트라우스의 전략은 진정성이 결여된 전략이었다. 그 전략은 조작적이었다. 나는 교실에서 교사와 어린이가 동시에 공개적으로 탐구 활동에 참여할 수 있는 교재를 쓰는 것이 훨씬 더 낫다는 결론을 내렸다. 이러한 방식으로 교사와 학생은 교과서에서 문제가 있다고 생각하는 부분을 동시에 탐구할 수 있다. 나아가 이러한 방식으로 교실을 하나의 공동체로 통합하여 어린이와 성인이 모두 하나의 탐구에 참여할 수 있게 되는 것이다.

10년 후에 나는 찰스 퍼스Charles Peirce가 만든 문구를 빌려, 이 집단을 '탐구 공동체community of inquiry'로 불렀다. 나는 학생이었을 때, 아리스토텔레스의 논리학을 체계적으로 공부한 적이 없었다. 나는 이를 대학에서 학생들을 가르치면서 공부했다. 나는 아리스토텔레스의 논리학이 언어와 세계라는 두 가지 중요한 맥락과 분명히 관련이 있었기 때문에 중요하다고 생각했다. 그리고 나는 관련성과 정확성이라는 요구 사항이 충족되지 않으면 어린이와 대학생이 아리스토텔레스의 논리를 충분히 사용할 수 없을 거라고 생각했다.

내가 구상하기 시작한 새로운 교육 방식은 교실에서 개념을 암기하는 것이 아니라 '사고하기', 그 자체라는 더 크고 원대한 개념에 초점을 맞추는 것이었다. 이는 새로운 사고방식을 보여줄 수 있는 특별히 준비된 교재를 학급에 보급하고, 학생들은 각자가 생각하는 대로 내용을 해석하도록 장려하며 해석한 내용을 함께 토론하게 함으로써 이루어질 수 있다고 생각했다. 교실 속에서 이 과정을 통해 촉발된 토론과 숙고는 학생들을 대화 속으로 이끌어 판단과 토론을 통해 자신의 의견을 가질 수 있도록 할 것이다.

*   *   *

1968년 대학 폭동이 일어나기 전까지 나는 교육 혁신에 관한 한 항상 점진주의자였다. 이러한 점진주의적 경향은 교육 변화의 이론과 실천에 대한 나의 회의주의에서 상당 부분 파생된 것이다. 그러나 대학 폭동은 교육 이론가와 교육 실천가 모두가 그동안 너무 소극적이었다는 것을 보여주었다. 완전히 새로운 계획, 완전히 새로운 실천, 완전히 새로운 이론 등 이 모든 것을 최대한 빨리 수립하고 실행에 옮겨야 했다. 하지만 나는 이러한 일이 쉽게 일어나리라 생각하지 않았다. 왜냐하면, 이 일을 할 수 있는 사람들은 여기에 쏟을 에너지가 없거나 에너지를 쏟으려고 하지 않을 것이기 때문이다. 나는 이러한 대규모의 변화가 실제로 예상한 것처럼 정석대로 일어날 것이라고는 믿지 않았다. 그럼에도 불구하고 나는 교육의 혁신을 위해 필요한 모든 것을 도울 준비가 되어 있었다. 물론 이러한 혁신은 플라톤이 『국가Republic』 초반부에서 보여줬던 입장보다는 덜 급진적이었다.

1960년대에 듀이를 읽고 조 아이작슨과의 대화를 통해 머릿속에서 부화하기 시작한 줄거리가 떠올랐다. 나는 나 자신에게 가장 먼저 필요한 것은 새로운 방식으로 쓰인 교재일 것이라고 되뇌었다. 같은 문장을 서로 다른 의미로 해석할 수 있지만 모두 읽을 수 있을 정도로 정교해야 했다. 하지만 처음부터 의미의 문제에 직면해야 했다. 교육은 새롭고 다른 의미를 가져야 했고, 그 출발점이 어른들의 세계(교사, 교수, 부모)일 수는 없었다. 이는 교육의 혁신을 망칠 수 있다고 생각했다. 교재의 주제는 사회의 중요한 주체인 어린이의 질문에서 나와야 했다. 그렇게 되면 이 책이 어린이와 자연스럽게 연결되리라 생각했다.

내가 종합적으로 판단한 상황은 다음과 같았다. 아이들이 스스로 생각할 수 있도록 교육 제도를 개선하려는 움직임은 미국에서 먼저 일어날 것으로 예상했다. 다른 국가에서는 거의 협력을 기대할 수 없다고 생각했다. 하지만 이 점은 내 예상에서 크게 빗나갔다. 미국의 학교와 교육청은 내가 추진하던 새로운 교육 운동을 지지하지 않았다. 당시 정당들은 전통적인 교육 모델을 추구했기 때문에 어떤 도움도 기대할 수 없었다. 하지만 외국 교육 기관들은 북미에서 발생한 사고력 교육, 어쩌면 극적일 수 있는 이 새로운 교육적 사건에 대해 알게 되었을 때, 그들 안에서 솟구친 흥분을 감추지 않았다. 교육과 철학의 결합이라는 오랫동안 염원했던 새로운 교육과정을 먼저 인정한 것은 중남미였다. 특히 브라질과 멕시코에서 큰 관심을 보였다.

이 모든 고민은 조교수, 부교수, 정교수라는 내가 원했던 경력을 쌓기 위해 노력하는 과정에서 지속되었다. 나는 3~4년마다 이 단계 중 하나는 올라갔기 때문에 내 발전이 너무 느리다고 불평할 수는 없었다. 속도는 일반적이라고 볼 수 있었다. 하지만 출판, 초청 강연, 행정 승진 등 추가적인 단계가 있었기 때문에 내 발전 속도에 만족하지는 못했다. 20년이 넘는 긴 시간 동안 누군가가 나에게 갑자기 컬럼비아 대학교의 이력을 포기하고 극도로 불확실하고 불안정한 직장으로 전직할 가능성을 상상할 수 있느냐고 묻는다면, 아마 그런 전직은 상상할 수 없는 일이라고 대답했을 것이다. 나는 도박을 좋아하지 않는다. 나에게는 부양해야 할 가족과 생각해야 할 경력이 있었기 때문에 카드 한 장에 모든 것을 포기할 수는 없었다.

교육에 대한 어떠한 말을 하려고 노력하기 시작했지만, 정확히 내가 어떤 말을 해야 할지는 명확하지 않았다. 이에 기초하여, 1967년부터 나는 책을 쓰기로 결심했다. 지금 내가 '책'이라는 단어를 사용한 이유는 이 작업이 중요하리라는 것을 알기 때문이다. 하지만 책이라는 단어는 당시의 나의 계획을 정확하게 보여주지 못한다. 그 당시 나는 책을 쓰려던 의도가 없었다. 단지 무언가를 쓰기로 결심했다는 것이 더 정확할 것이다. 나는 사고력 교육과 관련된 교육과정 자료를 개발하기로 결심했다. 책이 될 것이라는 사실은 꽤 오랜 시간이 지나서야 알았다. 이 자료들은 모두 철학적인 내용으로 되어 있다.

　나는 이 책의 첫 번째 장을 쓰기 시작했다. 이미 전날 밤 첫 장에 들어갈 아이디어들에 사로잡혀 있었기 때문이다. 나는 내 생각 속에서 만들어지는 줄거리의 필요 사항과 등장인물들의 이름을 떠올리며 밤을 지새웠다. 거의 처음부터 주요 등장인물의 이름을 정확히 정해야 했다. 소년의 이름을 논리학의 창시자인 아리스토텔레스의 이름에서 빌리면 어떨까? 하는 생각이 들었다. '해리 스타틀Harry Startle'은 어때? 나 자신에게 물었다. 현실성 없는 이름이라고 생각했다. 하지만 뉴욕 양키스의 투수 멜 스토틀마이어의 Mel Stottlemyre 이름이 떠올라 '해리 스토틀마이어Harry Stottlemeier'라는 이름을 책의 주인공으로 선택하게 되었다. 해리의 친구로 등장하는 소녀의 이름에 대한 출처는 두 가지였다. 한 명은 몽클레이의 집 건너편에 살던 밝고 용감한 어린 소녀 리자 루이스였다. 다른 한 명은 알리샤 카라마조프[77]의 친구인 리자였다. 그래서 해리의 친구를 '리자'라는 이름으로 지었다.

　집에서는 일할 수 있는 연구실이 없었기 때문에 따로 연구실을 만들어야 했다. 집 지하실에 사각 모양의 테이블을 놓고 그 위에 위노나의 휴대용 타자기를 올려놓았다. 그리고 천장에는 못을 박아 전구를 걸었다. 첫 번째 장의 첫 네 페이지를 끝냈을 때, 나는 더 이상 필요한 것이 없을 것이라고 꽤 확신했다. 그러다 그다음 주에 내가 쓴 부분이 얼마나 단편적인지 깨닫기 시작했다. 나

---

77. 표도르 도스토옙스키의 소설 『카르마조프가의 형제』의 주인공으로 카르마조프 형제의 막내이다. (역주)

는 나른 장에서 그 내용 을 보강하기로 결심했다.

　각 장의 아이디어를 구체화하는 작업이 매주 계속되었다. 솔직히 즐거운 작업은 아니었다. 거의 매주 나는 흔들리는 네모난 테이블 앞에 다시 앉아야 했다. 전날 밤 머릿속으로 문제를 해결했다는 들뜬 사치는 사라지고 다시 건설적이고 고된 일만 남은 것 같았다. 그렇게 열일곱 번의 저녁을 보내며 열일곱 개의 챕터가 완성되었다. 1장과 마찬가지로 일종의 철학적 영감의 산물인 14장을 제외하고는 모두 지루하게 쓰인 책이었다.

　나는 여전히 첫 장에 대해 깊은 감탄을 가지고 있다. 왜냐하면 누구라도 그 첫 장을 이해하려면 오늘날 사람들이 말하는 '해체'를 거쳐 완전히 분해하고 재구성해야 하는데, 거기에는 내가 파악하고 옹호하고자 한 모든 주제와 메커니즘이 포함되어 있었기 때문이다.

　첫 장을 쓴 것은 일종의 축복이었다. 내가 근본적으로 재구성해야 한다고 생각한 교육의 모든 측면을 어느 정도 명확하게 암시했기 때문이다. 나는 이러한 재구성이 급진적이어야 한다는 것을 조금도 의심하지 않았다. 실제로 그 점이 가장 인상 깊었던 부분 중 하나였다. 한편, 나는 내 요구가 너무 과격하다는 불평을 받을 걱정도 할 필요가 없었다. 왜냐하면, 사람들은 처음 네 쪽을 읽고 이 요구가 얼마나 심각한 주장을 받아들이라는 것인지 이해하지 못할 것이기 때문이다. 그래서 잠시나마 마음 편히 쉴 수 있었다.

　당시 내가 아이들을 위한 철학 입문서를 쓰고 있다고 누군가에게 말했더라면, 그들은 아마 변명만 늘어놓고 이마를 두드리며 자리를 떴을 것이다. 만약 내가 그 작은 책에 기대고 있는 놀라운 일들에 대해 말했더라면 그들은 분명 더 빠른 속도로 떠났을 것이다. 내 목표에 공감하는 사람들조차도 내가 하는 일에 대한 이상한 자신감에 당황하곤 했다. 그들 중 대다수가 우리가 살아온 문화를 유지하는 데 있어 교육의 핵심적인 역할을 기꺼이 인정했을 것이다. 하지만 나처럼 철학이 문화의 가치를 보여주고, 이를 비판적으로 검토하는 데 필요한 거대한 힘을 가지고 있다고 생각한 사람은 거의 없었을 것이다. 하지만 이것이 바로 내가 해야 할 일이었다.

나는 『해리 스토틀마이어의 발견』이라는 책이 나의 미래에 어떠한 영향을 줄지 궁금해하지 않을 수 없었다. '어린이를 위한 철학'이라고 불리게 될 교육과정이 교육에 큰 의미를 줄 수 있을 거라는 데는 의심의 여지가 없었다. 하지만 철학 분야에서는 어떤 의미가 있을지 그리고 내 경력에는 어떠한 도움이 될 수 있을지 궁금했다. 사실 '어린이를 위한 철학'이 철학 분야에서 성공적으로 받아들여지지 않을 것 같다는 생각은 들었다. 내가 원했던 것은 무엇이었을까?

논문도 쓰고 책도 몇 권 낸 경험이 있는 분야는 미학 쪽이었지만, 미학에 관한 관심은 그렇게 강렬하지 않았다. 그렇다면 철학 분야에서는 성공적으로 일을 하고 있었을까? 나에게 철학 분야에서의 대안은 형이상학뿐이었다. 하지만 그 분야 역시 문제였다.

철학은 인문학 중에서도 엘리트 학문에 속하며, 미국철학 내에서도 비공식적으로 '전문'과 '준전문'의 구분이 존재했다. 논리학,

인식론, 철학사, 과학철학은 '전문', 미학, 종교철학, 미국철학, 현상학 등은 '준전문'으로 간주되었다. 그러한 구분은 지금도 존재한다. 이러한 구분은 공식적이지는 않았지만, 어느 정도 당연한 것으로 받아들여졌다. 형이상학은 이 두 영역의 중간쯤에 있었기 때문에 형이상학에서 성공한다고 해서 일반적으로 철학 분야에서 성공할 수 있을 거라는 확실한 보장은 없었다.

게다가 나는 지난 10여 년 동안 버클러의 형이상학을 전공했지만 버클러를 따르는 철학자들 사이에서도 특별히 인정받은 적이 없었다. 그래서 나는 형이상학 분야에 대한 실력도 별로 없다고 생각했다. 이 분야에서 나에게 동기를 부여해 준 것 중 하나는 나의 작업에 대한 버클러의 조언이었다. 하지만 나는 제대로 인정받지 못해 변두리에 있는 사람으로 여겨졌고, 때로는 언어 분석으로 전향한 사람으로 알려지기도 했다. 버클러의 작업에서 비롯된 한두 편의 논문을 제외하고는 그 분야에서 내가 한 일에서 별다른 감흥이 없었다. 내 논문은 전혀 독창적이지 않은 것처럼 보였다. 나는 단지 앞서가는 다른 사람의 연구를 뒤따라갈 뿐이었다(형이상학에 대한 내 논문에 대해 버클러는 이렇게 논평을 남겼다. "이제 이 분야에 우리 둘만 남았군요!").

반면에 『해리 스토틀마이어의 발견』과 이를 기반으로 구축된 교육적 접근 방식은 선적으로 내 작업이었다. 다른 사람의 작업을 따라 했다고 말할 수 있는 사람은 아무도 없다. 듀이를 역사상 가장 위대한 교육 철학자라고 확신하지만, 초등학교 교육에 철학을 도입하면 엄청난 교육혁명이 일어날 수 있다고 생각해 본 적은 없는 것 같다. 실제 듀이는 기회가 왔을 때 미래 교육이 따라야 할 모델로 과학적 탐구를 강조했다. 하지만, 『해리』에서 어린이를 위한 철학의 모델을 제시했듯이 '탐구로서의 교육'을 위한 교육과정 모델을 구축한 것은 아니었다.

나는 논리학자들이 '환위'[78]라고 부르는 것을 아이들이 스스로 발견할 수 있을 거라고 생각했다. 또한, 책의 저자로서 해리의 마음, 어쩌면 다른 한두 명의 마음에 접근할 수 있을 거라고 당연하게 생각했지만, 그 이상은 아니었다. 그래서 나는 전지적 관점에서 바라보는 작가가 되었다. 『해리』의 첫 몇 문장은 이를 잘 보여준다.

"그날 해리가 과학 시간에 잠들지 않았다면 이런 일은 일어나지 않았을 것이다. 실제로 잠들지는 않았다. 단지 그의 정신은 몽롱한 상태였다."

해리의 이야기를 쓰기 전날 밤, 침대에서 뒤척이며 머릿속으로 줄거리에 대한 아이디어를 뒤집어 보았다. 줄거리 속 사고의 흐름이 정해지면 실제 이야기를 쓰는 것은 비교적 빠르게 진행되었다. 이 줄거리가 퍼스-듀이의 탐구 패러다임에 부합한다는 사실을 깨닫게 된 것은 몇 년이 지난 후였다.

해리와 반 친구들의 이야기를 끝냈을 때, 더 필요한 것은 없다고 생각했다. 하지만 며칠이 지난 뒤, 나는 학생들이 일상적인 언어

---

78. 환위란, 명제의 주어와 술어의 위치를 바꾸는 것이다. 예를 들면, "모든 사람은 동물이다"라는 명제를 "모든 동물은 사람이다"라는 명제로 바꿀 수 있다. 이 경우 환위 이전의 명제와 환위 이후의 명제는 의미가 달라진다. 양을 나타내는 '모든'이라는 전칭을 '어떤'이라는 특칭을 가리키는 말로 바꾸어 놓으면 환위할 수 있다. 해리의 1장은 환위의 규칙을 다루고 있다. (역주)

를 단순화된 논리 언어로 번역할 수 없다면 타당한 환위를 연습할 수 없을 것이라는 결론을 내리게 되었다. 이러한 번역(표준화)의 논리적 규칙을 설명하는 세 개의 장을 추가로 작성하는 데 몇 주가 더 걸렸다. 그다음으로 책의 서두에서 교육 문제, 즉 "우리는 왜 학교에 가는가?"라는 질문을 소설에 등장하는 아이들이 던지면 어떨지 생각했다. 그것은 책의 시작으로 적절해 보였다. 하지만 나는 결국 이 아이디어를 포기했다. 왜냐하면, 아이들의 입을 통해 나의 질문을 던지는 것 같다는 느낌이 들었기 때문이다. 나는 아이들이 원한다면 스스로 이 질문을 자유롭게 생각해 낼 수 있기를 바랐다. 따라서 책의 장을 원래 쓰인 순서와 같은 순서로 유지했다.

교육에 관한 장(5장)을 쓰면서 이 장은 정말로 어린이를 위한 교육철학philosophy of education이라는 생각이 들었다. 그것은 단지 교육에 관한 철학이 아니라 어린이를 위한 교육철학 그 자체였다. 그렇다면 각각의 장이 고유한 '철학'이 될 수 있도록 내용을 추가하는 것은 어떨까? 라고 생각했다. 그래서 나는 사회 철학, 비판적 사고, 종교철학, 예술 탐구, 과학 탐구에 관한 장으로 이어 나갔다. 그 후 몇 년 동안 약간의 추가와 수정이 있었지만, 기본적으로 이 책은 처음 쓰였을 때와 동일하다. 이 책을 쓸 때 참고 자료는 전혀 사용하지 않았다. 대부분 철학 입문이나 논리 및 과학적 방법 입문 강의에서 나온 내용이었다. 나는 사람들에게 "해리는 기본적으로 중학생의 눈높이에 맞추어진 대학 학부 과정"이라고 말했다. 하지만 개인적으로는 확신이 없었다. 얼마 후에는 더 이상 아이들이 상상할 수 있는 교육철학philosophy of education이라고 생각하지 않았다.

그 당시 나는 소설 속 가상의 인물들과 함께 합당성을 추구하기 위한 적절한 교육 방법을 고안해야 한다는 것을 알지 못했다. 언젠가부터 나는 가상의 인물과 대화할 수 있는 능력과 추론과 관련하여 무엇이 타당한지를 인식할 수 있는 대략적인 직관력을 부여해야 했다. 나는 해리 1장부터 지적인 경험뿐 아니라 감정적인 경험도 포함했다. 그리고 가상의 인물 각각에 '실험적', '경험적', '분석적' 등과 같은 고유한 사고방식을 부여하기로 결심했다. 또한, 에피소드 사이에 등장인물들이 모여서 탐구와 관련하여 서로에게 최신 정보를 제공할 것이라는 가정도 있었다. 8장과 11장에서는 유진 오닐이 『느릅나무 밑의 욕망Desire Under the Elms』[79]에서 사용했던 일종의 '스톱 액션'[80]의 극적 기법을 사용하여 독자에게 등장인물의 내면을 보여주려고 했다.

결국, 근본적으로 창조적인 결단 없이는 『해리』를 쓸 수 없었을 것이라고 생각한다. 그 결정은 매우 폭넓은 것들을 요구했다. 새로운 교육학이 필요한 것일까? 새로운 교육을 구상해라! 새로운 주제 영역이 필요한가? 초등학교에서 한 번도 도입해 보지 않았던 철학에 도전해 보라! 새로운 종류의 교사용 지도서가 필요한가? 교사용 지도서를 구성해 보라! 그런 고집이 없었다면 해리는 4쪽짜리 비판적 사고 교재로 끝났을 것이다.

---

79. 미국 현대 연극의 아버지라고 할 수 있는 유진 오닐이 1924년에 발표하여 센세이션을 일으킨 작품이다. (역주)
80. 무대 위의 인물들이 순간적으로 멈추었다가 다시 움직이게 하는 기법. 멈추는 순간 내레이션으로 등장인물의 내면을 설명해 주기도 한다. (역주)

내 진로와 경력을 고려해서 이렇게 타협점을 찾았다. 아이들의 교육을 위해 10년을 투자하고, 다시 전통 철학으로 돌아가는 것이다. 하지만 그것은 기껏해야 연약한 다짐에 불과했다. 그때도 나는 전통 철학자로서 나 자신에 대해 큰 확신이 없었다. 만약 10년 후 어린이철학이 어떤 식으로든 번성한다면 주저하지 않고 이 일을 계속할 것을 알고 있었다. 실제로 10년 후인 1978~79년에는 '어린이를 위한 철학Philosophy for Children'이 큰 반향을 일으켰고, 나는 전통 철학에 대한 강의나 저술은 거의 하지 않았다. 나는 굳이 어떤 결단도 할 필요가 없었다. 이미 나는 어린이를 위한 철학에 빠져 있었다. 나는 쭉 아이들과 함께하리라고 생각했다.

*   *   *

처음에 어린이를 위한 책을 쓰겠다고 생각했을 때 독자들에게 비판적 사고와 약간의 형식 논리를 먼저 소개하는 것을 염두에 두었다. 『해리 스토틀마이어의 발견』을 시작하고 5장까지 완성한 이후에야 철학 입문서라는 관점에서 생각하기 시작했다. 비록 중학생들에게 쉽게 전달할 수 있는 다양한 철학적 내용을 명시적으로 드러내지는 않았지만, 어떤 식으로든 아이들에게 전달하고 싶은 여러 가지 가치들을 염두에 두고 있었다. 내가 개빌하려는 것이 단순히 사고력 향상뿐만 아니라 도덕 교육의 목적에도 유용할 수 있다는 가능성을 나는 알고 있었다.

예를 들면, 나는 해리와 그 친구들이 탐구의 개념을 발견하여 적절하게 사용할 수 있기를 바랐다. 해리와 친구들은 탐구를 '알아내는 것'이라는 의미로 부른다. 비록 때로는 탐구를 논리적 추론 그 이상으로 생각하고 있는 것처럼 보이지는 않지만, 다른 한편으로는 검토, 가설 형성, 선택적 관찰, 질문하기 등과 같이 탐구의 전체 과정을 마음속에 두고 있는 것처럼 보이기도 한다.

이러한 발견은 나에게 이야기 속 가상의 아이들이 오류가능주의fallibilism나 합당성과 같은 가치를 단순히 옹호하는 것이 아니라 구현해야 한다는 것을 의미하기도 했다. 책 초반에는 해리가 자신의 추론 실수를 발견하고 여러 번 충격을 받지만, 시간이 지남에 따라 그와 반 친구들과 함께 실수를 인정하고 오류를 바로잡는 방법을 탐구하게 된다. 이러한 모습이 내가 이해한 오류가능주의였다. 나는 합당성을 단순히 이성을 사용하는 능력뿐만 아니라 다른 사람의 이성 사용을 존중하고, 이에 대해 열린 마음으로 인정하는 태도도 포함된다고 생각했다. 나는 아이들이 논리적인 완벽함을 자랑하거나, 자신의 흥미나 호기심이 아니라 타인의 생각에 의존하는 공동체의 구성원이 되기를 원하지 않았다.

어린이를 위한 철학 교육과정에 포함된 각 소설은 문제에서 시작하여 책이 끝날 때까지 어떤 종류의 해결책에 이르는 과정을 거친다. 따라서 이 교육과정은 어떤 의미에서 아이들이 서로에게 본보기가 될 만한 도덕적 자질을 습득하는 과정이기도 하다. 해리와 그의 반 친구들은 자신보다는 공동체의 행복을 생각하는 것이 더 바람직하다는 것을 알게 된다. 그들은 처음 시작할 때보다 좀 더 선해지고 더 나은 삶을 살게 된다. 합당성과 민주주의는 탐구 공동체의 구조뿐만 아니라 그들의 인격적 구조의 규제적 이상이 된다.

이미 언급했듯이 『해리 스토틀마이어의 발견』을 집필하면서 가장 먼저 부딪힌 문제는 철학과 교육의 융합을 촉진할 수 있는 교육학을 단계적으로 도입하지 않고는 철학을 교육의 흐름으로 끌어들일 수 없다는 것이었다. 그러한 교육학은 어떤 모습일까? 찰스 퍼스가 한때 과학적 탐구의 실천가들을 "탐구공동체"로 묘사한 말이 떠올랐다. 그 순간에 나에게 깊은 인상을 준 것은 '탐구공동체'란 문구 그 자체가 아니었다. 탐구공동체에 본격적으로 관심을 가지게 된 것은 약 10년 후에 버클러의 『토론이란 무엇인가?What is a Discussion?』라는 논문을 읽고 난 뒤였다. 당시 과학자들의 실천은 탐구의 요구와 공동체의 요구라는 두 가지 요구 사항 아래에서 이루어지고 있었다. 이는 과학적 행위에 중요한 통제를 가하는 두 가지의 요구 사항이 교차하는 맥락이었다.

해리의 첫 장을 타자기 잉크로 옮기기 전에 이상적인 교육적 맥락에서 생각해 보니, 교실에서 교사와 학생이 서로 배타적이지 않으며 사회적 연대에 대한 깊은 헌신이 있어야 할 것 같았다. 이는 퇴니스가 게마인샤프트[81]로 규정했던 것과 같은 대면 관계를 수반한다. 그리고 이는 다시 학생들을 일렬이 아닌 원형으로 앉게 하는 것을 요구했다.

이는 모든 학생이 탐구가 진전되기 진에 현재 탐구의 진행 상

---

81. 게마인샤프트(Gemeinschaft)는 자연적으로 결합된 집단으로 인간 상호 간의 애정을 바탕으로 한다. 이런 형태의 결합은 감정적인 것이고, 매우 긴밀한 것이 특징이다. 이러한 공동체에서는 전통이 매우 큰 힘을 발휘하며 주로 폐쇄적인 소공동체에서 발견되는 형태다. 가족, 부족 등이 여기에 속한다. (역주)

황에 대해 공유할 수 있다는 것을 의미한다. 또한 이는 각 참가자가 서로를 존중하고 공감한다는 것을 의미한다. 하지만 나는 『해리』가 이상적인 교실을 완전히 묘사할 수는 없다고 생각했다. 왜냐하면 그것은 노력하고 지향해야 할 대상이기 때문이다. 당연하게 여겨지는 목표가 아니라, 그러한 이상에 대한 추구와 도달을 묘사할 수 있을 뿐이었다. 그래서 『해리』의 마지막 장에서 학생들은 뒤통수만 보이는 교실과 서로의 얼굴을 볼 수 있는 교실에 관해 이야기한다.

이야기에 등장하는 모든 학생에게 진행 중인 탐구 상황을 최신 상태로 알려주는 문제는 그렇게 간단하게 처리할 수 있는 문제가 아니었다. 소수의 학생끼리만 대화가 오가는 경우가 많았고, 이러한 대화는 교실이 아닌 집에서 이루어지는 경우가 더 많았다. 그럼에도 불구하고 다음 에피소드가 진행될 때 그 전 수업에 참석하지 않은 학생들로부터 그동안 배운 내용을 보충해 달라는 요청은 없었다. 이것은 일부의 학생들만이 참여한 수업에서 탐구가 진행되었더라도 연대감과 상호존중에 기초하여 그 전 수업에 참여하지 않은 학생들에게도 그 탐구의 결과가 어떻게든 전달되었다는 점을 시사한다.

의견 대립이 심할 때도 참여자들이 서로를 존중하는 태도에 기반하여 발언을 이어 나가는 모습에서 또 하나 주목할 만한 점이 있었다. 해리의 학급 친구들 사이의 의견 불일치는 다른 사람이나 다수의 의견과 일치하지 않는 의견을 가진 사람을 토론 공동체에서 배제할 만큼 중요한 것이 아니었다.

해리와 그의 반 친구들이 함께한 탐구 공동체의 초기 모델의 또 다른 측면은 자신들의 숙고가 탐구의 한 형태를 대표한다는 사실을 그들 스스로 인식하고 있다는 점이다. 나는 앞서 탐구를 '알아내는 것figuring things out'이라고 묘사한 바 있다. 학생들은 그러한 탐구가 소중하며 신중하게 구축되어야 한다는 것을 잘 알고 있다. 물론 그 의미에 대한 해석은 다양하다. 토니는 추론, 더 구체적으로는 타당한 추론에 대해 생각하고 있다. 해리의 목표는 자신의 활동을 연결하고 설명할 수 있는 가설을 발견하고 실험을 통해 이러한 가설을 검증하는 것이다. 리사, 마크, 프란의 목표는 자신의 경험을 특정한 방식으로 표현하는 것이다. 아이들이 에피소드의 맥락에서 단편적인 방식으로 추구하는 다른 많은 인지적 목표가 있지만, 이는 "알아내기"라는 일반적인 목표 아래에 포함되는 것처럼 보인다.

흔히 학교 교육과정에 어린이철학을 추가하는 목적은 어린이를 더 현명하게 또는 더 철학적으로 만들기 위해서라고 말한다. 나는 이에 동의하지 않는다. 가능한 한 넓게 생각하면 학교 교육과정에 어린이철학을 도입하는 목적은 초등학교 교육을 탐구, 즉 문제적 상황에 대한 탐구로 전환하는 데 있다고 볼 수 있다. 철학은 문제적 상황을 탐구의 주제로 변형시키는 방법론을 가져다준다.

어린이를 위한 철학을 계속 체계화시키면서 또 다른 의문이 떠올랐다. 오늘날 우리가 아리스토텔레스 논리학이라고 부르는 원리를 어린아이의 정신으로 이해할 수 있을까? 나는 확신할 수 없었다. 그러나 그러한 시도는 실제로 존재하며 아리스토텔레스도 한

때 그랬던 적이 있었다. 우리가 생각하는 것보다 훨씬 더 뛰어난 사람이 아니라면, 누구나 한때는 어린아이였고 어느 날 갑자기 어른이 된 것은 아닐 것이다. 본성의 연속성에 대한 이러한 주장은 열두 살의 아리스토텔레스의 머릿속에는 이미 계급 관계, 타당한 추론 등에 대한 이론이 소용돌이치고 있었을 것이라고 상상하게 한다. 중국에서 진행한 강의에서 듀이는 아리스토텔레스 논리학을 인류 역사상 가장 위대한 단일 지적 발명품이라고 언급한 바 있다. 혹여 그렇지 않더라도 누구나 아리스토텔레스의 논리학이 그다음 세대에 가져다준 것이 무엇인지를 궁금해하지 않을 수 없었다.

*　　　*　　　*

1969년, 『해리 스토틀마이어의 발견』의 작은 파일럿 버전이 미국 국립인문학기금NEH의 재정 지원을 받아 처음으로 인쇄되었다. 단행본으로 400부가 제작되었으며, 처음에는 4달러에 판매되었다.

『해리』의 첫 번째 인쇄가 끝난 후, 나는 다른 기관에서 일자리를 찾아야 할 시점에 와 있는 것은 아닌지 고민하기 시작했다. 컬럼비아 대학교에 정교수로 재직 중이었고 철학과로 흡수되기를 요청할 수도 있었다. 하지만 대학의 재정 상황은 그리 좋지 못했다. 내가 하려는 일에 지원을 요구할 수 있는 상황이 아니었다. 그리고 나는 약학대학에 더 이상 남고 싶지도 않았다. 왜냐하면 어린이를 위한 철학 프로젝트를 위해 국립인문학기금NEH에 신청한 지원금 신청서에 학장이 서명을 거부했기 때문이다. 그런데 고맙게도 철학과의 새로운 학과장이 이 프로젝트를 받아들여 지원금 신청서에 서명을 해주었다. 그래서 나는 새로운 직장을 찾기 위해 몇 군데에 조심스럽게 문의해 보기로 결심했다. 그중 첫 번째는 내가 살고 있는 곳에서 불과 몇 분 거리에 있는 몽클레어 주립대학이었다.

우연히도 당시 몽클레어 주립대학의 총장이었던 철학자 톰 리처드슨과 친분이 있었다. 나는 톰에게 직급과 임기를 보장하고 내가 하던 어린이의 철학적 사고에 관한 연구를 계속할 수 있는 연구소가 주어진다면 몽클레어 대학으로 옮기고 싶다고 말했다. 이 문의에 대해 톰은 너무나도 따뜻하고 지지받는 기분을 느끼게 하는 답변을 해주었다. 그래서 다른 기관에 대한 문의를 미루고 미국 국립인문학기금NEH이 지원하는 프로젝트에 관심을 돌리게 되었다. 톰은 몽클레어 주립대학에 있는 철학 및 종교학과로 옮기는 것이 좋을 것 같다고 나를 설득했다. 나는 최소한의 노력으로 그곳에서 일할 기회를 제안받은 것이다. 아무런 망설임 없이 몽클레어 주립대학의 교수직을 수락했고 정교수라는 직함을 받았다. 컬럼비아 대학교에서 가르치는 일은 즐거웠지만, 나는 기꺼이 몽클레어 주립대학으로 가는 것을 선택했다. 왜냐하면 컬럼비아 대학교가 몽클레어 주립대학처럼 어린이를 위한 철학을 지원하지 않을 수도 있다는 생각이 들었기 때문이다.

내가 몽클레어 주립대학의 철학 및 종교학과로 이동하는 과정은 생각보다 더 섬세한 전략이 필요하다는 것을 깨달았다. 특히 어린이철학 연구소Institute for children's philosophy를 설립해 달라는 내 요구 때문에 더욱 그랬다. 그럼에도 불구하고 새로운 자리로의 이동은 순조롭게 진행되었다. 사실상 1972년에 나는 컬럼비아 대학교에서 몽클레어 주립대학으로 이직했다. 하지만 한동안 어린이 추론 프로젝트는 여전히 컬럼비아 대학교에 속해 있었다. 하지만 나는 몽클레어 대학에서 프로젝트를 진행하는 것이 더 수월할 것이라고 생각했다. 1969년부터 1974년까지는 업무적으로나 개인적으로 많은 일이 있었다. 그래서 이 프로젝트의 관할권이 언제 어디에 있었는지 정확히 기억하기가 힘들다.

1970년 가을, 나는 몽클레어에 있는 공립학교인 랜드 학교의 5학년 학생을 대상으로 초기 어린이철학 교육과정의 효과를 검증하기 위한 실험을 실시했다. 실험을 지원하기 위해 몽클레어 주립대학 심리학과의 대학원생 2명과 몽클레어 교육청의 학생 서비스 책임자인 밀턴 비어만 박사의 도움을 받았다. 나는 새롭게 부상하고 있는 어린이철학의 탐구 구조를 기꺼이 밀턴 비어만 박사에게 털어놓았다. 이 말을 들은 그는 스스로가 훌륭한 전략가임을 증명했다. 무작위로 선정된 초등학교 5학년 학생 두 집단을 대상으로 한 이 연구는 10주 동안 진행되었다. 먼저 각 그룹의 학생들에게 사전 테스트를 실시한 결과, 두 그룹의 테스트 결과가 거의 동일하다는 사실을 발견했다.

그다음, 실험 집단은 9주 동안 매주 두 차례 40분씩 어린이철학 수업을 받았다. 각 수업은 『해리 스토틀마이어의 발견』의 한 장을 한 페이지씩 소리 내어 읽고, 그 후에 약 20분 동안 읽은 내용으로 토론하는 순서로 진행되었다. 나는 교사 역할을 맡았다. 반에는 책을 느리게 읽는 학생들도 있었지만, 우리는 마지막까지 이 수업 형태를 고수했다. 다른 집단은 사회학을 기반으로 한 5학년 수업 과정을 진행했다.

실험 결과를 통계 분석한 결과, 통제집단(비교집단)은 초기 테스트 점수보다 크게 향상되지 않은 것으로 나타났다. 반면, 실험집단은 정신연령이 27개월 향상되어 논리적 추론 능력이 향상된 것으로 나타났다. 정말 황홀했다!

비어만 박사는 이 차이가 매우 중요한 진전을 의미한다고 말했다. 나는 이보다 더 좋은 결과를 기대할 수 없을 만큼 정말 기뻤다! 하지만 비어만 박사는 조심하라고 당부했다. "당신이 달성한 것은 단지 통계적 의미일 뿐입니다. 아직 그 결과가 교육적으로 유의미하다는 것을 입증하지는 못했습니다"라고 경고했다.

"알았어요." 나는 조금 진정하려 애쓰며 "그럼 그걸 어떻게 보여주면 될까요?"라고 물었다.

"글쎄요"라고 비어만 박사는 대답했다. "결과가 단지 추론에 그치지 않고 아이들의 교육 경험의 다른 측면으로 전이될 수 있다는 것을 보여주어야 합니다. 또한 이러한 결과가 일시적인 것이 아니라는 것을 보여줄 필요가 있어요. 지속성이 있어야 해요."

나는 우리가 편해지는 것과는 거리가 멀다는 것을 깨닫기 시작했다. "그것을 어떻게 보여주죠?" 나는 물었다. 비어만 박사는 재미있다는 듯이 표정을 찡그렸다. 우리는 적절한 시기에 맞춰 학생들에게 실험 6개월 전과 6개월 후에 실시한 아이오와 성취도 테스트Iowa chievement test를 살펴봤다. 통제집단의 점수는 큰 변화가 없었다. 철학 수업을 받은 실험 집단의 성취도 점수는 철자를 제외한 모든 과목에서 상승했다. 나는 철자 과목에서 큰 개선이 없는 이유를 알고 싶어서 욕심을 부렸다.

"철자는 합리성과는 거리가 멀어요." 비어만 박사가 대답했다. "본질적으로 불합리한 것을 강화하기 위해 추론을 가르치고 싶지는 않으시겠죠?"

우리가 이 실험의 결과가 지속적이라는 것을 말할 수 있기까지는 3년을 기다려야 했다. 비록 통제집단이 많이 해체되었지만, 실제로 효과는 있는 것으로 나타났다. "다음은 무엇을 해야 할까요?" 나는 비어만 박사에게 물었다.

"이제 다른 환경에서도 똑같은 결과가 나올 때까지 기다려야 합니다"라고 그가 대답했다. "그리고 철학 교사는 이 특별한 철학 교육 프로그램 활용을 위해 훈련받은 정규 교사가 되어야 하며, 프로그램 개발자인 당신이 그 역할을 해서는 안 됩니다." 비어만 박사는 이런 경고성 발언으로 나를 진정시켰다. 하지만 나의 낙관적인 기대에 찬물을 끼얹지는 않았다. 이제 막 시작한 어린이철학 교육과정의 효과를 검토하고 이해하기 위해서는 더 많은 작업이 필요하다는 것을 알고 있었다. 그리고 프로그램을 구체화하기 위해서는 훨씬 더 많은 작업이 필요하다는 것도 알고 있었다. 하지만 나는 초기 실험 조사 결과를 본 것만으로도 감격하지 않을 수 없었다.

8.

걷는 법을 배우는 어린이를 위한 철학

컬럼비아 대학교에서 몽클레어 주립대학으로 옮기면서 나는 어린이의 철학적 사고를 연구하는 연구소를 설립할 수 있었다. 이는 훗날 어린이철학 발전 연구소Institute for the Advancement of Philosophy for Children 또는 'IAPC'로 불리게 된다. 어린이를 위한 철학을 발전시키는 데 전적으로 집중하는 연구소를 갑자기 마음대로 운영할 수 있게 되니 많은 이점이 있었다. 첫째, 내가 하려는 일 뒤에 기관의 이름이 붙는다는 점에서 오는 신뢰성이 있었다. 연구소의 이름 덕분에 나는 지원금을 신청하고 『해리 스토틀마이어의 발견』을 내 이름으로 출판할 수 있었다. 또한, 눈에 보이는 기관 이름 덕분에 어린이를 위한 철학에 크게 기여하고 프로그램의 발전과 성공에 필수적인 훌륭한 인재들을 모을 수 있었다.

내가 몽클레어 주립대학에 온 지 몇 달 후에 앤 마가렛 샤프 Ann Margaret Sharp가 연구소로 왔다. 앤이 연구소로 온 것은 연구소와 나에게 축복 같은 일이었다. 컬럼비아 대학교에서 몽클레어 주립대학으로 직장을 옮기면서 경험한 부정적인 측면 중 하나는 업무량이 많아졌다는 깃이다. 컬럼비아 대학교에서는 주당 표준 강의 수가 3개였고, 학과장은 주당 단 2개의 강의만 맡으면 됐다. 당시 나는 학과장이었다. 반면, 몽클레어 주립대학에서는 일주일에 5개의 강의를 맡아야 했다. '어린이를 위한 철학' 강의에 대한 학점을 인정해 강의를 4개로 줄였음에도 업무량은 익숙한 업무량의 두 배에 달했다. 그리고 컬럼비아 대학교에서 시간 강사를 겸했기 때문에 이동 시간도 길었다.

나는 도움이 절실히 필요했다. 하지만 실제로 도움이 얼마나 절실히 필요한지 몰랐다. 적어도 어느 날, 젊은 교육학 교수 앤 샤프가 내 연구실로 들어와 타자기 옆에 앉아 자신이 도움이 될 수 있겠냐고 물어보기 전까지는 말이다. 그녀는 몽클레어 대학에서 근무한 지 1년밖에 되지 않은 젊은 교수였고, 지성사를 전공했으며, 이미 『해리스토틀마이어의 발견』을 읽은 후였다. 그때부터 앤은 어린이를 위한 철학과 관련된 이 낯설고 새로운 모험을 위해 필요한 기획 및 글쓰기 등 거의 모든 일에 전적으로 참여했다.

앤은 교육학과 조교수였다. 앤은 내 프로젝트에 대해 듣고 바로 공감해 주었다. 그녀는 교육과 철학이 결합하여야 한다는 절실한 필요성을 이해하고 있었다. 또한, 내가 『해리』를 통해 무엇을 하려는지 빠르게 이해했으며, 아이들에게 강하게 공감하고 있었다. 앤은 IAPC의 부소장이 되었고, 지금도 대부분의 국세 교사 교육 담당 업무를 수행하고 있다.

앤 샤프가 IAPC에 합류하면서 가장 먼저 해야 할 일은 우리가 하는 활동에 이름을 붙이는 일이었다. 우리는 '어린이를 위한 철학Philosophy for Children'으로 단숨에 결정했다. 이 이름이 특히 마음에 들었던 이유는 이 활동이 정말 철학이라면 사람들은 어린이가 할 수 없다고 말할 것이고, 어린이가 할 수 있다면 그것은 철학이 될 수 없다고 말할 것이라는 극적인 모순을 담고 있었기 때문이다.

어린이를 위한 철학 활동을 하는 데 책이 필요하면 앤과 내가 직접 집필하고 출판해야 했다. 그리고 교사 교육에 대해서도 수정된 새로운 방법을 고안해야 했다. 나아가 교실에서 아이들의 관계도 새롭게 수정해야 했다. 이 점에서 가장 성공적인 집단을 우리가 '탐구공동체'라고 불렀던 것이다. 역사적이고 이론적인 맥락에서 책도 써야 했다. 이 자서전뿐만 아니라 『교육에서의 사고Thinking in Education』와 같은 책도 필요했다.

몽클레어 주립대학과 IAPC에서의 초기 시절은 유난히 밀도가 높았고 이 시절은 내 인생에서 매우 중요한 시기였다. 또한, 위노나의 경력 역시 이 기간 동안 빠르게 전진했다. 그리고 30년 가까이 유지된 그녀의 저명한 활동은 정점에 도달했다.

1970년, 위노나는 뉴저지주 상원의원 후보로 출마하기로 했다. 그녀는 표를 많이 얻었지만, 우리 선거구는 여성과 흑인에 관해서 특별히 진보적인 생각을 가진 지역이 아니었다. 이 선거구는 뉴어크시와 이를 둘러싸고 있는 많은 교외 지역으로 구성되어 있었다. 투표는 극도로 박빙이었다. 사람들은 한동안 위노나가 패배할 것으로 생각했지만, 막판에 외곽 지역구에서 표가 들어와 위노나는 가까스로 승리할 수 있었다.

이듬해 위노나의 안정적인 의석 확보를 위해 선거구 재획정이 이루어졌다. 위노나의 상원의원 지역구는 뉴어크로 확정되었다. 우리는 몽클레어에 집을 유지하면서 뉴어크에 명목상 거주지를 마련할 수도 있었다. 그것은 일종의 편법이었다. 이러한 편법은 과거에도 그랬고 지금도 널리 행해지고 있지만, 위노나는 이를 포기하고 뉴어크에 있는 아파트로 이사했다.

위노나가 몽클레어에 거주하지 않을 것이 분명해졌을 때, 나는 몽클레어의 집을 팔기로 했다. 집이 팔릴 때까지는 몽클레어에 머물러야 했다. 나는 뉴어크에 집을 구하는 대로 그녀와 아이들에게 가기로 했다. 물론 별거는 아니었지만, 부모가 따로 산다는 것은 아이들에게 큰 충격이었을 것이다. 하지만 아이들은 한 마디도 불평하지 않았다. 물론 아이들은 어려움을 겪었으며, 특히 윌의 학교 성적에 영향을 미쳤다.

나는 불안한 마음이 없지는 않았지만, 뉴어크로 이사할 준비를 시작했다. 위노나는 상원의원으로서 비교적 안전한 지위를 확보했다. 그러는 중 나도 이제 경력에 집중해야 할 시기가 왔다고 생각했다. 고민 끝에 나는 몽클레어에 남는 것이 가장 좋겠다고 생각해 뉴어크로 가는 것을 포기하고 몽클레어에 남기로 결정했다. 위노나와 나는 우리가 별거하는 상황이라고 생각하지는 않았지만 그렇다고 우리가 직면한 상황이 특별히 달갑지도 않았다. 하시만 둘다 이사할 생각이 없었기 때문에 더 좋은 대안은 없었다.

얼마 후 위노나는 우리 관계를 명확하게 하기 위해 이혼을 결정했다. 이혼이라는 단어를 들었을 때, 깜짝 놀랐다. 이혼은 나의 선택지에 있는 행동이 아니었다. 하지만 나는 그녀가 우리 둘을 위해 이혼을 결정했다고 생각했다. 위노나는 이혼이 우리 둘에게 좋은 일이라고 생각했다. 그녀는 아마 나를 위해 그런 결정을 내렸을 것이다. 곧 법원에서 이혼이 결정되었다. 나는 새로운 직장을 얻었지만 아내는 더 이상 곁에 없었다. 우리 아이들은 뉴어크에서 위노나와 계속 함께 살았다. 하지만 나는 매일 아침 아이들을 학교에 데려다주었다. 위노나와의 관계는 우호적이었고 우리는 애정 어린 관계를 유지했다. 이는 학자들 사이에서 '흔한 일'로 여겨지기도했다. 위노나와 나는 재혼에 대해 전혀 생각하지 않았다. 위노나도 재혼하지 않았다. 하지만 이 시점에서 내 인생은 예상치 못한 다른 방향으로 흘러가기 시작했다.

*　　*　　*

몽클레어 주립대학 교수진에 새로 합류한 나는 곧 학생들을 소개받았다. 당연히 철학을 전공하는 학생들에게 특히 관심이 많았다. 그중 한 명은 살이라는 키가 매우 크고 건장한 청년이었다. 그는 유쾌하고 사려 깊은 친구로, 현상학에 관한 책을 많이 읽고 있었다. 그런데 그는 새파랗게 질린 얼굴을 하고 있었다. 처음에는 그 이유를 몰랐다. 그를 보고 있으면 프랑스 모이삭 대성당의 문을 지키고 있는 해골 천사들과 군츠키르헨 라거[82]에서 기어 나오는 시

---

82. 오스트리아 람바흐(Lambach) 근처에 있는 독일 강제 수용소. (역주)

제들이 떠올랐다.

　그 후 살에게 철학과 근처 복도에서 거의 항상 만날 수 있는 친구가 있다는 것을 알게 되었다. 그녀도 현상학에 관심이 많았고, 실제로 철학 부문 최우수 에세이로 학과상을 수상하기도 했다. 그 에세이는 헤라클레이토스와 하이데거의 관계에 관한 것이었는데, 그녀는 장난스럽게 '헤라클레이데거Heraclideggar'라는 제목을 붙였다. 그녀의 이름은 테레사 스미스였는데 보통 '테리'라고 불렀다. 테리는 창백하고 고통스러울 정도로 마른 친구 살에 비해 눈에 띄게 즐겁고 밝으며 건강해 보였다. 나중에 알게 된 사실이지만 살은 이탈리아 혈통의 사람들을 자주 괴롭히는 쿨리 빈혈 말기였다.

　나는 그전까지 테리와 같은 사람을 만나보지 못했다. 비록 내 학생은 아니었지만, 철학적 아이디어가 있을 때, 특히 철학적 토론에 참여하고 있을 때 그녀의 얼굴은 긍정적으로 빛나 보였다. 기쁨과 영적 통찰의 산물인 그런 광채를 처음 경험한 순간이었다. 우리는 철학에 대해 많은 이야기를 나누었고 시간이 지남에 따라 우리는 깊은 우정을 나누는 사이로 발전해 갔다. 비록 그 우정이 교육적 맥락이라는 특이한 형태로 시작했지만 결국 순수한 사랑으로 성장했다.

　1974년, 나는 테리와 결혼했다. 그녀는 20살이었고, 나는 50살이었다. 하지만 우리를 갈라놓을 것만 같았던 세월이 지나고 보니 나이 차이는 그리 중요하지 않았다. 결혼 생활은 오랫동안 우리 둘에게 큰 행복과 성취감을 안겨주었다. 몽클레어 대학에 있는 동안, 우리 둘은 캠퍼스 커플이었다. 캠퍼스 주변 사람들은 우리를 바라보며, 우리 둘의 관계를 즐겁게 설명해 주곤 했다. 테리는 내가 어린이를 위한 철학을 발전시키는 데 꾸준히 도움을 주었다.

*　　*　　*

초등학교 교육 프로젝트 이후 3~4년은 방대한 확장 계획을 세우고 그 계획을 실행에 옮기는 데 집중했다. 몽클레어에 있는 랜드 학교의 교육 실험은 유망한 교육 프로그램에 자금을 지원하는 재단에는 인상적인 결과였다. 하지만 나는 이러한 결과만으로는 충분치 않으며 더 많은 홍보활동이 필요하다고 생각했다. IAPC에서 내부적으로 발간한 작은 철학 교재를 상업적으로 출판할 필요가 있었다. 최소 수천 부의 출판이 시급히 필요한 상황이었다. 그러나 협소한 교육 출판 시장 상황에서, 이 교재가 출판사들의 관심을 끈다는 것은 사실상 어려웠다. 그래도 출판사에서 받은 편지 중 일부는 소중하게 간직하고 있다. 맥그로우 힐 출판사 편집자는 다음과 같이 감탄을 담은 편지를 써 주었다. "당신이 하는 일이 옳다면 우리가 하는 모든 일은 잘못된 것입니다." 다른 편집자는 냉정하고 중요한 조언을 전해 주었다. "사람들이 당신이 하려는 일에 관심이 없다고 불평하지 마세요. 책은 사람들의 흥미를 유발해야 합니다."

거의 4년 동안 출판사를 찾던 끝에 마침내 보스턴의 유명한 출판사인 비콘 프레스에서 출판하기로 하였다. 그런데 그 과정에서 나는 출판 계약으로 인해 책에 대한 저작권을 잃게 될 것이라는 사실을 깨달았다. 그래서 어쩔 수 없이 비콘 출판사가 이 책을 높이 평가했음에도 불구하고 계약 협상을 철회했다. 나는 비영리 재단을 통해 책을 출판하기 위해 무엇을 해야 하는지 알아보기 시작했다. 결국 IAPC 자체가 출판사가 되었다.

그렇다면 출판을 위한 돈은 어떠한 방법으로 조달해야 할까? 나는 이 문제를 해결하기 위하여, 일찍이 철학에 대해 매우 호의적이었던 뉴저지의 인쇄업자 로키 카포니그로에게 접근했다. 이제 막 사업을 시작한 로키는 놀랍게도 연구소의 프로젝트에 매료되었다. 그는 우리가 주문한 책을 생산한다는 조건으로 대량의 책을 인쇄할 수 있는 개설 계좌나 신용 한도를 제공하는 것에 동의하였다. 이 계약은 수십 년 동안 지속되어 우리로 하여금 수십만 권의 책을 출판할 수 있게 해주었다.

IAPC에서 내가 맡은 업무 중 일부는 홍보 및 기금 모금과 관련된 것이었다. 그래서 나는 자랑스러운 마음으로 1974년 12월에 처음 출간된 『해리 스토틀마이어의 발견』 몇 권을 미국철학회APA 이사회가 진행되고 있던 워싱턴 D.C에 가져갔다. 미국철학회 사무총장은 콘퍼런스 동안 나에게 몽클레어의 랜드 학교에서 이 책을 바탕으로 수행한 실험에 대해 발표할 수 있도록 일정을 잡아주었다.

나는 10~20명 정도의 청중을 기대했다. 그런데 막상 강의실로 들어가니, 거의 200명 정도의 철학자들이 기다리고 있었다. 발표에 대한 반응은 좋았다. 내 발표에 이어 사무국장은 과학철학을 전공한 유명한 철학자의 강연을 준비했다. 그는 소수의 영재들에게 형식 논리학을 가르친 경험이 있었다. 하지만 그가 시행한 테스트의 전후 결과에서 유의미한 개선을 이루지 못했다는 이야기를 들은 적이 있었다. 어쨌든 그는 내가 보고한 결과에 대해 분명하게 회의적이었다. 그는 조끼 주머니에 엄지손가락을 거칠게 끼우며 냉소적인 한마디를 내뱉었다. "믿을 수 없어!" 그는 심각한 철학적 회의주의자였다.

미국철학회 회의에 참석한 철학자 중 일부는 내가 전해 준 낯선 소식을 소화하려고 애썼다. 그중에서 열린 마음을 가진 한 사람이 일어나서 이렇게 말했다. "이것은 매우 환영할 만한 발전일 수 있습니다. 철학을 가르칠 기회를 찾고 있는 대학원생들은 많습니다. 대학교에서 자리를 잡지 못하는 대학원생들에게 초등학교에서 철학을 가르칠 수 있는 자리를 줄 수 있어요."

이 대목에서 나는 평정심을 조금 잃었음을 고백하지 않을 수 없다. "아니요." 내가 대답했다. "학부 수준에서 한 시간 정도의 강의 준비 과정을 거친 이들을 대학 수준보다 훨씬 더 준비가 안 된 무방비 상태의 아이들에게 던져버릴 수는 없습니다. 이것이 학부 수업이 나쁜 평판을 듣는 이유입니다. 우리는 초등학교 수업마저 그렇게 나쁜 평판을 듣게 할 순 없어요." 나는 아이들에게 철학을 가르치는 것에 대해 잘 알지 못했다. 하지만 아이들의 교실을 훈련받지 않은 철학 전공자들을 위한 쓰레기장으로 사용하고자 하는 생각은 결코 받아들일 수가 없었다.

내가 '어린이를 위한 철학'에 부여한 중요성에 대해 미국철학회 이사회가 쉽게 수긍하는 것 같지는 않았다. 그럼에도 불구하고

IAPC와 미국철학회의 연계는 외부 기관으로부터 더 많은 재정 지원을 받는 데 도움이 되었다. 어쨌든 지속적인 홍보를 통해 어린이철학을 확장해 나가기 위해서는 이러한 자금 지원이 필요했다.

새로운 교육적 접근의 탄생을 알린 첫 번째 매체는 〈뉴욕 타임스〉였다. 한 편집자가 어린이철학에 대한 이야기를 듣고 난 뒤에 나에게 짧은 사설을 써 줄 수 있겠느냐고 전화했다. 나는 그러겠다고 했지만, 내 글 스타일이 너무 딱딱하고 학문적이어서, 신문에 실을 수가 없었다. 하지만 편집자는 포기하지 않고 나와의 짧은 전화 인터뷰를 통해 얻은 정보를 바탕으로 내 글을 누구나 충분히 읽을 수 있을 만큼 수정해 주었다. 이 기사는 작은 반응을 불러왔다.

'어린이를 위한 철학'은 그 학문이 갖는 급진적인 성격에도 불구하고, 충분히 사람들에게 설득력이 있었다. IAPC의 접근 방식은 사람들이 이미 헌신하고 있는 것, 이미 믿고 있는 것을 믿으라고 요청했기 때문이다. 아이들의 판단력을 기르기 위해서는 그들의 합당성과 경험을 강화해야만 한다. 만약에 실제로 그렇게 된다면 교육자들은 우리를 존중해 줄 것이라고 믿었다. 왜냐하면 그것은 그들이 항상 마음속으로 옳다고 생각했던 방향이었기 때문이다. 교과 내용에 대해 가르치는 것은 사고하는 방법과 함께 가르칠 때 훨씬 효과적이다.

내가 미국철학회 이사회 콘퍼런스에 참석한 지 몇 달 후, 또 다른 미국철학회 회의에서 플라톤을 전공한 학자이자 소크라테스에 대한 탁월한 권위자로 유명한 조지 블라스토스를 우연히 만났다. 그는 최근에 〈타임스〉에 실린 칼럼에 대해 칭찬을 아끼지 않았다. 그의 칭찬에 나는 정말 많은 용기를 얻었다.

그런데 몇 년 후 나는 블라스토스의 지원을 받을 기회가 있었다. NEH는 저명한 학자의 삶을 다룬 13부작 TV 시리즈를 제작하는 데 사용할 대규모 지원금 공모를 발표했다. 나는 플라톤의 생애를 다룬 시리즈를 제안했고 블라스토스, 테렌스 어윈, 에드워드 폴스, 존 안톤 등 철학자들로 구성된 기획위원회를 구성했다. 폴스는 두 번째 시칠리아 방문에서 돌아온 플라톤을 다룬 인상적인 예비 대본을 썼다. 블라스토스는 또 다른 저명한 플라톤 학자인 찰스 칸에게 플라톤 역을 맡길 것을 제안했지만 칸은 거절했다.

이 기간 동안 어윈과 블라스토스는 기본적으로 좋은 사이를 유지했다. 하지만 〈타임스〉의 문학 부록에 실린 소크라테스에 대해 서로 다른 해석을 놓고 격렬한 논쟁을 벌였다. 블라스토스는 소크라테스를 이상주의자로 보았지만, 어윈은 결과주의자이면서 실용주의자로 해석했다.

우리는 플라톤 시리즈 제작을 위해 팀을 꾸리려고 했다. 하지만 톰 스토퍼드에게 합류해 달라는 요청이 실패하는 등 여러 가지 난관에 부딪혔다. 스토퍼드는 아이들을 위해 '어린이를 위한 철학' 소설을 여러 권 구입했다. 특히 나중에 나올 『수키』(어린이들에게 철학과 시의 융합을 보여주려는 시도)에 관심이 많았다. 그는 NEH 프로젝트에 관심을 보였지만 바쁜 스케줄로 인해 시리즈의 수석 드라마 작가로 이름을 올릴 수는 없다고 말했다. 어쨌든 우리의 제안은 윌리엄 제임스의 생애를 TV 드라마로 제작하자는 제안과 경쟁했고 근소한 차이로 패해 공모전에서 당선되지 못했고 지금 지원도 받지 못했다.

몇 년 후, 나는 또 다른 실수를 저질렀는데 이번에는 영국의 한 철학자와 관련된 일이었다. 플라톤의 대화편 '프로타고라스'에 대한 새로운 대화론적 접근법을 연구하는 영국인 박사과정 학생과 연락을 주고받은 적이 있었다. 이 학생은 지도교수인 케임브리지 대학교의 마일스 버니잇 교수에게 『해리 스토틀마이어의 발견』을 선물했다. 버니잇은 당시 세계 최고의 플라톤 학자로 꼽혔다. 그는 『해리』를 좋아했다. 왜냐하면 자신이 직접 이 책을 레너드와 버지니아 울프가 운영하던 출판사인 덕워스로 가져갔기 때문이다.

덕워스 출판사는 『해리』를 영국에서 출판하고 싶은데 계약금으로 얼마를 원하는지 물었다. 당시 나는 저작권 변호사를 알아보고 있었다. 그래서 그에게 어느 정도의 계약금을 제안해야 하는지 문의하는 메시지를 보냈다. 그때 마침 변호사가 자리를 비운 상태였기 때문에 그는 젊은 동료에게 이 문제를 처리해 달라고 부탁했다. 그 동료는 나에게 수천 달러를 제안했다. 나는 그 금액을 버니잇에 그대로 전달했다. 그 금액은 상한 한도를 초과했고, 영국에서 『해리』를 출판하려던 계획은 무산되어 버렸다. 나는 변호사의 잘못된 조언에 너무 화가 났다. 그리고 『해리』를 덕워스라는 이름으로 영국에 소개할 수 없다는 사실에 크게 실망했다.

하지만 몇 년 후 영국의 문학 평론가 I.A. 리치드기 『수키』에 대해 쓴 논평에서 어느 정도 만족감을 얻을 수 있었다. 그는 저스터스 버클러의 작품에 대한 훌륭한 비평을 썼고, 이 글은 〈타임스〉 문학 부록에 2페이지 분량으로 게재되었다. 버클러의 관점과 나의 관점이 비슷하다는 점을 고려했을 때, 나는 리처드에게 『수키』를 보내야겠다고 생각했다. 그에게 『수키』를 보냈지만, 답변은 받지 못했다. 1~2년 후 내가 뉴저지 멘덤에서 진행했던 방문 학자 워크숍 참가자 중 그레이엄 레너드라는 팔레스타인계 영국인 학자가 있었다. 그레이엄은 최근 중국을 방문했을 때 그의 오랜 친구인 I.A. 리처드에게 전화를 걸었다고 말했다. 그는 리처드에게 무슨 책을 읽고 있냐고 물었더니 "립맨이라는 사람이 쓴 『수키』"라는 대답이 돌아왔다고 했다. 그 책에 대해 어떻게 생각하느냐는 질문에 리처드는 '매우 재미있었다'라고 답했다고 했다. 짧은 순간이었지만 I.A. 리처드처럼 저명한 비평가의 감상평이 내 하루를 멋지게 만들어 주었다. 그 책에 대한 리처드의 평가를 직접 받았다면 정말 기뻤을 텐데, 안타깝게도 그는 얼마 후 세상을 떠나고 말았다.

*　　　*　　　*

IAPC에서 어린이를 위한 철학 교육과정을 구체화하기 시작하면서 나는 비판적 사고에 대해 멀로 비어즐리와 막스 블랙의 책을 자주 참고했다. 이 책을 통해 『해리』에 간단하지만, 효과적인 추론 연습을 대폭 보완해야 한다는 사실을 깨달았다. 그래서 나는 어린이가 할 수 있는 추론 연습 문제를 직접 만들어 보았다. 하지만 그 연습 문제는 매우 서툴고 비효율적이었다. 앤 샤프는 내가 더 나은 연습 문제를 만들 수 있다면 『해리』를 보완할 수 있는 교사용 매뉴얼을 개발할 수 있을 거라고 짚어 주었다. 교사용 매뉴얼이 없다면 교사들이 해리를 사용할 수 있도록 준비시키기가 매우 어려울 것이며, 마찬가지로 아이들에게 비판적 사고에 대해 가르치기도 어려울 것이라고 생각했다. 그 결과 NEH에서 받은 두 번째 지원금으로 글쓰기 수업 경험이 있는 뉴어크의 교사를 고용했다.

매뉴얼 제작을 위한 기획 회의도 열었다. 닉 미첼리, 조와 에블린 아이작슨, 앤 샤프, 내 아내 테리, 그리고 나까지 참석했다. 이 회의에서 매뉴얼의 각 장을 소설 속 해당 장에 포함된 일반적인 개념에 집중시키기로 결정했으며, 이를 '주요 아이디어'라고 부르기로 합의했다. 해리를 위한 교사용 지도서의 공식 제목은 『철학적 탐구』이지만, 흔히 '해리 매뉴얼'이라고도 불렀다.

해리 매뉴얼의 구성 방식은 '어린이를 위한 철학 교육과정 교사용 지도서' 구성의 표준으로 삼았다. 먼저 내가 소설을 쓰면 앤이 읽고 함께 각 장에서 발견할 수 있는 주요 아이디어를 찾아내곤 했다. 그런 다음 각 개념에 대해 한 단락씩 순차적으로 접근하여 철학에 대한 배경지식이 없는 교사도 쉽게 읽을 수 있도록 구성했다. 내가 아이디어를 구상하면 앤은 그것을 문서화했다. 하지만 앤은 내가 말한 구성에 동의하지 않거나 더 좋은 아이디어가 있으면 나를 멈추어 세웠다. 그리고 필요한 경우 그 문제를 명확히 하고 수정하기 위해 함께 논의했다.

각 아이디어와 개념이 완성되면 이를 연구해서 연습 문제나 토론 계획을 만들었다. 내용에 따라 하나를 만들기도 하고 여러 개를 만들기도 했다. 일부 토론 계획은 철학적 전통에서 파생된 질문을 어린이와 교사에게 소개하기 위한 것이었다. 그리고 다른 계획은 교실 대화를 위한 모델로 제공되었다. 이 연습은 아이들이 소설을 읽으면서 접한 사고 기술을 연습하거나 수수께끼 같고 감동적인 경험을 정확히 찾아내기 위한 의도도 들어가 있었다. 주요 아이디어와 그에 대한 연습 및 토론 계획이 완성되면 교정을 거쳐 식자공[83]에게 넘겨 주었다. 그러면 식사공이 정식 조판을 만들었다. 그런 다음 출판 전에 조판본을 다시 읽고 수정하면서 교열을 진행했다. 이 과정은 매우 길었다.

* * *

앤과 나는 1975년 새해를 시작하면서 뉴어크의 교사들과 함께 5, 6학년 어린이들의 철학적 사고를 끌어내기 위한 해리의 교사용 지도서 개발을 준비하기 시작했다. 우리는 해리의 각 에피소드에 대한 주요 아이디어를 준비한 다음 뉴어크로 달려갔다. 다음날 아이들에게 그 에피소드로 수업을 진행할 교사들을 준비시켜야 했기 때문이다. 수업을 진행할 교사들과 그 교사들을 준비시켜야 하는 우리에게는 사실상 시간이 거의 없었다.

우리는 그 학기에 뉴어크에서 실제로 어린이철학 프로그램을 시범 운영했을 뿐만 아니라 그에 대한 연구도 진행하고 있었다. 시범 프로그램에 참여한 학생들의 읽기 실력이 통계적으로 유의미하게 향상되었는지 확인하고 싶었다. 『해리』의 1장에서 다루는 논리

---

83. 인쇄하기 위하여 손 또는 기계로 인쇄 활자를 식자하는 사람. (역주)

부분을 통해 학생들이 사고 과정에 더 주의를 기울이고 그 사고가 무엇인지 더 엄격하게 고려할 수 있기를 바랐다.

마침내 뉴어크 실험의 사전 테스트와 사후 테스트의 읽기 점수를 확인할 수 있었다. 그런데 학생들의 읽기 점수가 향상되기는 했지만, 그 차이가 통계적으로 유의미하지 않다는 사실에 실망했다. 이 문제에 대해 우리가 내린 추론은 교사들이 논리를 배우고 다음 날 돌아가서 가르치기에 1학기라는 시간이 너무 짧다는 것이다. 우리는 교사들을 준비시키기 위해 최소 두 학기 이상의 준비 기간이 필요하다는 결론을 내렸다. 그 후 10년 정도는 이러한 입장을 유지했다. 그 당시에는 대안적으로 다양한 교사 교육 모델을 제공하기도 했다.

해리 매뉴얼 개발 외에 IAPC의 즉각적인 성장에 가장 큰 걸림돌이 되었던 것은 교사들에게 교육을 제공할 수 있는 인력이 부족하다는 점이었다. 학급 교사들이 아이들에게 우리의 접근 방식을 가르칠 수 있도록 준비시키기 위해서는 그에 맞는 트레이너가 필요했다. 더불어 교사 교육에 경험이 많거나 교육 영역에서 더 높은 위치에 있는 사람이 교사를 교육할 트레이너를 준비시켜야 했다.

그런 교사 트레이너를 준비하기 위해 조언을 구할 수 있는 사람이 없어 그 역할을 혼자서 해야 할 것 같았다. 우리는 철학 분야와 교육 분야를 대표하는 사람이 한 명씩 짝을 이루어 트레이니를 양성하기로 결정했다. 한적한 콘퍼런스 센터에서 일주일 동안 12개 팀을 모아 어린이를 위한 철학 프로그램을 참가자들에게 직접 시연하면 좋겠다고 생각했다. 장님이 장님을 이끄는 상황이 될 것이라고 우려했지만, 우리가 이러한 생각을 한다는 사실을 숨길 수밖에 없었다.

나는 후원자 몇 사람과 통화를 했다. NEH의 빌 러셀, 슐츠 재단의 이사이자 몽클레어에 있는 슈만 재단 이사인 메리 스트롱, 록펠러 재단의 조엘 콜튼이 있었다. 이러한 접촉을 통해 5일간의 워크숍을 4회 진행할 수 있을 만큼 충분한 자금을 마련할 수 있었다. 흥미롭게도 슐츠 지원금은 당시의 격식에 얽매이지 않는 즉흥적인 업무처리 방식을 잘 보여주었다. 나는 동네 마트 통로에서 지인인 조 그린을 만나 워크숍이 곧 열릴 예정인데 아직 자금이 충분하지 않다고 말했다. 그러자 그는 나머지를 알아서 해결해 주었다.

첫 번째 콘퍼런스는 럿거스에서 열렸다. 우리는 인지도가 높고 콘퍼런스 운영에 명성과 노하우를 제공할 수 있는 팀을 초청하기로 했다. 모든 비용은 우리가 부담했다. 그 결과 스탠퍼드 대학교, 워싱턴 대학교, 캘리포니아 주립대학교 노스리지 캠퍼스, 하와이 대학교 등 다양한 대학에서 팀을 모집하여 럿거스 콘퍼런스에는 총 10개의 팀이 참가했다. 일부는 이 콘퍼런스의 목적을 잘 몰라 어린이를 위한 철학을 주제로 발표할 논문을 가지고 오기도 했다. 일반적이지 않은 일(어린이철학 프로그램)을 할 수 있도록 준비시킬 것이라고 설명했을 때 그들은 실망하는 모습이 역력했다. 그럼에도 초청받은 사람들은 매우 호의적이었다. 일정이 힘들다는 불평은 있었지만, 전체적으로 콘퍼런스는 성공적이었다. 그곳에서 앤은 뛰어난 교사 트레이너이자 매우 뛰어난 교사라는 것을 확인시

커 주었다. 사실 나는 그녀에게서 학생의 수준에 상관없이 최대한 간단하고 직접적으로 말해야 한다는 점을 적극적으로 배웠다. 이는 교사를 교육하는 모든 일에서 매우 중요한 기술이었다.

첫 번째 워크숍은 성공적이었다. 그래서 1977년에는 미시간 주립대, 샴페인-어바나에 있는 일리노이 대학교, 알비온 대학에서 세 차례 더 워크숍/콘퍼런스를 개최할 수 있었다. 하지만 점차 이러한 접근 방식이 비효율적이라는 생각이 들었다. 우리가 투자하는 지원금과 노력에 비해 배출되는 교사 트레이너의 수는 제한적이었기 때문이다. 게다가 수준 높은 초청자가 부족해지기 시작했고, IAPC의 다른 활동으로도 관심을 돌리는 것이 시급했다.

그럼에도 불구하고, 우리는 미래의 교사 트레이너를 양성하는 일을 완전히 포기할 수는 없었다. 그래서 우리는 철학자를 모집하여 "학교의 철학자"로서 역할을 할 수 있게끔 준비시키기로 결정했다. 이 접근에서 우리는 한동안 웨스트체스터 카운티 학교에서 비판적 사상가로서 역할을 했던 클라이드 에반스의 선례를 따랐다.

우리는 몇 년 동안 철학자들과 협력하여 트레이너 교육을 진행할 다양한 콘퍼런스 센터의 설립을 검토해 보았다. 그러던 중 1980년 초 뉴저지 멘덤Mendham에 있는 성 마거릿의 집St. Marguerite's House을 발견했고, 그 이후로 그곳에서 미래의 교사 트레이너를 양성하고 있다.

*   *   *

IAPC에서 나의 업무 중 하나는 기금을 확보하는 일이었다. 이러한 노력의 일환으로 1978년 나는 록펠러 재단에 한 장 반 분량의 질의서를 보냈다. 재단은 조엘 콜튼 박사와 그의 동료인 리디아 브론테, 레베카 페인터와 함께 나를 초대했다. 인터뷰는 순조롭게 진행되었다. 나는 상세한 신청서를 제출하라는 요청을 받을 것으로 생각했다. 그런데 신청서 제출 대신 나는 뉴욕에 있는 재단 사무실에서 열리는 오찬에 초대받았다. 이 오찬 모임에는 미국 내 모든 인문학 연구소의 책임자들이 모였다.

　　나는 회의의 목적이 매우 궁금해서 전화했더니 회의에 도착하면 안건을 받을 수 있다는 답변을 받았다. 그러나 회의에 도착한 당일까지도, 안건을 알지 못했다. 나는 다른 연구소 책임자들과 거대한 테이블에 둘러앉아 있었다. 말할 필요도 없이, 프린스턴의 상급 연구소와 캘리포니아 라호야의 행동 과학 센터와 같은 권위 있는 연구소의 책임자들과 함께 있다는 사실에 압도당할 것 같았다.

　　콜튼 박사는 한 바퀴 돌면서 각 연구소 책임자가 각자의 활동에 관해 이야기하는 것으로 시작하자고 제안했다. 우리는 시키는 대로 했다. 하지만 연구소 책임자들은 자신들이 요구하는 예산을 정당화하기 위해 이 기회를 이용했다. 다소 단조롭게 느껴지는 시간이었다. 그래서 나는 정반대로 하기로 결심했다. 내 차례가 되자 초등학생들에게 철학을 소개하는 일의 중요성에 대해 열정적으로 이야기했다.

　　나는 그때 나의 결정이 맞았다고 생각한다. 왜냐하면, 며칠 후

콜튼 박사가 전화를 걸어 록펠러 재단에서 내 급여의 4분의 3과 앤 샤프 급여의 4분의 1을 3년간 지원해 주겠다고 했기 때문이다. 형식적인 신청서도 요구하지 않았다. 우리는 더욱 힘이 났다. 록펠러 지원금은 3년 동안 지속되었다.

*　　　*　　　*

1970년대 중반, 뉴저지에서 어린이를 위한 철학과 관련한 많은 활동을 진행했다. 뉴저지 교사들은 다른 주의 교사들과 마찬가지로 중학생들에게 사고력을 길러줄 방법을 모색하기 시작했고 이를 쉽게 가르칠 수 있는 교육 프로그램을 찾고 있었다. 게다가 이러한 프로그램은 학교에 무료로 제공되어야 했다.

뉴저지 교육청은 교육 시험 서비스Educational Testing Service와 함께 IAPC에 30만 달러를 지원하면서 어린이 추리력 테스트 문항 개발을 요청했다. 또한, 나는 뉴저지 고등 교육부로부터 뉴저지 사고력 전문가 위원Thinking Skills Task Force으로 초빙되어 4년간 활동하기도 했다. 그 결과 이 기간 동안 수백 명의 교사가 어린이를 위한 철학을 적용하기 위하여 교육을 받았고, 수천 명의 어린이가 IAPC의 어린이를 위한 철학 프로그램 초기 버전으로 수업을 받을 수 있었다.

사실 IAPC의 교육팀은 소규모였기에 교육이 필요한 교사의 수가 엄청나게 많다는 사실에 위축될 수 있었다. 그리고 엄청난 수의 아이들은 우리를 절망하게 할 수도 있었다. 우리가 교육과정에 아무런 영향력도 미칠 수 없다는 사실에서 느끼는 좌절감처럼 말이다. 하지만 실제로는 그렇지 않았다. 언론은 우리의 돈키호테적인 도전에 흥미를 느끼고 IAPC 활동에 극적인 관심을 보였다. 우리는 단순한 땜장이가 아니라 교육 분야와는 거리가 먼 곳에서 온 선구자이자 활동가의 입장에서 우리의 생각이 옳다는 확신을 가지고 있었다.

1975년부터 1985년까지 IAPC 설립 후 첫 10년 동안은 프로그램과 그 접근 방식을 정립하는 데 집중했다. 이 기간 동안 어린이를 위한 철학 교육과정은 물론 수업 절차, 교사교육팀, 통계 기반, 학문적 입지를 지속적으로 발전시켰다. IAPC의 성공을 위해 필요한 것은 전국적으로 프로그램을 홍보하고 전파할 수 있는 재정적 지원과 언론의 대대적인 보도였다. 그래서 나는 1983년 〈굿모닝 아메리카〉에서 어린이를 위한 철학에 대해 인터뷰했다.

전국적으로 수백만 명의 시청자를 보유한 〈굿모닝 아메리카〉의 섭외를 받았을 때 나는 이미 여러 차례 TV 인터뷰를 한 적이 있었다. 리무진을 타고 집으로 돌아오니 기분은 좋았다. 스튜디오 대기실에서 마지막으로 공부할 시간이 있었다. 하지만 그때까지도 질문에 대한 답을 모르면 그 부분은 어쩔 수 없는 것이라고 생각하였다. 대신 미국 시청자와 청취자의 입장에서 생각해 보자는 생각이 들어 뉴스위크 지면을 훑어보았다.

데이비드 하트먼과 인터뷰를 하게 되어 너무 영광이었다. 그는 짧은 대화 중에도 표정만으로 내게 인터뷰의 방향을 잘 전달해 주었다. 인터뷰 자체에 집중하고 데이비드의 질문에 답하는 동안 엉

뚱한 생각만 하지 않는다면 큰 문제는 없을 거라고 생각했다.

5~6분 후 인터뷰가 끝났고 그들은 나에게 방송 날짜를 알려주었다. 이 인터뷰는 아주 드문 기회였기 때문에 아침 식사 시간에 방송을 보기 위해 TV를 켰다. 나는 '어린이를 위한 철학'이라는 낯선 교육 혁신에 대해 처음 듣는 일반 시청자의 입장에서 그 방송을 볼 수 있을 거라고 생각했다. 그러나 방송은 마지막 순간에 취소되었다. 그날은 미국이 그레나다Grenada를 침공한 날 아침이었기 때문이다. 하지만 군대 관련 소식에도 불구하고 인터뷰는 몇 주후에 방영되었다. 우리는 방송 날짜가 지연되었다고 해서 짜증이 나지는 않았다. 그 방송은 대중이 언젠가 자녀가 철학을 공부한다는 생각에 익숙해지는 데 필요한 홍보의 일환이었기 때문이다.

*　　　*　　　*

장기적인 관점에서 IAPC의 번영과 전국적인 홍보에 쓰일 정기적인 재정적 지원을 위해서는 지원금을 확보하는 것이 중요했다. 당시 미국 교육부에는 내가 관심을 두고 있던 작지만, 중요한 두 개의 부서가 있었다. 바로 공동 보급 검토 패널Joint Dissemination Review Panel, JDRP과 국가 확산 네트워크National Diffusion Network, NDN이다. JDRP는 다양한 교육 프로그램 중에 국가의 인정을 받을 수 있는 교육적 접근을 선별하기 위해 그 기록과 데이터를 철저히 검토할 준비가 되어 있었다.

JDRP가 지정한 프로그램은 그 접근 방식을 전파하기 위한 목적으로 NDN의 재정 지원을 받을 수 있었다. NDN의 목표는 이러한 유능한 교육 프로그램을 지원하는 것이었다. NDN은 교육 프로그램을 찾고 있는 커뮤니티를 물색하여 함께 일할 수 있도록 자금을 지원했다. NDN은 모든 주에 한 명 또는 여러 명의 관리자를 임명했고 그들에게 같은 관심사를 가진 프로그램과 학군을 찾아내어 서로를 알아가고 함께 일할 수 있도록 자금을 지원하는 임무를 맡겼다. 또한, 성공적인 교육 프로그램에는 현장 서비스 책임자를 고용하여 전체 과정을 파악하고 강사가 부재한 경우 교사 교육을 제공할 수 있도록 자금을 지원했다.

IAPC는 JDRP로부터 '어린이를 위한 철학 프로그램'에 대한 승인을 받기 위해 노력했다. 승인을 검토하는 패널은 정성적 측정이 아닌 정량적 측정을 중요하게 생각하는 연구자들이 주를 이루었다. 우리는 제시된 거의 모든 실험 설계에서 JDRP가 통계적 결함을 발견할 수 있을 것이라는 사실에 상당한 두려움을 느꼈다. 그래도 나는 우리의 실험 데이터가 완벽하지는 않지만, 패널의 승인을 얻기에는 충분하다고 생각했다. 하지만 내가 틀렸다. 우리는 그때 승인을 얻지 못했다.

우리는 절박한 심정으로 호소했다. 그런데 놀랍게도 JDRP의 결정이 번복되었고 우리는 승인을 받을 수 있었다. 어린이를 위한 철학이 "교육적으로 우수하고 공헌이 있는" 것으로 확인되어 연방 정부의 재정적 지원을 충분히 받을 자격이 있음이 증명된 것이다. 그 결과 NDN으로부터 기금을 지원받았고, 이 기금으로 어린이철학을 위한 현장 서비스 책임자를 고용할 수 있었다. 현장 서비스 책임자 역할로 이미 지역 및 전국 교육구에서 교사 연수를 진행하고 있던 필립 귄Philp Guin 박사를 고용했다. 귄 박사는 NDN에서 일하게 되면서 관심 있는 모든 학교를 찾아다니며 전국을 순회하는 임무를 시작했다.

몇 년 후, 우리는 2001년까지 유효한 JDRP의 재검증을 받았다. 그러나 실제로는 1992년 교육부를 해산시키고 싶어 하던 미국 의회에 의해 자체 자금이 박탈되었기 때문에 NDN의 지원은 훨씬 더 일찍 중단되고 말았다.

NDN은 더 이상 존재하지 않았고, IAPC는 그 이후의 소용돌이 속에서 살아남기 위해 안간힘을 써야 했다. 의회가 좀 더 진보적인 교육 정책을 고려하도록 하기 위한 NDN의 로비 활동은 기대할 수 없었다. 학생들의 추론 능력과 판단력을 향상시키는 데 필요한 프로그램을 찾고 있던 학군과 우리의 초등학교 철학교육 프로그램을 결합하고자 하는 열정을 가진 NDN과 같은 교육 촉진자는 더 이상 존재하지 않았다.

1980년대 나는 교사와 학교가 철학과 교육을 결합하고자 하는 우리의 접근 방식을 실험하도록 장려하기 위해 할 수 있는 노력을 계속했다. 1990년대와 그 이후에도 마찬가지이다. 하지만 이러한 노력은 단순히 반복되는 것이 아니었다. 어떻게 교실에서 철학이 성공적으로 작동될 수 있을까에 대한 고민은 점점 너 심화되고 정교해졌으며, 배움을 위한 더 깊은 철학적 경험을 보여주었다. 어떤 주제도 아이들에게 진정성을 잃지 않고 가르칠 수 있다고 한 제롬 브루너[84]의 말은 의심의 여지가 없었다. 하지만 아이들에게 어떤 분야를 가르쳤을 때의 결과는 또 다른 분야를 가르쳤을 때의 결과와 매우 다를 수 있다. 브루너가 발견한 것처럼, 초등학교 5학년 학생들에게 인류학을 가르쳤을 때의 결과는 철학을 가르쳤을 때의 결과만큼 유의미해 보이지는 않았다.

---

84. 제롬 브루너(Jerome Bruner, 1915~2016)는 '어떠한 지식이라도 적당한 방법으로 표현하면 누구에게나 가르칠 수 있다'라고 주장한 미국의 교육 심리학자이다. 전기에는 학문중심교육과정의 이론적 기반을 마련했으며, 후기에는 지식과 의미는 사회적, 문화적, 역사적으로 구성된다는 입장으로 전환하며 학습에서 내러티브를 강조하게 된다. (역주)

9.
세계 속의 어린이를 위한 철학

1980년대에 IAPC는 어린이를 위한 철학을 전 세계에 알리는데 진전을 이루기 시작했다. 자신의 의견으로 토론할 수 있다는 사실에 기뻐하는 아이들, 추론과 판단력이 향상된 아이들, 자신의 생각과 삶에 책임을 지려는 학생들의 노력 등 다양한 나라에서 가슴 벅찬 결과가 보고되기 시작했다. 이를 통해 내가 교육적 모험을 시작했을 때부터 주장했던 내용을 흥미진진하게 확인할 수 있었다.

여러 대륙과 세계 각지에서 온 수많은 교육자로부터 이 프로그램이 효과적이었다는 이야기를 들으니 감격스러웠다. 멘덤 교육 세미나에 처음 왔을 때는 어린이를 위한 철학에 회의적이었던 사람들도 각자의 나라로 실행해 본 후 달라졌다. 어린이와 어른 모두 이 프로그램에 대한 열정을 가지고 참여하는 것을 경험하면서 점점 더 확신이 들기 시작한 것이다. 그들은 이 획기적인 교육 혁신이 사라지도록 내버려두지 않았다.

미국뿐만 아니라 전 세계에 어린이를 위한 철학이 어떻게 확산되었는지를 이야기할 때에 나는 이 프로그램의 현지 채택이 이루어진 몇몇의 지역과 그 활동에 참여한 많은 사람들 중 몇몇을 강조하고 싶다. 이 책에서는 내가 직접 참여했던 초기 워크숍 중 일부에 관해서만 이야기하고 있다. 다른 IAPC 멤버들, 특히 IAPC 의 국제 보급 부국장이 되어 연구소의 세계적 확산을 이끌게 될 앤 샤프가 수행한 수많은 세미나에 대해서는 말하지 않았다. 이 장에 언급된 국가뿐만 아니라 미국 전역과 전 세계에서 어린이를 위한 멋진 철학 프로그램이 운영되고 있었다. 이 책은 자서전적 성격이 강하기 때문에 여기서는 이러한 프로그램 중 일부만 소개하려고 하는 것이다.

자신의 정체성을 열심히 찾고 있는 신생 국가, 젊은 국가가 어린이를 위한 철학에 대한 확신을 가질 가능성이 가장 높다는 것은 두말할 나위가 없다. 특히 캐나다 퀘벡주와 같이 가능한 한 확고한 교육적, 철학적 토대 위에 민주주의를 확립하고자 하는 곳에서는 더욱 그렇다.

어린이를 위한 철학이 미국 밖에서도 계속 알려지면서 나는 1982년부터 어린이를 위한 철학이 본격적으로 확산되기 시작한 퀘벡에 수 차례 방문했다. 초창기 퀘벡에서 감동을 준 사람은 당시 몬트리올 퀘벡 대학교 교육대학의 종교학과 학과장이었던 아니타 카론 박사였다. 이 대학은 교사 교육에 많은 노력을 기울이고 있었으며, 그녀는 철학이 교사 교육과정에서 부족했던 지적인 내용을 제공할 수 있다는 사실을 재빨리 깨달았다.

퀘벡이 철학을 환영하는 태도를 보인 또 다른 이유는 당시 피아제의 교육 심리학이 가지는 저명성과 관련이 있었다. 피아제의 연구는 퀘벡에서 많은 찬사를 받았다. 그는 교육 심리 분야에서 많은 훌륭한 업적을 남겼다. 그러나 적어도 단 한 가지, 어린아이가 추상적인 개념을 다루는 능력과 관련한 그의 접근 방식에는 문제를 제기해야 할 필요가 있었다. 그것은 어린아이는 추상적인 개념을 다루는 능력이 없다는 주장이었다. 만약 내가 그의 관점에 동의했다면, 어린아이들이 철학적 아이디어에 관심이 있고 다양한 철학적 개념의 의미에 대해 토론할 수 있다는 주장을 포기해야 했을 것이다.

카론 박사는 나에게 퀘벡의 여러 대학에서 강연할 기회를 주었다. 이를 통해 나는 피에르 르부아, 마이클 슐라이퍼, 마리 프랑스 다니엘, 미셸 사세빌과 같은 젊은 철학자 및 심리학자들에게 우리의 관점을 소개할 수 있었다. 몬트리올의 퀘벡 대학교는 퀘벡주의 교사 및 교사 노조와 긴밀한 관계를 맺고 있었다. 그래서 어린이를 위한 철학 교재의 번역과 출판을 이들 교사 단체에서 쉽게 맡을 수 있었다.

초등학교 철학에 관심을 가진 나라는 많다. 하지만 다른 곳에서는 잘 알려지지 않은 퀘벡의 어린이철학이 가지는 독특한 방향성에 대해 언급하고 싶다. 바로 예방 철학preventive philosophy이라는 분야에 대해 이야기하고 있는 것이다. 그렇다면 어린이를 위한 철학은 무엇을 예방할까? 그 사회에서 불필요하고 정당하지 않은 고통을 예방하여 좋은 사회를 만드는 것을 목표로 한다고 말해야 할 것이다. 이는 아이들이 철학적 탐구공동체를 통해 철학을 함으로써 이루어질 수 있다.

에를 들어, 퀘벡시티에 본사를 두고 있는 '라 트라베르제La Traversée'가 몬트리올에서 개최한 연회에 초대받은 적이 있었다. '라 트라베르제'는 지난 20년 동안 성폭력 피해자인 여성과 아동을 돕는 데 전념해 왔다. 내가 참석한 연회의 주제는 "폭력 예방과 어린이를 위한 철학"이었다.

'라 트라베르제'는 수년 동안 어린이를 위한 철학을 예방과 치료의 통합적인 접근으로 활용해 왔으며, 그 결과에 만족하고 있었다. 센터의 책임자이자 뛰어난 능력을 갖춘 캐서린 오드랭은 퀘벡에서 어린이를 위한 철학 운동을 이끌고 있는 리더들과 주 정부의 책임자 중 일부를 고문으로 두고 있었다. 여성과 아동 학대에 맞서싸우는 데는 다른 무기를 사용할 수도 있다. 하지만 가정 및 성적 학대의 예방 및 치료 과정에서 고유한 방식으로 기여하는 철학의 역할이 과소평가되어서는 안 된다.

철학적 탐구공동체에서 어린이는 본인과 관련된 사건에 대해서 간접적인 방식으로 토론할 수 있다. 이는 직접적으로 어린이를 중심에 두는 심리학적 접근에 비해 훨씬 쉽고 유용하다. 철학적 질문을 던지고 사려 깊은 대화를 나누다 보면 점차 이런 일이 재발하지 않도록 도와줄 수 있는 개념적 갑옷이 형성되기 시작한다. 피해자들에게 일어난 일은 상상할 수도, 표현할 수도, 말할 수도 없는 일이다. 철학은 일어난 일을 성찰하는 데 필요한 몇 가지 개념을 현실로 끌어내는 데 도움이 될 수 있다.

'라 트라베르제'에서 학대받는 아이들은 폭력에 대처할 수 있는 대안적이고 수용 가능한 방법을 찾기 위해 철학적 대화에 참여한다. 아이들은 이러한 탐구적 질문 방식을 통해 그들 자신이 그 외의 방법으로는 답하기 어려운 철학적인 질문에 대해 사려 깊게 고민하며 판단력을 기른다. 또한 철학적 탐구공동체에서는 서로 의지하는 방법을 배운다. 이는 자족성과 자율성 같은 기준의 한계에 대해 생각해 보게 한다. '라 트라베르제'에서 아이들은 물론 가정 폭력을 당한 어머니들 역시 남은 인생에서 그들이 무엇을 할 준비가 되어 있는지 자신과 서로에게 질문할 수 있었다.

'라 트라베르제'는 어린이를 위한 철학 프로그램이 퀘벡의 어린이들에게 어떻게 효과적으로 활용되었는지를 보여주는 사례 중 하나에 불과하다.

*　　*　　*

어린이를 위한 철학은 아프리카에서도 뿌리를 내렸다. 실제로 스탠 아니 신부의 요청에 따라 IAPC는 1989년 나이지리아에서 워크숍을 준비하기 시작했다. 스탠 신부는 나이지리아 에누구주에서 6개의 캠퍼스를 운영하며 매년 약 6,000명의 교사를 배출하는 교사 교육 기관인 에큐메니칼 교육 연구소IEE의 소장이었다.

스탠 신부는 어떻게 어린이를 위한 철학을 알게 되었을까? 그는 매우 우회적인 경로를 통해 어린이를 위한 철학을 접했다. 약 15년 전, 뉴욕시 퀸즈의 미들 빌리지의 매우 의욕적인 학교 행정가인 존 이오리오는 교사들에게 우리 프로그램을 소개했는데, 그중 한 명이 나이지리아에서 온 오카포르 우조이그웨라는 사람이었다.

나이지리아로 돌아온 오카포르는 스탠 신부에게 IAPC에 대해 이야기했고, 얼마 지나지 않아 그는 우리에게 IEE 교수진과 함께 일할 수 있는 교사 트레이너 팀을 보내 달라고 요청하였다.

나이지리아 교육 강의에는 앤 마가렛 샤프, 미셸 사세빌, 그리고 나까지 세 명이 참여했다. 미셸은 캐나다와 다른 프랑스어권 지역에서 어린이를 위한 철학을 주도하는 학자 중 한 명이다. 앤과 미셸은 10일간 머물렀고, 나는 7일간 머물렀다. 스탠 신부와 그의 동료들, 예비 선생님들뿐만 아니라 캠퍼스 내 실험 학교 아이들의 따뜻한 환대에 우리는 매우 기뻤다.

스탠 신부는 책에 정신적이고 인간적인 교육 철학을 불어넣은 철학자였다. 인격적인 존재감에서 품위와 진심, 타인에 대한 존중이 묻어나 청중이 그의 말에 귀를 기울일 수 있었으며, 그의 풍부한 통찰력을 인식할 수 있었다.

스탠 신부는 영국, 소련, 미국 등 식민주의의 병폐를 피하고 나이지리아의 교육 전통에 뿌리를 두면서도 현대 교육에서 가장 혁신적인 접근 방식으로 자리 잡을 수 있는 새로운 교육 출발에 대한 비전을 갖고 있었다.

나이지리아 교육의 전통적 뿌리는 이야기를 강조하는 데서 시작된다. 쉽게 말해 함께 일하고 생활하는 모든 연령대의 사람들이 불 주위에 둘러앉아 이야기를 나누고 그러한 이야기에 대해 토론하는 것이다. 이야기는 이상, 규칙, 개념 및 정보를 구현하기 때문에 광범위한 교육적 이점이 있다. 스탠 신부는 어린이를 위한 철학이 여러 면에서 나이지리아의 전통적 교육 방식과 유사하다고 생각했다. 문화, 사회, 전통 또는 교육 시스템에서 철학이 중요하다는 점에 대해서는 굳이 그를 설득할 필요가 없었다. 신앙심이 깊었던 스탠 신부는 철학 없이는 종교가 공동체의 삶에 필수적인 지적인 탐구와 개념적 탐구의 단초를 제공할 수 없다는 것을 알고 있었다. 만약 그렇지 않았다면, 그가 우리를 만나기 전까지 적절한 교육과정과 교육법을 찾기 위해 그렇게 절박하게 노력하지는 않았을 것이다.

나는 가끔 어린이를 위한 철학이 북미보다 아프리카에서 더 쉽게 뿌리를 내릴 수 있을 거라고 생각했다. 왜냐하면 미국을 비롯한 서구 교사들은 새로운 아이디어를 수용하기 전에 의심의 여지가 없다고 여기는 고정관념을 버릴 필요가 있었기 때문이다. 하지만 호주와 같이 어린이를 위한 철학에 대한 반응이 매우 따뜻하고 교사들이 이 접근법을 확장하고자 하는 열망이 큰 곳도 생각난다. 나는 피상적인 이전의 내 설명(북미보다 아프리카에 어린이를 위한 철학이 더 쉽게 뿌리내리게 할 수 있다는 것)을 철회한다.

내 말의 요점은 열린 마음은 지구상 어디에서나 가능하다는 것이다. 각 국가는 자국의 경험을 반영하는 교육적 접근 방식을 찾고 있으며, 따라서 어떤 의미에서는 자서전적이라고 할 수 있다. 그들은 어린이를 위한 철학을 그들의 전통에 적절한 접근법으로 생각하고 환영했다. 그래서 머지않아 그것이 지역 문화와 전통에서 성장한 것처럼 토착적이고 자연스럽게 여겨질 것이라고 생각했다.

에큐메니칼 교육 연구소에 제공한 연수 기간 동안 우리는 에

누구에 있는 오비오라 신부의 집에 머물렀다. 부정의한 사건이나 민원을 조사하는 정의위원회의 수장이었던 오비오라 신부는 말도 안 되는 주장은 쉽게 용납하지 않았다. 그래서 나는 그의 지프를 타고 돌아다닐 때 훨씬 더 안전하다고 느꼈다. 오비오라 신부의 집 마당에는 수용소처럼 높은 담이 있었고, 6명의 군인과 장교가 지키고 있었다. 그럼에도 불구하고 오비오라 신부의 집 안은 매우 넓고 편안했다.

에누구에서 처음 참석한 행사는 창고 같은 건물에서 열린 큰 행사였다. 그곳엔 1000여 명의 사람들이 있었다. 앤, 미셸, 나는 6~7명의 다양한 종교 대표들과 함께 높은 단상에 앉았다. 그중 한 명은 키가 크고 원뿔형 모자를 쓴 근엄한 노인이었다. 그는 그 지역 종교의 대표자였다. 나는 주교 옆에 앉아서 자연스럽게 대화를 나누었다.

나를 포함해 단상에 오른 많은 게스트가 짧은 발표를 했다. 오후에 우리는 첫 번째 수업을 진행했다. 앞쪽 테이블에는 6학년과 7학년 학생들이 둘러앉아 있었다. 뒤쪽에는 우리의 수업 시연을 매우 궁금해하는 교수진들이 서 있었다. 학생들은 한 문단씩 돌아가며 『픽시Pixie』의 1장을 큰 소리로 읽었다. 그 뒤에 질문을 받았는데 학생들이 질문을 하는 것을 보고 너무나 흥분되었다. 그런데 한 가지 불편했던 점은 학생들이 발언 요청을 받으면 자리에서 일어서는 모습이었다. 나는 그러한 모습이 민주주의 사회와 양립할 수 없는 식민지 교육의 흔적이라고 생각했다. 그래서 그렇게 하지 말아 달라고 요청했다. 수업이 끝난 후에 나는 그들 문화의 특징

중 하나를 즉시 포기하라고 요구할 필요는 없었을지 모른다는 생각을 했다. 하지만 이미 벌어진 일이었고, 유사한 상황에 대처하는 적절한 방식에 대하여 생각해 볼 필요가 있음을 느꼈다.

학생들이 『픽시』의 1장에 대해 질문을 하면 우리는 칠판에 질문을 적고 그 뒤에 학생의 이름을 적었다. 아이들의 이름을 외우던 중 많은 아이가 요일 이름을 가지고 있다는 사실을 알게 되었다. 우리가 이에 관해 물었을 때 학생들은 매우 재미있어했다. 곧 그들의 사회의 이름 짓기와 관련된 복잡한 문제에 대해 흥미진진한 토론이 이어졌다.

다음으로 교수진이 수업 시연을 맡을 차례가 되었다. 아이들은 교실 한가운데 앉아 있었고, 한쪽에는 토론 진행자가, 다른 한쪽에는 교수진이 앉아 있었다. 그 결과 교수진과 토론 진행자와의 대화는 말 그대로 아이들의 머리 위로 왔다 갔다 할 수밖에 없었다. 교수진이 학생들의 질문에 대해 적절히 대처하지 못하는 경우도 여러 번 발생했다. 그러자 학생들은 자신이 직접 질문에 답할 수 있는지 물었다. 얼마 지나지 않아 교실에 있던 모든 사람, 아마도 100명이 넘는 사람들이 대화에 참여했던 것 같다. 이 시연은 큰 성공을 거둔 것으로 평가받았다.

에누구에서 7일간의 매혹적인 시간을 보낸 후 나는 업무를 위해 몽클레어로 돌아가야 했다. 앤과 미셸은 남아서 워크숍을 마무리해야 했다. 오비오라 신부는 나와 함께 라고스까지 동행했다. 미국행 비행기를 타기 위해 공항으로 갔는데 군사작전이 벌어지고 있어서 공항에 군인들이 몰려 있었다. 경찰은 보이지 않았다. 군사적 행동이 필요한 이유를 알 수는 없었다. 몇몇 공항 출입구에서는 군인들이 여권을 천천히 검사하고 있었다. 하지만 다른 출입구에서는 군인이 없어 자유롭게 출입할 수 있었다. 다소 혼란스럽고 무섭기까지 했다.

오비오라 신부는 내가 비행기를 타려고 했던 플랫폼까지 동행하려 했지만, 군인에 의해 제지당했다. 나는 갑자기 세 명의 군 장교가 앉아 있는 방에 들어가게 되었다. 그중 한 명이 나에게 담배 살 돈이 없다고 말했다. 나는 그에게 약간의 지폐를 건네주었다. 솔직히 그때는 너무 불안해서 지갑까지도 기꺼이 줄 수 있었다. 하지만 그는 지폐를 받자, 나를 통과시켜 주었다.

그다음에는 어둡고 텅 빈 비행기 격납고에 서 있었다. 두려움을 달래는 데는 아무런 도움이 되지 않았다. 마침내 플랫폼을 찾았지만, 그곳에는 런던행 비행기가 있었다. 다행히 미국행 비행기 탑승 플랫폼을 찾았을 때, 사람들이 먼저 비행기를 타기 위해 서로 밀치고 있었다. 지루해 보이던 직원은 승객 명단을 소리 내어 호명했지만, 정작 탑승객을 확인하려는 노력은 하지 않았다. 나는 밀치고 당기는 군중 한가운데서 비행기를 타려고 고군분투했다. 그들 모두가 나만큼 절박했던 것 같다. 나는 텅 빈 격납고나 공항 건물의 정신없는 현장으로 돌아가고 싶지 않았다. 아마 그들도 마찬가지였을 것이다.

마침내 기내의 비좁은 공간으로 들어가 좌석에 몸을 던질 수 있었다. 그런데 얼마 지나지 않아 스튜어디스가 내게 와서 티켓이 올바르지 않다고 지적했다. 나는 분명 실수가 있었을 거라고 주장했고, 다행히도 탑승이 허용되었다. 비행 중 제공된 기내식은 훌륭했다. 기내식을 먹고 나니, 마침내 악몽에서 깨어난 것 같았다.

*   *   *

세계적인 맥락에서 어린이를 위한 철학을 논의하면서 브라질의 교육자 파울로 프레이리[85]를 언급하지 않는다면 실례가 될 것이다. 그는 자신의 철학적 통찰력을 어린이 교육에 쏟아부어 세계적인 명성을 얻었다. 특히 그는 철학적 토론의 기술을 활용하여 아이들의 가장 기본적이지만 동시에 가장 강력한 능력인 읽기와 쓰기 능력을 향상시킬 방법을 모색하고 있었다. 라틴 아메리카의 교육자들은 프레이리의 교육적 접근 방식과 IAPC의 어린이철학 사이에 존재하는 유사점을 재빨리 알아차렸다. 그들은 나와 파울로 프레이리 중 누가 먼저 서로에게 큰 영향을 미쳤는지 궁금해했다.

1988년, 브라질의 교육과정 개발자인 캐서린 영 실바는 나와 프레이리의 만남을 주선해 주었다. 그래서 상파울로에 있는 프레이리의 자택에서 만남을 가졌다. 그것은 매우 우호적인 방문이었다. 대부분 프레이리가 이야기를 이끌었다. 특히 그는 철학의 역사가 자신의 교육적 사고에 미친 영향을 강조했다. 나 역시 같은 일을 하고 있었기 때문에 우리의 성취는 여러 측면에서 평행선을 달렸다.

---

85. 파울루 프레이리(Paolo Freire, 1921~1997)는 브라질에서 태어나 민중들의 문해교육, 억압받는 민중들의 인간화를 위한 해방교육을 실천한 교육철학자이자 교육실천가이다. (역주)

사려 깊고 호의적인 대화였다. 솔직히 그 대화에서 서로의 뚜렷한 차이점을 발견할 수 있었던 것 같지는 않았다. 프레이리의 집안 커다란 창문 너머로 멀리 상파울로의 스카이라인이 도시 위로 솟아오른 모습을 볼 수 있었다. 그 모습을 보며 동시에 앞으로 건설될 도로를 상상해 보았다. 프레이리는 브라질의 교육부 장관이 되어 마지막으로 자신의 철학을 교육에 적용하려고 시도했다. 하지만 높은 지위에도 불구하고 브라질 교육 시스템을 쉽게 바꿀 수 있을지는 의문이었다. 그래도 캐서린 영 실바와 그녀의 가족 덕분에 수천 명의 브라질 교사와 수십만 명의 브라질 어린이들이 철학을 접할 수 있었다.

＊　　　＊　　　＊

어린이를 위한 철학은 세계적으로 성공을 거두었지만, 한 가지 아쉬운 점이 하나 있다. 이 이야기는 나셰프 박사로부터 시작된다. 1980년, 나는 요르단 암만 대학교의 교육자인 나셰프 박사를 만났다. 그는 캐나다에서 신경학 박사과정을 밟고 있는 딸을 방문하고 귀국하는 길이었다. 나셰프 박사가 어린이를 위한 철학이란 단어를 접했을 때, 이미 진행 중인 멘덤 워크숍은 거의 끝나갈 무렵이었다. 하지만 우리는 어린이를 위한 철학의 교육학석/철학석 접근 방식을 보여주기 위해 마지막 며칠의 기간 동안 나셰프 박사를 워크숍에 초대했다.

워크숍 첫날이 지나고 나셰프 박사는 교육 분야에서 무슨 일이 벌어지고 있는지 이해하기 위해 필사적으로 고군분투하고 있었다. 그는 자신이 박사 학위를 받은 엑서터 대학교에서 공부할 때 접했던 철학과 연관 짓기 위해 애쓰고 있었다. 하지만 어느 순간 나셰프 박사의 머릿속에 무언가 떠오르기 시작했고, 그 순간부터 강의가 끝날 때까지 그는 우리가 어린이를 위한 철학에 대해 읽으라고 준 모든 자료에 흠뻑 빠져들기 시작했다. 심지어 밤에 읽으려 한다며 나에게 교사용 매뉴얼을 빌려 가기도 했다.

교육이 끝나고 나서야 나셰프 박사는 자신이 왜 어린이를 위한 철학에 그토록 열정적으로 관심을 두게 되었는지 설명해 주었다. 알고 보니 그는 레바논, 요르단, 시리아, 이스라엘, 가자지구에 있는 팔레스타인 어린이들을 위한 585개의 학교 책임자였다. 당시 그 학교들은 유엔의 관리하에 운영되고 있었다. 이 무슬림 학교들은 교육에 대한 일관된 접근 방식이 부족해 어려움을 겪고 있었다. 이에 나셰프 박사는 '사고력'을 아이들의 학업 준비에 접목해 초등학교 교육을 개선하려는 서구의 운동에 관심이 있었다. 나는 그에게 몇 가지 개별적인 인지 기술을 가르치는 방식으로 사고력을 가르치려고 하는 것은 건반 하나 또는 손가락 하나로 피아노 테크닉을 가르쳐서 피아노를 연주하는 법을 가르치는 것과 같다고 설명했다.

나셰프 박사는 어린이를 위한 철학에 팔레스타인 학교 문제에 대한 해답이 담겨 있을지 확신하지 못했다. 하지만 그것이 중요한 요소가 될 수 있다는 것은 알 수 있었다. 나셰프 박사는 개념적으로 풍부하고 방법론적으로 엄격함을 갖춘 철학이 교육에 필요한 다양한 인지 능력을 체계화하는 데 어떻게 활용될 수 있는지 확인한 후에야 어린이를 위한 철학의 가치를 받아들였다.

나셰프 박사가 미국에서 암만으로 떠나기 전까지 남은 짧은 시간 동안, 그는 나와 함께 그가 관할하는 모든 학교에 어린이를 위한 철학을 도입할 방법을 계획했다. 얼마 지나지 않아 나셰프 박사는 요르단으로 돌아가 계획을 실행에 옮겼다. 그런데 그가 한 달 만에 심장마비를 일으켰다는 충격적인 소식을 들었다. 나셰프 박사가 갑자기 세상을 떠난 것이다.

암만 대학교의 문학 교수인 나셰프 박사의 아내 할라는 남편의 동료였던 무슬루마니 박사와 함께 다음 워크숍에 참석하여 어린이를 위한 철학 프로젝트를 계속 진행하려고 노력했다. 하지만 무슬루마니 박사는 철학에 대한 배경지식이 전혀 없었다. 그리고 수업에 몇 가지 논리 연습 문제를 넣어 학생들이 더 효과적으로 사고하는 것처럼 보이게 하는 데에만 관심이 있었다. 그렇게 나셰프 박사의 위대한 꿈은 순식간에 증발해 버렸다. 하지만 그 순간만큼은 얼마나 흥분되었는지 모른다! 나는 "분명 다시 그럴 때가 올 것이다"라고 생각했다.

*　　　*　　　*

우연히 메트로폴리탄 미술관에서 열린 이슬람 예술 전시회를 방문했다. 특히 장식용 필사본으로만 보였던 수많은 채색된 필사본이 전시되어 있는 것이 인상적이었다. 나는 다양한 문화권에서 가져온 손글씨를 『Thinking』 저널의 삽화로 사용하는 것을 좋아했다. 그래서 『Thinking』 저널의 다음 호에 여기서 본 예시를 여러 개 넣었다. 그러다 구독자인 페너 여사로부터 편지를 받고 깜짝 놀랐다. 그녀는 유엔과 관계된 사람으로 보였으며, 무슬림 대표단 중 한 명이었다.

그 편지에는 내가 글씨를 거꾸로 실었다는 것을 지적하며 부드럽게 꾸짖는 내용이 담겨 있었다. 이로 인해 유쾌한 서신을 주고받았다. 그리고 나셰프 부인과 함께 그녀를 방문하게 되었다. 유엔 근처에 있는 페너 여사의 아파트는 매우 아름답게 꾸며져 있었다. 그녀는 우리를 유엔에서 열리는 연회에 초대했다.

연회에서 페너 여사는 당시 이라크 부총리였던 타라크 아지즈 박사를 우리에게 소개해 주었다. 나셰프 박사가 살아서 아지즈 박사를 만날 수 있었다면 무슬림 세계의 교육 발전은 조금 다른 방향으로 나아갔을지도 모른다. 지금은 아지즈 박사와의 부드러운 악수와 연회 테이블에 놓여 있던 별맛 없는 쿠키만 기억에 남아 있다. 아지즈 박사에 대해 말하자면, 그는 이라크의 사담 후세인 총리와 오랜 기간 친밀한 관계를 맺어온 인물로 기억될 것이다.

*   *   *

그동안 내 아이들의 교육에 관해 말해보자면, 카렌의 학업 성적은 꾸준히 유지된 반면 윌의 학교 성적은 위노나와 별거 후 처음의 하락세를 회복하지 못하고 있었다. 하지만 윌은 어떻게든 고등학교와 대학교를 무시히 마쳤다. 그리고 사랑스러운 젊은 여성을 만나 결혼했다. 하지만 시간이 지나면서 점점 말라가는 것 같았다. 그래서 검사를 해보니 암의 일종인 비호지킨 림프종이었다. 당시에는 치료가 가장 어려운 암 유형 중 하나였다. 한동안은 괜찮은 듯 보였다. 하지만 결국 윌은 세상을 떠났다. 그는 당시 24살밖에 되지 않았다.

7살 때 찍은 아들의 사진을 『Thinking』 저널 표지에 넣었고, 표지 안쪽 앞면에는 이런 글귀를 새겼다.

'어린이를 위한 철학' 교육과정에 등장하는 가상의 어린이들과 세계의 실제 어린이들 사이에 다리를 놓아준 사람이 있다면, 이번 호 표지에 등장하는 호기심 많고 다정한 7살 소년 윌리엄입니다. 어린이를 위한 철학 교육과정이 시작될 때 그는 2살이었습니다. 1984년 11월 5일 24세의 나이로 2년간의 용감한 암 투병 끝에 세상을 떠났습니다.

나와 윌이 사려 깊은 대화를 나눌 때, 그 아이가 짧게 말하는 날은 거의 없었다고 생각한다. 그의 목소리와 민첩하고 아이러니한 재치를 기억할 수 있다는 것은 축복이다. 자식이 부모보다 먼저 죽는다는 것은 자연의 질서에 대한 잔인한 위반처럼 보인다. 슬픔이라고 하기에는 너무 깊은 상처이기에 그 어떤 감정도 적절하지 않은 것 같다.

1949년 존 듀이는 미국철학회에서의 마지막 연설에서 장난스러운 미소를 지으며 이렇게 마무리 지었다. "용기가 있어야 합니다." 용기만 있으면 충분하다는 뜻이 아니라 용기가 필요하다는 뜻이었다. 듀이는 목표한 바를 이루기 위해서는 아이디어와 이상, 그리고 적절한 방법론(탐구)도 필요하다고 생각했다. 물론 학계에서는 이미 이 사실을 잘 알고 있었다. 하지만 우리가 잊고 있었던 것은 "용기"의 중요성이다. 아이디어, 이상, 적절한 방법론, 용기 등을 모두 갖추고 있어야만 목적과 수단을 분류하고 이를 하나로 통합하여 효과적으로 함께 작동하게 할 수 있다.

교육 철학이 대표적인 예이다. 나는 교육 철학이 다른 분야의 사고력을 키우는 실용적인 학문이라고 생각한다. 그것은 학생들이 다른 영역에서 효과적으로 사고할 수 있도록 하기 위한 목적으로 사용되는 철학이다. 탐구할 대상에 대한 사고를 촉진하기 위해 철학에서 명시적으로 빌려온 개념, 아이디어, 판단 및 추론 기술을 사용하는 것이다.

용기가 필요하다는 듀이의 발언은 허공에 떠 있는 성처럼 이상을 비웃는 강경한 회의론자들과 같은 편에 서 있는 것처럼 보일 수도 있다. 하지만 소로[86]의 말을 생각해 보면 이것이 꼭 나쁘지만

---

86. 헨리 데이비드 소로(Henry David Thoreau, 1817~1862)는 미국의 철학자·시인·수필가이며 초월주의, 생태주의의 효시로 알려져 있다. 여기서 인용한 구절은 그의 대표작인 『월든』에 들어있다. (역주)

은 않다는 것을 알 수 있다. "허공에 성을 쌓았다면 성을 잃어버릴 걱정이 없습니다. 그곳이 성이 있어야 할 곳입니다. 이제 그 아래 기초를 놓으면 됩니다." 1990년대는 IAPC가 국내외에서 이러한 기반을 계속 다져나갈 수 있었던 기회가 풍성히 제공되었다.

10.

생각함을 가르치는
인생의 황혼기

1990년, BBC의 방송 프로듀서였던 앤 폴은 도전적인 과제를 받는다. 영국 교육자들이 학교를 근본적으로 개선하게끔 자극할 수 있는 세 가지 교육적 접근 방식을 찾아서 보여주라는 것이다. 폴은 처음 두 가지 접근법은 빨리 찾을 수 있었다. 하나는 레프 비고츠키가 1920년대와 1930년대 초반에 수행한 연구이다. 비고츠키가 피아제의 방식에 반대하였다는 이유와 함께 그 당시 러시아 공산주의에 대한 사람들의 비호감으로 인하여 사실 그의 교육적 접근 방식은 공정한 평가를 받기가 어려웠다. 그는 1934년 결핵으로 사망했다. 비고츠키의 업적을 다룬 폴의 다큐인 〈자고르스크의 나비The Butterflies of Zagorsk〉는 비고츠키가 청각, 시각, 언어 장애를 겪고 있는 사람들을 성공적으로 치료한 감동적인 이야기를 담고 있다.

　　두 번째 다큐 〈아웃 오브 더 와일드Out of the Wilderness〉는 이스라엘 심리학자 레우벤 포이어스타인이 '문화적으로 박탈당한' 북아프리카 청소년들을 대상으로 진행한 연구를 다룬 이야기였다.

이러한 학생들의 인지 능력과 자존감을 높이기 위한 포이어스타인의 노력은 유럽과 미국의 교육자들 사이에서 꽤 유명했다.

BBC는 세 번째 다큐는 특수한 교실이 아닌 일반 교실의 아이들을 다루어야 하며, 상당한 교육적 개선의 전망을 보여주어야 한다고 생각했다. 공교롭게도 폴이 세 번째 다큐의 주제를 찾고 있을 때 나는 영국을 방문 중이었다. 교사 트레이너 중 한 명인 마이클 윌리가 진행하는 어린이를 위한 철학 워크숍에 참석하기 위해서였다. 폴과 그녀의 동료들은 그 워크숍에 참석했고 그들이 본 것에 큰 감명을 받았다. 얼마 지나지 않아 우리는 다큐 제작에 관해 합의했다. BBC의 세 번째 시리즈 다큐는 〈6살 어린이를 위한 소크라테스Socrates for Six- Year-Olds〉로 결정되었다. 이 세 편의 다큐는 '혁신가들The Transformers'로 알려져 있다.

촬영은 뉴저지주 사우스 오렌지/메이플우드에 있는 투스카니 학교, 뉴어크에 있는 버겐 스트리트 학교, 멘덤에 있는 성 마거릿 리트릿 하우스에서 진행되었다. 토스카니 학교의 수업은 유치원 수업(영재가 아닌 일반 수업)이었고, 버겐 세인트 학교의 수업은 8학년 수업이었다. 8학년 학생들은 원래 모두 연말에 학교를 그만둘 계획이었지만, 철학 토론의 결과로 모든 학생이 마음을 바꾸게 되었다. 유치원 학급도 눈에 띄게 개선되었다.

다큐가 완성되자 전 세계 TV 프로그램에 방영되기 시작했다. 곧이어 다큐에 대한 문의가 쇄도했다. 대부분 열광적인 반응까지는 아니더라도 호의적인 반응이었다. 많은 사람들이 학생들의 참여도, 답변의 사려 깊음, 학급에서 대화를 이어가는 능력에 놀랐다고 고백했다. 오늘날까지 나는 BBC의 이 다큐가 아동의 인지 능력을 기록하는 데 있어 인상적인 이정표가 되었다고 생각한다.

얼마 지나지 않아 뉴욕의 TV 프로그램인 〈11번째 시간The 11th Hour〉에서 캐서린 맥콜 박사Catherine McCall가 어린이철학 교재를 활용하여 나른 유치원생들과 수업을 진행하는 또 다른 프로그램도 제작되었다. 두 번째 프로그램도 첫 번째와 똑같이 훌륭했다.

두 번째 프로그램에서 드러난 것은, 실제로 수업 중에 즐거워하던 아이들의 얼굴이었다. 아이들은 생각에 자극받는 것을 좋아했다. 그리고 그러한 아이들을 가르치는 교사는 행복해 보였다. 학교를 관찰한 많은 사람들은 교육이 지루하다고 말했다. 하지만 또 다른 사람들은 즐거운 교육이 가능하다는 희미하고 막다른 믿음을 가지고 있다. 이 두 프로그램에 등장하는 아이들은 철학에 열정적으로 참여한다. 어린이를 위한 철학이 교실에 어떤 변화를 일으킬 수 있는지에 대한 이러한 증거를 외면할 수 있는 사회가 있을까?

〈6살 어린이를 위한 소크라테스〉 제작과 〈11번째 시간〉의 '어린이를 위한 철학' 프로그램은 IAPC의 노력이 인정받고 있음을 보여주는 두 가지 훌륭한 사례였다. 개인적으로는 서던일리노이 대학교 카본데일 캠퍼스의 철학과 교수인 존 브로이어에게 인정받는 기쁨을 누리기도 했다. 그는 내 "논문"으로 무엇을 할 계획인지에 대해 이야기했다. 그는 계속해서 그의 관심사에 관해 설명했다. 그는 나의 자료들을 모리스 도서관에 기증하는 것에 대해 생각해 줄 수 있는지를 물었다. 알고 보니 모리스 도서관에는 이미 많은 미국

철학자의 개인 문서가 소장되어 있었고, 존이 나에게 던진 질문은 어느 정도 공식적인 요청이었다.

카본데일 캠퍼스의 살아있는 철학자 도서관의 편집자인 루이스 한으로부터 편지를 받으면서 공식적인 요청이 시작되었다. 한은 내 기록을 모리스 도서관의 '현대 미국 철학 특별 컬렉션'에 기증해 달라고 요청했다. 도서관에는 이미 몇몇의 다른 학자들과 함께 존 듀이, 폴 와이즈, 스티븐 C. 페퍼, 허버트 슈나이더 등의 논문이 소장되어 있었다. 나는 도서관 관리자가 마음을 바꾸게 될지도 모른다는 생각에 서둘러 동의했다.

*   *   *

나는 멕시코의 산 크리스토발 데 라스 카사스 콘퍼런스 센터에서 어린이를 위한 철학에 대해 여러 차례 발표할 예정이었다. 당시에는 이 여행이 내 마지막 해외여행이 될 것이라는 사실을 전혀 몰랐기 때문에 지극히 평범한 사건으로 생각했다. 하지만 평범한 여행으로 시작한 여행은 곧 코스가 바뀌었다. 나는 멕시코시티에 도착해서 다음 비행기로 갈아탔다. 출입문에 문제가 있어 비행기가 툭스틀라 구티에레스에 잠시 들르기 위해 조금 늦게 도착할 것이라는 안내를 들었을 때노 크게 동요하시 않았나. 하지만 막상 툭스틀라에 도착했을 때 조종사는 저녁 안개 때문에 착륙할 수 없다는 사실을 알게 되었다. 활주로에서 두 번이나 착륙에 실패한 그는 그 자리의 착륙을 포기하고 다른 공항으로 향했다.

주로 직장인과 그 가족으로 보이는 승객들은 기장으로부터 호텔에서 하룻밤을 묵게 될 것이라는 말을 들었다. 그런 다음 이러한 대화가 오고 갔다.

승객: 그러면 호텔 숙박료는 누가 지불하는 거죠?
기장: 당신이 지불해야 합니다. 우리는 안개에 대해서는 책임이 없습니다.
승객: 하지만 사전에 문을 잘 정비해야 할 책임이 있죠. 이로 인해 비행 일정이 늦어졌고 저녁 안개가 문제가 된 거잖아요.

매우 흥미로운 토론이었다. 어느 쪽도 양보하지 않았다. 그러던 중, 우리는 갑작스럽게 무장한 군인들이 비행기를 둘러싸고 있는 것을 목격하게 되었다. 항공사는 승객들에게 항공기를 불법적으로 점거하고 있다고 말했다. 많은 승객이 즉시 휴대폰을 꺼내 가족, 신문사, 라디오 및 텔레비전 방송국에 전화를 걸었다. 상황이 매우 긴박하게 돌아갔다. 그러자 암울하고 불길한 표정의 군 장교가 비행기를 점거했다. 우리는 그 좌석에서 잠을 자고 아침에 (아침 식사 없이) 툭스틀라로 떠날 수 있었다.

배가 고파서 유통기간이 지난 음식을 먹었지만 어떻게든 콘퍼런스에서 강의는 진행할 수는 있었다. 툭스틀라행 비행 다음 날 멕시코 신문은 활주로에 무장한 군인들에 둘러싸인 비행기의 사진을 게재하며 항공사 측이 승객들을 비행기 불법 점거 혐의로 고발했다고 보도했다.

　산 크리스토발에 머무는 동안 멕시코 정부의 인정을 요구하고 있는 이 지역 원주민들을 방문할 기회가 없었던 것이 매우 아쉬웠다. 하지만 어린이를 위한 철학의 확산에는 어느 정도 진전이 있었다. 그리고 이후 어린이를 위한 철학의 원칙을 기반으로 한 대학교도 설립되었다. 산 크리스토발에서 어린이를 위한 철학은 매우 활발하게 진행되고 있다. 몽클레어 주립대에서 석사 학위를 취득하고 뉴저지 멘덤에서 열리는 세미나에도 자주 참석하는 에우제니오 에체베리아가 어린이를 위한 철학을 이끌고 있는 중이었다.

　산 크리스토발 여행은 내가 참여한 마지막 해외 워크숍이었다. 그 후 나는 어떤 해외여행도 갈 수 없었다. 1997년 말, 나는 파리에 있는 유네스코의 윤리 철학 부서Ethics and Philosophy Department of UNESCO로부터 '어린이를 위한 철학 프로젝트를 시작했다'며 '어린이에게 철학을 가르치는 것과 관련된 지속적인 경험 및 연구, 차이점을 비교하기 위해' 곧 '전문가 그룹'을 구성할 것이라는 내용의 편지를 받고 매우 기뻤다. 이는 유네스코가 철학, 교육, 민주주의 사이의 관계를 강조하는 데 특히 관심을 기울이던 시기에 이루어졌다. 이번 콘퍼런스 요청은 어린이를 위한 철학이 유엔의 전체 틀 안에서 권위 있는 지위를 확보했다는 것을 인정받은 자리였다.

　유네스코가 이 특정 시점에 이 콘퍼런스를 여는 것은 쉬운 일이 아니었다. IAPC는 미국에 있었고, 1998년 당시 미국은 국제기구에 회비를 내지 않아 유네스코 회원국의 지위를 갖지 못한 상태였다. 게다가 콘퍼런스에 참석한 '전문가' 중 일부는 어린이를 위한 철학이 단순히 아이디어 차원이 아닌 세계적인 운동이라는 것을 들어본 적도 없는 사람이었다. 또 다른 일부는 '어린이를 위한 철학'이라는 용어가 단순히 학생들이 학년 마지막 기간, 체육관에서 들을 수 있는 특별 철학 수업이라고 생각하고 있었다.

1998년 3월에 열린 콘퍼런스 자체는 큰 성공을 거두지 못했다. 중국 대표인 장시야 박사는 콘퍼런스가 끝난 후에야 도착했다. 그리고 러시아 대표인 아르카디 마골리스 박사는 모스크바로 돌아간 후에 콘퍼런스에서 어떤 구체적인 성과도 보지 못했다고 불평했다. 반면, 파리 회의에 참석하지 않은 리투아니아는 유네스코를 설득해 어린이를 위한 철학 센터를 위한 자금을 지원받는 데 성공했다. 그리고 유네스코는 교육, 철학, 어린이 사이의 관계에 대한 에세이 선집을 출판했다.

이는 1998년과 2003년 세계철학대회World Congress of Philosophy에서 어린이를 위한 철학이 철학의 정규 분과로 공식적인 인정을 받게 될 것이라는 신호였다. 불과 25년 만에 이 먼 길을 달려온 것이다. IAPC는 현재 철학 연구 업무를 맡고 있는 유네스코의 국제기구인 국제철학협회FISP, La Fédération Internationale des Sociétés de Philosophie)의 회원이다.

70년대와 80년대 내내 지속적으로 해왔던 것처럼 나는 90년대에도 세계 곳곳으로 뛰어다니고, 날아다니고, 글을 쓰고, 말하고, 편집하고, 출판하고, 정치하고, 가르치고, 배우는 등 IAPC 소장의 일상적인 업무에 해당하는 많은 일로 매우 바쁘게 지냈다. 그런데 5년 정도 지나자 영사기의 필름이 끊어지는 것 같았고, 화면에 표시되던 많은 활동이 갑자기 중단되었다.

그전까지 건강 문제에 대해 전혀 관심이 없었던 것은 아니었다. 대신 그런 문제가 발생하더라도 다른 사업적인 문제처럼 대개는 잘 넘길 수 있다고 믿었다. 원래 시력이 좋지 않았던 나는 백내장 진단을 받았다. 하지만 놀랍도록 빠른 레이저 치료를 통해 고통 없이 백내장을 치료할 수 있었다. 담낭에 문제가 생겼을 때도 마찬가지였다. 간단한 수술로 문제를 바로잡을 수 있었다. 내 전립선도 문제를 비켜나갈 수는 없었다. 하지만 방사선 치료를 통해 암을 제거할 수 있었다. 그래도 일중독에 가까운 나의 활동은 거의 중단된 적이 없었다.

1995년 나는 헬싱키 대학교에서 열리는 철학 콘퍼런스에서 연설하기 위해 핀란드를 방문했다. 강의실 뒤쪽에서 통로를 따라 앞쪽 강단까지 걷기 시작하면서 건강이 좋아진 것을 느꼈다. 비디오카메라가 나에게 초점을 맞추고 있었다. 나는 걸으면서 그 모습을 볼 수 있었다. 하지만 너무 말라서 나 자신을 알아보지 못할 뻔했다! 얼마 지나지 않아 나는 그 이미지를 머릿속에서 지워버렸다.

그런데 같은 기간에 나는 몽클레어 주립대학교 대강당에서 발표를 하기로 예정되어 있었다. 나는 대학의 저명 학자로 선정되는 영예를 안았다. 특히 두 명의 어린이가 어린이를 위한 철학 교육과정을 위해 집필한 책 중 한 권의 에피소드를 연기한 작은 코너는 매우 즐거웠다. 키오와 구스가 머리를 조각하는 방법에 대해 대화하는 내용이었다.

발표가 끝나자, 나는 무대로 올라갔다. 교수진 패널이 나에게 '어린이를 위한 철학' 프로그램에 대해 질문을 하기 시작했다. 그런데 갑자기 오른손 엄지손가락이 약간 떨리기 시작했고, 청중들도 이를 알아차린 듯했다. 분명히 청중 중에 일부는 나보다 이 증상의 심각성을 더 잘 이해하고 있었을 것이다. 시간이 지나면 괜찮아질 줄 알았다. 곧 증상이 사라지긴 했지만, 이후로도 계속 재발했다.

그다지 심각해 보이지는 않았다. 이것이 최근 대학 캠퍼스에서 길을 걷다가 직선으로 걷는 대신 두 번이나 원을 그리며 걸었던 것과 관련이 있을 거라고는 생각하지 못했다. 엄지손가락 떨림은 일주일 전에 학부생들에게 짧은 강의를 한 사실을 완전히 잊고 다시 똑같은 강의를 한 것과도 관련이 없는 줄 알았다. 두 번째 강의가 시작될 때 강의실 학생들은 당황한 표정이 역력했다.

군대 시절 친구인 짐 맥카운이 방문했다는 사실도 언급해야 될 것 같다. 그동안 어떻게 살았는지 그와 이야기할 수 있어서 좋았다. 그런데 그의 얼굴에서 당황한 표정을 본 것 같았다. 나는 몇 달이 지날 때까지 이 모든 것이 그에게는 데자뷰[87]라는 사실을 깨닫지 못했다. 나는 몰랐지만, 그는 이미 다 들은 내용이었다. 1년 전에 그가 방문했을 때, 내가 똑같은 이야기를 그에게 모두 했던 것이다. 기억 상실 그리고 원을 그리며 걷는 증상에 대해서는 신경학적으로 여러 가지 설명이 존재할 수 있다. 하지만 엄지손가락의 떨림은 신경과 전문의뿐만 아니라 일반인마저도 파킨슨병 진단을

---

87. 최초의 경험임에도 불구하고, 이미 본 적이 있거나 경험한 적이 있다는 이상한 느낌이나 환상. (역주)

내릴 수 있을 만큼 상당히 명백한 증상이었다.

몇 달 후, 정기 건강 검진에서 내 담당 의사는 손 떨림을 발견하고 신경과 전문의에게 진찰을 받으라고 권했다. 나는 신경과 전문의에게 진료를 받았다. 하지만 신경과 전문의는 손 떨림 증상이 꼭 파킨슨병을 의미하는 것은 아니라고 애써 설명해 주었다. 나는 파킨슨병이 아니라고 생각했기 때문에, 그 진단을 믿지 않았다. 그 당시 나는 만성적인 낙관주의로 인해 언젠가는 떨림이 사라질 것이라는 가능성을 여전히 염두에 두었던 것 같다. 그러나 손 떨림 증상은 오래 지속되었고 점차 다른 증상들도 나타나기 시작했다. 곧 파킨슨병이라는 것이 분명해졌다.

나는 다시 한번 확인하기 위해 다른 신경과 전문의에게도 찾아갔다. 의사는 무릎을 두드리고 몇 가지 손가락 움직임을 따라 해보라고 말했다. 이번에는 분명한 진단이 나왔다. 나는 파킨슨병이었다. 몇 가지 약을 처방받았지만, 기껏해야 증상을 완화하는 데 그칠 뿐이었다. 질병 자체는 진행성 질환이다. 치료법은 없었고 내 상태는 악화될 것이 뻔했다. 세 번째 의사에게도 진단을 받았지만, 크게 달라지는 것은 없었다.

다른 문제로 우연히 만난 다른 전문의에게 내 병력을 말했더니, 그는 대학병원에 있는 다른 신경과 전문의를 찾아보라고 권유했다. 그래서 나는 뉴욕에 있는 컬럼비아 대학교의 장로교계 신성학 연구소의 운동 전문가를 만나기로 했다. 그곳에서 처음으로 받은 조언에 자신감이 생겼다. 복용하던 약을 바꾸었다. 그리고 다른 여러 증상에 대한 치료도 대부분 성공적이었다.

내가 찾아본 바에 따르면 내가 겪고 있는 파킨슨병은 비교적 경증이지만, 증상이 극심한 경우에는 심장이 찢어질 정도로 심각한 고통을 유발하기도 한다. 최근 몇 년 동안 이 병에 관한 실험연구가 진행됐으며, 치료할 수 있는 여러 가능성이 나타나고 있었다. 최근 신경과 전문의는 모든 파킨슨병이 진행성 질환이지만, 나와 같은 일부 환자들은 다른 환자들보다 더 느리게 진행된다고 말해주었다.

이 질병은 일반적으로 근육에 영향을 주어 약하게 만든다. 이에 대한 유일한 치료법은 물리 치료이다. 발목, 무릎, 허벅지, 등, 목, 목구멍의 근육은 일반적으로 귀 내부와 관련된 균형 감각 저하와 관련이 있다. 그래서 환자는 평소에 균형을 유지하는 근육을 사용할 수 없게 되는 것이다. 결국, 지팡이를 짚고 걷기 시작하고, 자동차 운전을 포기하며 일상생활의 위험에 대해 훨씬 더 걱정하게 된다.

파킨슨병의 또 다른 측면은 뇌의 도파민 손실이며, 그 결과 심각한 기억력 상실을 초래한다. 기억 상실은 종종 선택적으로 발생하며, 장기 기억에 영향을 미치는 것보다 최근에 획득한 정보에 더 치명적인 영향을 미친다. 기억력과 균형 감각에 미치는 후자의 두 가지 증상이 내 질병의 특징이다. 그러나 앞서 언급한 선택적 기억 상실은 지금 나에게도 적용된다. 다른 여러 학문적 탐구 영역의 정보는 쉽게 떠올릴 수 없지만 지금 이 책의 주제에 관해서는 작업할 수 있기 때문이다.

그러나 이 만성 질환에 대한 나의 경험은 다른 환자들이 보고한 것과 비슷하다. 이 질환은 매우 흥미로운 질환이다. 나는 위험한 야생동물이나 체스 상대를 이기려고 노력하는 것처럼 항상 이 질환을 이기려고 노력했다. 동시에 배우자에 대한 의존도가 엄청나게 높아졌다. 테리의 헌신적인 지원이 없었다면 파킨슨병이 진행되는 와중에도 내가 해올 수 있었던 많은 일을 할 수 없었을 것이다. 마치 우리 사이에 완전히 새로운 분업이 이루어진 것 같았다. 이전에는 내가 맡았던 많은 책임을 빠르게 그녀가 맡게 되었다. 내가 파킨슨병에 걸렸을 때도 테리는 처음 결혼했을 때와 마찬가지로 사랑스럽고 배려심 많고 부지런한 사람이었다.

* * *

『교육에서의 사고Thinking in Education』 초판이 출간된 지 몇 년이 지난 후, 케임브리지로부터 초판의 약 1/3을 수정하는 제2판을 준비해 달라는 제의를 받았다. 끝내지 못할 일을 시작하게 될까 봐 나는 마지못해 제안을 거절했다. 하지만 이전 책에서 다루었던 논의를 좀 더 명확하게 최신 내용으로 업데이트해야 한다는 생각을 떨쳐버릴 수 없었다. 그래서 결국 케임브리지의 두 번째 개정판을 준비하기로 했다. 하지만 내 건강 상태를 고려해 봤을 때, 새로 논의해야 할 많은 교육적 이슈들을 충분히 다루지 못할 것 같았다. 만약 기본적인 내용만을 다룬다면, 민족스럽게 책을 정리하지 못할 것 같아 절망스러웠다.

이 시점에서 이전에 IAPC에서 공부한 적이 있는 카탈로니아 어린이 철학 센터the Catalonian Center for Philosophy for Children,

Grup IREF의 마누엘라 고메즈가 편집 지원을 해주겠다고 제안했다. 나는 기꺼이 그 제안을 받아들였다. 두 번의 여름이 지난 후, 초판의 반쯤 비워진 틀에 새로운 자료를 채워 넣을 수 있었고, 2003년에 책이 출간되었다. 그때서야 이전 책의 개정판을 이렇게 빽빽하게 채우는 것보다는 완전히 새롭고 다른 책을 준비하는 것이 더 나았을 것이라는 사실을 깨달았다. 뒤늦었지만 후회는 이제 그만!

1995년부터 2005년까지 국내외에서 '어린이를 위한 철학'을 주제로 발표해 달라는 초청을 많이 받았다. 나는 그 모두를 수락하고 싶었지만, 현실적으로 힘들었다. 하지만 다행히 앤 샤프가 나를 대신해 워크숍과 발표를 진행할 수 있었다. 나는 지난 몇 년 간 그녀가 충분히 의지할 수 있는 사람임을 알게 되었다. 그녀는 성공적인 결과를 위해 새로운 모험을 마다하지 않는 신뢰할 수 있는 사람이었다.

*　　　*　　　*

1999년 말, 몽클레어 대학의 학과 및 학교 네트워크 내에서 IAPC를 재편하는 변화가 시작되었다. 이는 IAPC의 전환기로 이어졌다. 내가 컬럼비아 대학교에서 몽클레어 대학으로 옮긴 것과 어떤 면에서는 비슷했다.

비록 IAPC가 대학 사회의 획일성에서 벗어날 수 있다고 하더라도, 너무 많은 일탈은 캠퍼스에서 독불장군으로 비칠 수 있었다. 대학 사회에 동화되는 과정이 항상 순조롭거나 쉽지만은 않았다.

나는 철학자로서 종종 틀에 얽매이는 것을 싫어해서 때때로 장난스러운 사람으로 비치기도 했다. 대개 적절한 상황에서 남들을 웃기는 데 주저하지 않았기 때문이다. 철학이 항상 진지할 필요는 없다. 이것은 우리가 아이들과 함께 철학을 함으로써 배울 수 있는 심오한 교훈 중 하나이다. 나는 철학을 아이들과 공유할 수 있다면, 그 대가로 동료들 사이에서 악동이나 장난꾸러기로 여겨져도 상관없었다.

나는 수년 전에 몽클레어 주립대학의 철학 및 종교학과에 만족스럽게 자리를 잡을 수 있었다. 학과장 조지 브랜틀은 따뜻하고 상상력이 풍부한 철학자로, 나와 매우 친근하게 지냈다. 가끔 그의 강의가 진행되는 건물 복도를 걸을 때면 그가 토스카나 피가로의 아리아를 부르며 학생들을 깨우는 소리를 들을 수 있었다. 유능한 행정가이자 창의적이고 비전 있는 총장이라는 보기 드문 조합을 갖춘 톰 리처드슨 총장도 내가 몽클레어 대학으로 올 수 있게 도움을 주었다.

*　　　*　　　*

교육학 자격증도 없는 내가 몽클레어 주립대에 들어왔을 때 교육부에서 느꼈을 불안감을 묘사하기는 쉽지 않을 것이다. 수강한 강좌도 없고, 해당 주제에 대한 출판물도 없으며, 교육 분야의 내 프로젝트가 실제로 미칠 영향에 대한 근거도 거의 없었다. 교육 분야에서 무명의 인물이 갑자기 등장해 철학자들보다 철학을 더 잘

할 수 있다고 주장한다면 어떻게 받아들일까? 그것은 학문적으로 명백히 무례한 것이다. 아마도 내가 옳다는 것이 증명되어야만 용인될 수 있을 것이었다. 내가 옳았다는 사실에 의심의 여지가 없었다. 하지만 분명히 일부에서는 이에 대해 분노를 표출하기도 했다.

나는 일반 대중과 내학교수들을 대상으로 한 다양한 발표와 강의를 했다. 그 강의에서 교육에 대한 건전한 인지적 접근 방식을 고안하고 전파하는 데 실패한 당대의 교육자들을 비판했다. 내가 이 비판에서 예외를 둔 사람은 교육대학 학장인 니콜라스 미첼리였다. 오랫동안 비판적 사고를 옹호해 온 닉은 내가 이러한 접근 방식을 지지하는 것은 찬성했지만, 미국 교육자들의 비효율성에 대한 나의 공개적인 비판은 극도로 싫어했다. 유감스럽게도, 나는 내가 그를 이중으로 속박하고 있다는 사실을 눈치채지 못했던 것 같다.

닉은 비판적 사고를 옹호하였을 뿐만 아니라 어린이를 위한 철학의 열렬한 지지자이기도 했다. 점차적으로 교육 및 복지대학은 이러한 접근의 진정성을 존중해 주면서, IAPC를 흡수했다. 1999년에 공식적으로 이루어진 합병은 실제로는 몇 년 전에 이루어졌어야 하는 조치였다. 이때 나는 IAPC의 소장직을 은퇴했다. 내 후임으로 몽클레어 주립대의 젊은 교수인 몬 그레고리Maughn Gregory가 임명되었다. 나는 전적으로 지지하고 박수를 보냈다. 지금도 그 생각에는 변함없다.

*　　*　　*

2006년 초 어느 날 저녁, 다소 피곤함을 느낀 나는 평소보다 조금 일찍 퇴근했다. 딸 카렌과 아내 테리가 수다를 떠는 소리가 들렸다. 그 대화에는 웃음소리가 가득했다. 테리는 카렌의 '신' 개념에 대해 논박하고 있었다.

그것은 테리가 가장 좋아하는 주제였다. 특히 그녀는 토론에서 기독교 삼위일체에 초점을 맞출 때, 성령을 강조할 때, 그리고 "성령 세례Baptism in the Holy Spirit"라는 개념에 집중하기를 좋아했다. 그녀는 이 풍부하고 신비로운 개념을 '개종'과 유사한 것으로 이해했으며, 그 자체가 번역 가능성이라는 논리적 개념과 일치한다고 생각했다. 아마도 그녀는 성부와 성자의 의미가 서로 통할 수 있도록 작업하고 있었을 것이다.

테리는 다작하는 필자였다. 어떤 개념에 흥미가 생기면 방대한 양의 학술 초고를 통해 그것을 탐구해 나갔다. 몽클레어 주립대학의 철학 및 종교학과 재학 시절, 그녀는 형이상학적인 문제뿐만 아니라 종교적인 문제에 대한 활발한 관심으로 다른 학생들에게 깊은 인상을 남겼다. 당시 나는 그녀의 성령 세례에 대한 관심이 얼마나 실천적이고 열정적인지 깨닫지 못했다. 하지만 그녀는 그 변화에 관해 연구할수록 자신의 소명은 종교학자가 아니라 삼위일체의 존재와 직접적으로 연결된 기독교 신비주의자라는 확신이 더욱 강렬해졌다. 그녀는 자신이 노리치의 줄리안, 빙겐의 힐데가르트, 십자가의 성 요한과 같은 위대한 기독교 신비주의자들의 발자취를 따르고 있다고 생각했다. 그녀는 수줍게 자신의 글 몇 편을 보여줬지만, 나는 기독교 신비주의 전통에 대해 아는 것이 너무 적어서 그녀가 무슨 일을 하고 있는지 이해하지 못했다.

테리는 철학에서 그림, 시, 무용에 이르기까지 다양한 분야를 넘나들며 뛰어난 표현력을 발휘했다. 실제로 그날 저녁에도 테리는 팔꿈치와 무릎, 종아리와 허벅지로 가득 찬 현대 무용의 한 장면을 보여주었다. 나는 그 장면을 보고 있으면 항상 즐겁고 기뻤다. 테리는 자신의 한계를 알고 있었기 때문에 노래는 거의 시도하지 않았다.

테리는 아이들을 사랑했고 당시 내가 이끌고 있던 교육 운동에 기꺼이 박수를 보내주었다. 어린이를 위한 예배에 대한 그녀의 관심은 어린이를 위한 철학 교육과정에서 비롯되었다. 나는 그녀의 『기도하는 법』과 『축복하는 법』과 같은 긴 작품을 생각하고 있다. 하지만 그녀의 글에는 또 다른 측면도 있다. 그녀는 대학원생 시절에는 스토니 브룩에 있는 뉴욕주립대 철학과에 진학했다. 그곳에서 저스터스 버클러 교수의 제자가 되었다. 버클러는 매우 일반적인 개념을 형이상학적으로 정리한 자신만의 사변 철학 체계를 개발 중이었는데, 테리는 이를 쉽게 받아들였다. 그러나 시간이 지나면서 테리는 지칠 대로 지쳐서 학업을 그만둬야 했고, 버클러 역시 건강 문제로 인해 같은 결정을 내릴 수밖에 없었다.

테리에게 피로는 일종의 원동력이었다. 2004년 말에는 바닥에 너무 심하게 넘어져 심각한 뇌진탕 증상을 겪기도 했다. 1년이 지난 후 뇌진탕에서는 완전히 회복되었지만, 계속 불면증에 시달렸고 의사들은 그녀의 상태를 개선할 수 있는 치료법을 찾지 못했다. 시간이 지나 테리는 약리학 전문의로부터 처방전을 받았다. 전문의는 테리에게 한 병을 다 먹어도 심각한 해를 끼치지는 않을 것이라고 말했다. 잠 못 이루는 밤이 많았던 테리는 매우 기뻐했다. 그래서 처방전을 최대한 빨리 발급받고 싶어 했다. 그녀는 당장 폭풍우가 몰아치는 바깥으로 나가려고 했지만, 결국 마지못해 다음 날 아침에 가지러 가는 것이 더 현명하다고 결정했다.

테리가 카렌과 신에 대한 개념에 대해 전화 통화를 하던 날은 그녀가 새 처방약을 복용하는 첫날 밤이었다. 다음 날 아침 잠에서 깨어났을 때, 그녀는 여전히 잠들어 있었다. 나는 그녀가 불면의 밤을 보내지 않았다는 사실에 잠시 기뻤다. 예전에 그녀는 밤낮을 가리지 않고 운 좋게 잠이 들면 제발 깨우지 말아 달라고 반복해서 요청했던 적이 있었다. 그래서 45분 동안은 침대에 누워있는 그녀를 깨우지 않았다. 그런데 너무 움직이지 않는 것이 걱정되어 평소처럼 어깨를 건드려 보았다. 그녀는 미동이 없었다. 실제로 그녀의 어깨는 움직이지 않았고 무거웠으며 반응이 없었다. 나는 즉시 911에 신고했다. 구조대원이 거의 즉시 도착했지만 이미 너무 늦은 뒤였다. 32년 전에 나와 결혼했던 이 사랑스러운 여인은 더 이상 나에게 신비로운 대화를 털어놓지 않을 것이다. 나는 너무나 놀랐다. 몇 시간 후, 마크 트웨인의 작품에서 아담이 자기 아내의 죽음에 대해 다음과 같이 말한 대목이 머릿속을 스쳐 지나갔다. "아내가 어느 곳에 있든, 그곳이 에덴입니다."[88] 테리가 있는 곳에는 항상 사랑과 영성이 있었고 신성이 있었다.

---

88. 마크 트웨인의 『아담과 이브의 낙원일기』에 나오는 구절이다. (역주)

회상 Looking Back

자신의 삶에 대해 글을 쓴다는 것은 언뜻 보기에 "자아 여행 ego trip"처럼 보일 수 있다. 저자는 단순한 자기 탐닉을 위해 자서전이나 회고록을 쓴 것은 아니라고 항의할 것이다. 하지만 물론 그러한 항의는 진지하게 받아들여지지는 않을 것이다. 자서전은 확실히 너무나도 개인적인 자기 탐색이기에 그러한 항의는 설득력이 낮다. 그러한 동기가 집필 과정에 개입한다는 점은 인정해야 한다.

그러나 나는 두 가지 점에서 이 경솔한 비난에 대해 항의하고 싶다. 첫 번째는 내가 보여주려는 것은 나의 철학이 아니라는 점이다. 예술가들이 그림에 자신의 이름을 쓰듯 모든 사람의 마음에 '매트Mat'[89]를 새기려는 것은 아니다. 내가 어린이를 위한 철학에서 만든 접근 방식은 내용이 아니라 과정에 관한 것이다. 아이들에게 하나의 철학을 강요하는 것이 아니라 자신만의 철학, 세상에 대한 자신만의 사고방식을 개발하도록 격려하는 것이다. 아이들이 안전

---

89. 매튜 립맨을 친근하게 부르는 호칭. (역주)

한 환경에서 자신 있게 아이디어를 표현할 기회를 제공하는 것이다. 두 번째 항변은 내가 이 이야기를 꺼낸 것은 나 자신을 위한 것이 아니라는 점이다. 나의 이야기는 철학과 교육을 위한 것이며, 이 이야기를 통해 어린이들에게 도움이 되기를 바랐다. 그리고 어린이를 위한 철학을 통해 교육의 지평이 넓어질 수 있기를 바라는 마음에서 이 이야기를 했다.

어린이를 위한 철학이라고 부르는 이 실험을 시작한 지 거의 40년이 지난 지금, 나는 스스로에게 묻는다. 우리의 실험은 성공적이었을까? 미국 및 해외의 초등학교와 중학교 시스템에 철학을 보급하려는 IAPC의 시도가 효과적이었을까? 젊은 교육학 교수였던 앤 마가렛 샤프와 몽클레어 주립대학교에 갓 부임한 철학과 교수였던 내가 처음 어린이를 위한 철학 아이디어를 구상하고, 매뉴얼을 작성하고, 교사를 위한 교육 프로그램을 개발하고, 지원금을 신청할 때 세웠던 이상이 실현되고 있을까? 집 지하에 있는 임시 연구실의 작은 전구 아래에서 밤마다 『해리 스토틀마이어의 발견』을 집필했던 매튜 립맨은 이 책이 어떻게든 교육을 변화시켜 아이들이 학습에 몰입하고, 흥미를 느끼고, 힘을 얻을 수 있도록 만들 것이라는 믿음을 가지고 있었다. 그는 이 작은 소설 한 권에서 성장한 다른 작품들에 자부심을 지니고 있을까?

나는 어린이를 위한 철학의 성공 여부에 대한 평가는 독자에게 맡기고 싶다. 하지만 의심의 여지가 없는 것은 아이비리그의 대학교수 자리를 교육 사업의 일과 바꾼 것이 옳은 선택이었다는 것이다. 『해리 스토틀마이어의 발견』을 썼던 젊은 시절의 나 역시 현재 어린이를 위한 철학 교육과정을 구성하는 다양한 소설들과 이 프로그램이 전 세계 여러 나라에서 다양한 형태로 적용되고 있다는 사실을 알게 된다면 기뻐할 것이라고 생각한다. 젊은 시절의 매트는 앞으로 나오게 될 모든 소설의 이름, 어린이를 위한 철학 교육과정의 정확한 범위, 그리고 이 교육과정이 수년에 걸쳐 널리 알려질 것이라는 걸 알 수 없었다. 하지만 그 시절의 매트는 이미 교육을 변화시키기 위한 사고력 교육의 힘에 대해서는 확신하고 있었다. 그는 아마도 어린이를 위한 철학의 지칠 줄 모르는 지지자들이 적어도 이 위대한 실험을 성공시켰다는 사실에 만족할 것이다.

*   *   *

지금 이 순간, 우리는 어떻게 여기까지 왔고 앞으로 어디로 갈지 가늠할 수 있는 지점에 도달한 것 같다. 여기서 '우리'란 1968년에 시작되어 1970년 몽클레어의 랜드 학교에서 실험을 통해 교육적 접근법의 검증을 시작한 이후 어린이를 위한 철학 운동 또는 접근 방식에 참여한 모든 사람을 의미한다.

초등학교에 철학이라는 학문을 도입하는 프로젝트를 시도한 지 거의 40년이 지났다. 그동안 나는 거의 전적으로 이 프로젝트에 집중했다. 앤 샤프와 나에게 교육을 받은 세계 각지의 교육자들은 본국으로 돌아가 우리의 연구와 교육과정 자료를 자국어로 번역하여 이 프로그램을 제공하고 있다. 오늘날 어린이를 위한 철학은 전 세계로 확산되어 45개 이상의 언어로 번역되었다. 우리가 교육시킨 교사들은 자국으로 돌아가 다른 교사들을 양성하고 있으며, 이 교사들은 다른 교사들 및 아이들과 함께 계속 철학을 하고 있다. 지금까지 저항이 심했던 일부 지역에서도 이 접근법이 채택되거나 약간이라도 적용되었다는 소식을 접하지 않은 날이 거의 없다. 입법자들이 참여하고, 교육부가 학교에서의 시행을 도와준다면, 초등학교 철학('교육 철학Educational Philosophy'이라고도 함)의 보급이 가속화될 수 있을 것이다.

인문학을 지향하는 유네스코의 교육자들도 이 프로그램의 확산을 반기고 있다. 이제 전 세계 수백 개의 유네스코 학교가 '어린이를 위한 철학'을 교육과정의 필수 과목으로 채택할 것이다.

이러한 글로벌 지원 활동의 성공이 IAPC가 개발한 영어 버전의 접근 방식을 다른 국가의 언어로 단순히 번역하는 것을 의미하지는 않는다. 어린이를 위한 철학에서 교재 역할을 하는 이야기는 논리, 윤리, 형이상학 등에 대한 자신만의 철학적 개념과 해석이 담긴 다른 이야기로 대체될 수 있다.

전 세계 다양한 지역의 점점 더 많은 교육자로 하여금 학교에 철학을 도입하는 방향으로 나아가게 하는 원동력은 과연 무엇일까? 이에 대해 일반적인 하나의 설명이 있을까? 아니면 각 문화적 전통이나 교육 상황에 따라 고유한 설명이 필요할까? 이 두 가지 선택지는 철학의 경우 모두 적용 가능하다는 점을 이해할 필요가 있다. 우리는 정치적, 사회적, 문화적 변화에 대한 강력한 선동과 그러한 변화에 대해 전통적인 입장에서 저항하려는 강력한 선동이 공존하는 시대에 살고 있다. 이러한 갈등은 필연적으로 학교를 지배하는 세력뿐만 아니라 학교를 수호한다고 주장하는 세력에게서도 나타나고 있다. 이에 따라 학교에서 종교를 가르치는 것은 세속주의자들의 공격을 받고 있다. 내 생각에 그로 인한 교착 상태는 초등학교 교육과정에서 종교 과목을 철학으로 대체함으로써 해결될 수 있을 것으로 보인다. 민주화 세력과 반민주 세력이 서로 대립하는 정치 상황도 마찬가지이다. 학교는 이 두 세력 간의 우세를 점할 수 있는 유일한 기관처럼 보인다. 이로 인해 각 국가는 교착 상태에 빠져 있다. 지속되는 문화적 혁명의 와중에도 민주주의와 윤리적 합당성은 유일하게 남아 있는 문화적 구조이다.

많은 라틴 아메리카 교육자들이 어린이를 위한 철학을 접했을 때 보여준 열의는 비판적 사고에 대한 냉정한 인식과는 매우 달랐다. 그리고 미국에서 비판적 사고에 대한 교육자들의 인식은 교육 철학educational philosophy에 대한 열정이 부족한 것과는 매우 달랐다. 라틴 아메리카나 유럽 교육자에게는 어린이를 위한 철학이 꿈의 실현이지만, 철학이 문화의 핵심이 아니었던 미국의 많은 교육자에게는 갑작스러운 등장이었다. 어린이를 위한 철학이 교사 양성 대학에서 환영받을 것이라고 기대하기는 어려웠다.

약 40년 전 나는 전통적인 철학과 어린이를 위한 철학 사이에서 선택의 기로에 서 있었다. 나는 후자를 선택했다. 나는 교육의 과감한 변화를 주장하는 사람들과 함께 나의 운명을 걸었다. 만약 내가 이해하는 철학의 역사가 옳다면, 나는 그 내기에서 이겼다고 생각한다. 이를 통해 나는 역사가 얼마나 교묘하게 작동하는지 서서히 깨닫게 되었다. 특정 사회에서 한 번 채택된 교육에 대한 합리적인 접근 방식은 전체 그림이나 회화가 무너지지 않고는 제거할 수 없는 투시도의 소실점처럼 그 자리에 고착된다는 사실을 깨달았다. 교육 철학은 현재 소실점이라고 할 수 있는 민주적 합당성의 궁극적 지평에 놓여 있다. 나는 내가 이 새로운 교육적 접근 방식, 즉 사고력 중심 교육으로 고정점을 변화시키는 과정에서 어떠한 역할을 할 수 있기를 바란다.

따라서 어린이를 위한 철학을 교육 시스템에 도입한 사회와 국가는 다시는 그 시스템이 도입되기 이전으로 돌아갈 수 없을 것이다. 나는 철학이 교육과정에 도입되면 오랜 세월 동안 대학에서 그랬던 것처럼 초등학교에서도 철학이 교육과정의 영구적인 일부로 남게 될 것이라고 믿는다. 결국, 초등학교에 어린이를 위한 철학 이외의 다른 철학 프로그램도 생겨나겠지만, 철학을 완전히 대체할 수 있는 것은 없을 것이다. 또, 나 이외에도 철학적이라고 할 수 있는 특정한 관점을 구축할 수 있는 사람은 많이 있겠지만, 철학이 하는 일을 할 수 있는 다른 학문은 없을 것이다. 교육에 대한 철학은 앞으로도 귀중하고 대체할 수 없는 가치로 남을 것이다.

*　　　*　　　*

이 책을 기획하면서 나의 목표는 식업적, 개인적 삶의 이야기 전체를 공개하는 전통적인 자서전을 쓰는 것이 아니었다. 나는 독자들이 공통으로 관심을 가지고 있는 어린이철학의 발전 과정과 관련된 책을 쓰고 싶었다. 나는 이 책이 어린이를 위한 철학과 그 발전 과정을 더 잘 이해할 수 있는 맥락을 제공할 수 있기를 바란다. 그리고 어린이를 위한 철학에 스며있는 빛나고 다양한 색채를 조명하고 의미 있게 만들 수 있기를 희망한다.

마지막으로, 내 삶에 대한 이 이야기를 읽고 난 후 독자들이 내가 철학을 사랑하고 철학만큼 아름다운 것을 만들어 낸 세상을 사랑한다는 사실을 의심하지 않기를 바란다. 우주 비행사가 우주 정거장에서 초록색, 고동색, 파란색의 지구를 바라보며 느끼는 감정이 철학적으로 느껴진다. 철학의 아름다움은 나로 하여금 교육자들이 마음을 열 수 있도록 이끄는 원동력이 되었다. 교육자들은 그들이 돌보는 아이들에게 특별한 가능성을 열어줄 수 있다. 철학은 우리의 사고를 정직하게 유지할 수 있도록 도와준다. 정직한 사고가 이루어질 때 자녀의 성장 능력은 부모의 기대 이상으로 높아진다. 나는 또한 어린이를 위한 철학이 과밀화된 교육과정의 또 다른 한 가닥이 되기를 바라지 않는다. 그보다 우리 아이들이 살기에 더 좋고 합당한 세상을 만드는 교육학으로 전 세계에 받아들여지기를 희망한다. 우주 멀리서 바라보는 것만큼이나 길 건너편에서 바라보는 세상도 아름답게 보이는 것처럼 말이다.

미주

A.E. Housman, *Here Dead We Lie*, from Complete Poems; Centeneail edition. New York: Holt, 1959.

Vachel Lindsay, *The Leaden-Eyed*, from The Congo and Other Poems, New York: McMillan, 1919 [1914].

매튜 립맨, 생각을 가르치는 삶

자서전은 후손을 위해 사건을 기록하려는 시도, 회상의 기회 또는 자신의 삶을 기념하는 등 다양한 의미를 가질 수 있다. 매튜 립맨의 『아이들과 철학하는 삶』은 이 모든 것을 담고 있지만, 무엇보다도 이 놀라운 교육 혁신이 어떻게 탄생하게 되었는지 설명하는 데 도움이 될 수 있는 사건, 영향, 성격의 특색을 밝혀내려는 어린이를 위한 철학 창시자의 시도라는 점에서 의미가 있다. 이 책은 자신의 삶에 대한 성찰이 그러한 탐구여야 한다는 것을 잘 보여준다. 그리고 독자에게 생각할 거리를 많이 제공해 준다. 이 책에서 우리는 매번 틀에 얽매이지 않고 대담하며 자신의 흔적을 남기려는 결단력 있는 사람을 만난다. 동시에 천성적으로 과묵하고 타인의 복지에 대한 지속적인 관심을 가진 사람을 만나기도 한다. 그를 알았거나 그의 사상에 영향을 받은 사람이라면 누구나 호기심을 자극하는 동시에 그의 인생 여정에 흥미를 느낄 것이다. 립맨의 조용한 매력이 책 곳곳에 스며들어 읽는 즐거움을 선사한다.

_필립 캠(Philip Cam)

이 책은 어린이를 위한 철학을 믿는 사람과 이에 회의적인 사람 모두를 위한 책이다. 어린이를 위한 철학이라는 개념을 진정으로 믿는 사람이라면 이 혁신적인 아이디어의 현대적 아버지인 매튜 립맨의 인생 이야기를 배우고 싶어 할 것이다. 회의론자들은 전통적인 교육을 받은 철학자가 어떻게 컬럼비아의 종신 교수직을 그만두고 어린이철학 발전 연구소를 설립할 수 있었는지 궁금해할 것이다. 이 책은 어린이를 위한 철학을 믿는 사람과 믿지 않는 사람 모두에게 좋은 읽을거리가 될 것이다.

_개러스 매튜스(Gareth B. Matthews)

『아이들과 철학하는 삶』은 매튜 립맨의 변함없이 활기차고 생산적인 삶을 보여주는 중요한 업적이다. 감회를 불러일으키며 통찰력과 지적 풍부함으로 가득 찬 이 감동적인 회고록과 철학적 성찰이 어우러져 전 세계 학교에 철학을 전파한 그의 열정적인 노력이 얼마나 큰 영향을 미쳤는지 깊이 이해할 수 있게 해준다. 립맨 교수는 행동으로써, 삶의 방식으로써, 민주 시민의 이상과 열망에 가장 잘 부응할 수 있는 학문으로써 미국 철학의 고유한 전통을 구현하고 실천하는 데 타의 추종을 불허한다. 립맨 교수의 선구적인 어린이를 위한 철학운동은 그를 사랑하는 멘토로 여길 수 있고, 또한 그를 시금석으로 삼을 수 있는 특권을 누린 수많은 사람에게 큰 영감을 주었다. 어린이를 위한 철학운동은 전 세계 인류의 권리 신장을 위한 멈출 수 없는 힘이다.

_크리스토퍼 필립스(Christopher Phillips)

매튜 립맨 연보

1923년 8월 24일 뉴저지주의 러시아 이민자 가정에서 출생

1943년 군대에 입대하여 제2차 세계대전에 참전

1946년 제대 후 컬럼비아 대학교 입학

1948년 컬럼비아 대학교 학사학위 취득

1950년 풀브라이트 장학생으로 프랑스 파리로 유학, 위노나
와 만남

1952년 위노나와 결혼

1954년 컬럼비아 대학교 철학 박사학위 취득

1953년 컬럼비아 대학교 약학대학 조교수 임용

1950-1960년대 버클러의 형이상학을 연구

1967년 『해리 스토틀마이어의 발견』을 쓰기로 결심

1969년 『해리 스토틀마이어의 발견』 파일럿 버전 400부 인쇄

1970년 몽클레어 랜드학교에서 어린이철학 교육 프로그램 실
험 10주간 진행

1972년 컬럼비아 대학교에서 몽클레어 주립대학교의 철학 및
종교학과로 이직, 위노나와 이혼

1973년 앤 마가렛 샤프, 몽클레어 주립대학 조교수 임용, 립
맨과의 만남

1974년 IAPC(어린이철학 발전 연구소) 설립, 테리와 재혼

1974년 12월 『해리 스토틀마이어의 발견』 정식 출간

1975년 럿거스에서 어린이철학을 위한 교사연수 프로그램 시작, 『해리』의 교사용 지도서 개발

1976년 『리자』 출판

1978년 『수키』 출판

1979년 최초의 어린이철학 저널인 『Thinking: The Journal of Philosophy for Children』 창간

1980년 『마크』 출판

1981년 『픽시』 출판

1982년 『키오와 구스』 출판, 캐나다 퀘벡주에서 어린이철학 워크숍 개최

1983년 뉴저지 테스트 개발

뉴저지, 멘담의 성 마가릿 리트릿 하우스에서 교사연수 시작

1988년 『엘피』 출판

1989년 나이지리아에서 어린이철학 워크숍 개최

1990년 어린이철학 다큐 〈6살 어린이를 위한 소크라테스〉 제작 방영

1995년 파킨스병 진단

1996년 『누스』 출판

1997년 유네스코 윤리 철학부서에서 어린이철학 프로젝트 공식 승인

1998년 어린이철학이 세계철학대회에서 공식 분과로 승인

1999년 IAPC(어린이철학 발전 연구소) 소장 은퇴

2003년 『Thinking in Education』 2판 출간

2010년 12월 26일 뉴저지주 웨스트 오렌지에서 사망

후기를 대신하여

한국에서 어린이철학이 처음 소개된 것은 1980년대 군부독재 시절이었습니다. 그것은 획일적인 기준과 표준만을 강조하던 당시의 교육 현실을 극복해 보고자 하는 절실한 몸부림이었습니다. 그리고 아이들이 가진 생각의 자유로움과 존재의 고유함을 보존해 주고자 하는 도전이었습니다. 현재 어린이철학은 우리나라를 비롯하여 전 세계 45여 개국에서 활발하게 번역, 연구, 실천되고 있습니다. 그 모든 것의 시작점에 매튜 립맨Matthew Lipman이라는 사람이 있었습니다.

철학은 어려운 용어로 가득 찬 상아탑 속의 학문만을 말하지 않습니다. 오히려 철학은 일상의 중요한 문제들에 대해 함께 토론하고 사유하면서 더 나은 삶을 지향하는 활동입니다. 그렇기에 어린아이들도 철학을 해야 하는 것입니다. 그들도 자신의 삶을 살아가고 더 좋은 삶을 지향할 권리가 있으니까요. 자신의 삶을 산다는 것은 스스로 사유하고 성찰하며 살아간다는 것입니다. 이것이 아마 립맨이 말하고 싶었던 바가 아닐까? 하는 생각이 듭니다. 립맨이 철학을 통해 아이들의 생각을 길러주고자 했던 배경에는 더 나은 삶과 인간, 사회를 지향하는 명확한 목표가 있었습니다.

2011년 미국 IAPC(어린이철학발전연구소)에 방문했을 때, 처음 매튜 립맨의 자서전을 접했습니다. 오랜 시간 어린이철학에 대해 연구하고 실천해 왔지만, 어린이철학이 어떠한 지적, 문화적, 역사적 배경 속에서 탄생하고 성장했는지에 대해서는 자세히 알지 못했습니다. 그런 의미에서 이 책은 매우 흥미로웠습니다. 왜냐하면 어린이철학의 창시자라고 할 수 있는 립맨의 삶을 통해 어린이철학의 탄생과 성장을 역동적으로 보여주고 있었기 때문입니다. 한국의 어린이철학 연구자들과 실천가들에게도 이 책은 매우 중요한 의미를 가질 수 있을 거라 생각했습니다. 그래서 한국으로 돌아와 본격적으로 대학원 학생들과 이 책을 함께 공부하고 논의하는 자리를 가졌습니다.

이 자서전은 립맨의 개인적인 회고록이 아닙니다. 본인도 밝혔듯이, 이 책은 자신의 삶보다는 어린이철학의 출발과 발전 과정을 보여주기 위한 의도가 더 컸습니다. 그는 이 책을 읽는 독자가 어린이철학에 대한 더욱 폭넓은 관점과 이해를 가질 수 있기를 바랬습니다. 그리고 어린이철학이 단순히 학교 과목이 아니라 세상을 더 아름답게 만드는 교육학이기를 원했습니다.

우리 사회에는 아직도 아이들과 철학을 한다는 기획을 낯설고, 어렵게만 여기는 분위기가 만연합니다. 어린아이들의 호기심 어린 질문은 수준 낮고 유치한 것으로 치부되기 일쑤입니다. 그렇기에 립맨의 사유와 삶의 여정은 여전히 의미가 크다고 생각합니다. 그는 자신이 철학을 사랑하는 것만큼 아름다운 것을 만들어 낸 세상을 사랑한다고 말했습니다. 맞습니다. 아이들과 철학을 한다는 것은 아이들의 삶을 사랑하고, 세상을 사랑하는 일입니다. 그리고 더 나은 세상을 지향하는 교육적 실천입니다.

이 책의 초벌 번역은 박상욱 선생이 맡았으며 이후 김회용 교수가 원문과 대조하며 검토 및 수정하는 과정을 거쳤습니다. 이후 강희원, 이수진, 천지현, 이호중 선생이 꼼꼼하게 읽으며 전체적인 윤문 과정에 도움을 주었습니다. 끝으로 어려운 출판 분위기에도 불구하고, 이 책의 출판 제안을 선뜻 받아들여 주신 살림터 정광일 사장님께 깊은 감사를 드립니다.

삶의 행복을 꿈꾸는 교육은
어디에서 오는가?

● **교육혁명을 앞당기는 배움책 이야기** 혁신교육의 철학과 잉걸진 미래를 만나다!

● **비고츠키 선집** 발달과 협력의 교육학 어떻게 읽을 것인가?

혁신학교	성열관·이순철 지음 I 224쪽 I 값 12,000원
행복한 혁신학교 만들기	초등교육과정연구모임 지음 I 264쪽 I 값 13,000원
서울형 혁신학교 이야기	이부영 지음 I 320쪽 I 값 15,000원
혁신교육, 철학을 만나다	윌렌트 데이비스·데니스 수마라 지음 I 현인철·서용선 옮김 I 304쪽 I 값 15,000
대한민국 교사, 어떻게 가르칠 것인가?	윤성관 지음 I 320쪽 I 값 15,000원
아이들을 어떻게 가르칠 것인가	사토 마나부 지음 I 박찬영 옮김 I 232쪽 I 값 13,000원
모두를 위한 국제이해교육	한국국제이해교육학회 지음 I 364쪽 I 값 16,000원
경쟁을 넘어 발달 교육으로	현광일 지음 I 288쪽 I 값 14,000원
혁신교육 존 듀이에게 묻다	서용선 지음 I 292쪽 I 값 16,000원
다시 읽는 조선교육사	이만규 지음 I 750쪽 I 값 37,000원
교실 속으로 간 이해중심 교육과정	온정덕 외 지음 I 224쪽 I 값 13,000원
대한민국 교육혁명	교육혁명공동행동 연구위원회 지음 I 224쪽 I 값 12,000원
포스트 코로나 시대의 교육	성열관 외 지음 I 224쪽 I 값 15,000원
내일 수업 어떻게 하지?	아이함께 지음 I 300쪽 I 값 15,000원
핀란드 교육의 기적	한넬레 니에미 외 엮음 I 장수명 외 옮김 I 456쪽 I 값 23,000원
한국 교육의 현실과 전망	심성보 지음 I 724쪽 I 값 35,000원
독일의 학교교육	정기섭 지음 I 536쪽 I 값 29,000원
교실 속으로 간 이해중심 통합교육과정	온정덕 외 지음 I 224쪽 I 값 15,000원
초등 백워드 교육과정 설계와 실천 이야기	김병일 외 지음 I 352쪽 I 값 19,000원
학습격차 해소를 위한 새로운 도전 보편적 학습설계 수업	조윤정 외 지음 I 240쪽 I 값 15,000원

● 경쟁과 차별을 넘어 평등과 협력으로 미래를 열어가는 교육 대전환! 혁신교육 현장 필독서

학교의 미래, 전문적 학습공동체로 열다	새로운학교네트워크·오윤주 외 지음 I 276쪽 I 값 16,000원
마을교육공동체 생태적 의미와 실천	김용련 지음 I 256쪽 I 값 15,000원
학교폭력, 멈춰!	문재현 외 지음 I 348쪽 I 값 15,000원
학교를 살리는 회복적 생활교육	김민자·이순영·정선영 지음 I 256쪽 I 값 15,000원
삶의 시간을 잇는 문화예술교육	고영직 지음 I 292쪽 I 값 16,000원
미래교육을 디자인하는 학교교육과정	박승열 외 지음 I 348쪽 I 값 18,000원
코로나 시대, 마을교육공동체운동과 생태적 교육학	심성보 지음 I 280쪽 I 값 17,000원

혐오, 교실에 들어오다	이혜정 외 지음	232쪽	값 15,000원
수업, 슬로리딩과 함께	박경숙 외 지음	268쪽	값 15,000원
물질과의 새로운 만남	베로니카 파치니-케처바우 외 지음	이연선 외 옮김	218쪽	값 15,000원
그림책으로 만나는 인권교육	강진미 외 지음	272쪽	값 18,000원
수업 고수들 수업·교육과정·평가를 말하다	박현숙 외 지음	368쪽	값 17,000원
아이들의 배움은 어떻게 깊어지는가	이시이 준지 지음	방지현·이창희 옮김	200쪽	값 11,000원
미래, 공생교육	김환희 지음	244쪽	값 15,000원
들뢰즈와 가타리를 통해 유아교육 읽기	리세롯 마리엣 올슨 지음	이연선 외 옮김	328쪽	값 17,000원
혁신고등학교, 무엇이 다른가?	김현자 외 지음	344쪽	값 18,000원
시민이 만드는 교육 대전환	심성보·김태정 지음	248쪽	값 15,000원
평화교육 과거, 현재 그리고 미래를 그리다	모니샤 바자즈 외 지음	권순정 외 옮김	268쪽	값 18,000원
마을교육공동체란 무엇인가?	서용선 외 지음	360쪽	값 17,000원
강화도의 기억을 걷다	최보길 지음	276쪽	값 14,000원
체육 교사, 수업을 말하다	전용진 지음	304쪽	값 15,000원
평화의 교육과정 섬김의 리더십	이준원·이형빈 지음	292쪽	값 16,000원
마을로 걸어간 교사들, 마을교육과정을 그리다	백윤애 외 지음	336쪽	값 16,000원
혁신교육지구와 마을교육공동체는 어떻게 만들어지는가?	김태정 지음	376쪽	값 18,000원
서울대 10개 만들기	김종영 지음	348쪽	값 18,000원
선생님, 통일이 뭐예요?	정경호 지음	252쪽	값 13,000원
함께 배움 학생 주도 배움 중심 수업 이렇게 한다	니시카와 준 지음	백경석 옮김	280쪽	값 15,000원
다정한 교실에서 20,000시간	강정희 지음	296쪽	값 16,000원
즐거운 세계사 수업	김은석 지음	328쪽	값 13,000원
학교를 개선하는 교장 지속가능한 학교 혁신을 위한 실천 전략	마이클 풀란 지음	서동연·정효준 옮김	216쪽	값 13,000원
선생님, 민주시민교육이 뭐예요?	염경미 지음	244쪽	값 15,000원
교육혁신의 시대 배움의 공간을 상상하다	함영기 외 지음	264쪽	값 17,000원
도덕 수업, 책으로 묻고 윤리로 답하다	울산도덕교사모임 지음	320쪽	값 15,000원
교육과 민주주의	필라르 오카디즈 외 지음	유성상 옮김	420쪽	값 25,000원
교육회복과 적극적 시민교육	강순원 지음	228쪽	값 15,000원
비판적 미디어 리터러시 가이드	더글러스 켈너·제프 셰어 지음	여은호·원숙경 옮김	252쪽	값 18,000원
지속가능한 마을, 교육, 공동체를 위하여	강영택 지음	328쪽	값 18,000원

참된 삶과 교육에 관한
생각 줍기